校企合作双元开发活页式教材
高等职业教育技能型人才培养新形态信息化教材

营销训练

（活页式）

主　编 ◎ 赵　丽　　肖　华　　王新铭
副主编 ◎ 胡友波　　袁健男　　李晓林

西南交通大学出版社
·成　都·

图书在版编目（CIP）数据

营销训练：活页式 / 赵丽，肖华，王新铭主编. --
成都：西南交通大学出版社，2023.10

ISBN 978-7-5643-8559-0

Ⅰ. ①营… Ⅱ. ①赵… ②肖… ③王… Ⅲ. ①市场营
销学 - 高等职业教育 - 教材 Ⅳ. ①F713.50

中国国家版本馆 CIP 数据核字（2023）第 177515 号

Yingxiao Xunlian（Huoye Shi）

营销训练（活页式）

主 编 赵 丽 肖 华 王新铭

责任编辑	罗爱林
封面设计	何东琳设计工作室
出版发行	西南交通大学出版社 （四川省成都市金牛区二环路北一段 111 号 西南交通大学创新大厦 21 楼）
发行部电话	028-87600564 028-87600533
邮政编码	610031
网 址	http://www.xnjdcbs.com
印 刷	四川玖艺呈现印刷有限责任公司
成品尺寸	185 mm × 260 mm
印 张	16.75
字 数	409 千
版 次	2023 年 10 月第 1 版
印 次	2023 年 10 月第 1 次
书 号	ISBN 978-7-5643-8559-0
定 价	48.00 元

课件咨询电话：028-81435775

图书如有印装质量问题 本社负责退换

前言

PREFACE

本书以“项目导向、任务驱动”为架构，紧紧围绕市场营销职业能力培养这一主线，理论内容以“够用”和“实用”为原则。以习近平新时代中国特色社会主义思想为指导，坚持正确的政治方向、舆论导向和价值取向，落实立德树人的根本任务，体现新时代市场营销规律及特点。将近几年中国市场营销理论和营销实践中出现的新知识、新理念、新技能、新经验、新案例等融入教材，按新形态教材理念进行编写，并配备一定的数字化教学资源。本书共包括 9 个项目，项目一市场营销思维训练，项目二分析市场营销机会，项目三顾客行为分析与顾客关系管理，项目四进行 STP 分析，项目五产品策略，项目六价格认知与价格策划，项目七渠道促销思维训练，项目八促销策略实施，项目九互联网思维下的新媒体营销。为了更好地适应营销实践，自觉彰显中国榜样的力量，教材在编写时采用了大量的实例，如小米手机的 4P 营销组合、一把刷子刷出“大国工匠”、华为手机的华丽转身等比较成功的营销案例或资料，使读者可以理解、学习营销理论与方法，并将之有效地运用于实践。

本书的特色主要体现在以下方面：

第一，实践技能实用。本书加大了实训内容的比例，在提供市场营销相关知识的基础上，同时提供营销技能培训教学。根据每个任务内容，针对性地穿插相关知识介绍和“情境再现”。在每一个任务后都附有“案例分析实例”“思政园地”等小栏目，以提高学生的营销技能、知识结构与市场的对接能力。在任务结束部分还设置了任务评价单，让学生了解自己在该任务中的表现。

第二，编写内容生动。本书在充分参考相关市场营销教材的基础上，结合高等职业院校学生特点，在每个任务的开篇设置了“任务清单”，使学生清楚本任务的要求，帮助学生快速进入任务内容的学习轨道。知识获取栏目中，通过问题导入，引入新的理论、案例，培养学生的创造激情和创造能力。

本教材由长春职业学院教师赵丽、肖华、王新铭任主编，胡友波、袁健男、李晓林任副主编，肖敬伟、代兵、王一卉、孙晓梅、于福权任参编。赵丽编写项目一、项目三；王新铭编写项目二；肖华编写项目四、项目五；胡友波编写项目六任务一；袁健男编写项目六任务二；李晓林编写项目六思政部分；肖敬伟编写项目八；代兵编写项目九；王一卉编写项目七；孙晓梅编写项目六各任务的案例分析实例部分；于福权编写项目六各任务后面的案例分析部分。

本教材可作为高职高专层次营销管理类相关专业学生的教学用书或参考书，也可作为工科类专业用于融信融商的专业拓展课程教材，还可作为企事业单位管理人员的参考读物。

在本教材的编写过程中，我们参阅了国内外大量的营销类专著、教材和文献资料，还从许多期刊、网站上获得了大量的资料，在此，向所有的著作者和传播机构表示由衷的感谢！

本教材的出版得到了西南交通大学出版社的全力支持，得到了责任编辑的竭诚帮助，在此表示深深的感谢！

由于编者水平有限及统稿时间仓促，书中难免存在不足之处，恳请专家、读者批评指正！

目录

CONTENT

01 项目一

市场营销思维训练

任务一　认识市场营销

<table>
<tr><th colspan="6">项目一　市场营销思维训练</th></tr>
<tr><td rowspan="2" colspan="2">任务一
认识市场营销</td><td>姓名</td><td></td><td>组别</td><td></td></tr>
<tr><td>专业</td><td></td><td>学号</td><td></td></tr>
<tr><td colspan="2">知识目标</td><td colspan="2">技能目标</td><td colspan="2">思政目标</td></tr>
<tr><td colspan="2">1. 了解各种营销观念的特点；
2. 了解市场和市场营销的概念及内涵</td><td colspan="2">1. 能够正确判断企业采取的营销观念；
2. 会运用市场营销的内涵分析企业行为</td><td colspan="2">1. 树立以国家、人民利益为先的大格局观；
2. 树立正确的价值观，培养勇于担当的精神</td></tr>
<tr><td>学习重点</td><td colspan="5">1. 区分各种营销观念；
2. 了解市场和市场营销的概念及内涵</td></tr>
<tr><td>学习难点</td><td colspan="5">运用所学知识分析案例</td></tr>
</table>

任务清单

一、概念问题

（一）判断题

市场是买卖双方进行商品交换的场所。（　）

（二）不定项选择题

1. 把木梳卖给和尚属于下列哪类营销观念？（　　）
   A. 生产观念　B. 产品观念　C. 推销观念　D. 市场营销观念
2. 对你们来说，“饿了，想吃东西”，属于下列哪种情况？（　　）

A. 欲望　　B. 需求　　C. 需要

3. 对你们来说，“我想买这款 100 元钱的裙子”，属于下列哪种情况？（　　）

A. 欲望　　B. 需求　　C. 需要

4. 对你们来说，“我想买华为最新款的手机”，属于下列哪种情况？（　　）

A. 欲望　　B. 需求　　C. 需要

二、案例分析

案例 1-1-1　某制鞋公司开辟市场案例

某制鞋公司想开辟一个非洲国家的市场，先后派了不同的人去调研考察。

产品设计部经理：

几天后该经理发回一封电报：糟透了，该岛无人穿鞋子，此地不可能成为我们的市场，我将于明日回国。

推销员：

推销员在那里调查一个星期后，发回电报：好极了！该岛无人穿鞋子，这是一个潜力巨大的市场。

市场营销部经理：

为了摸准情况，公司又把市场营销部经理派去考察。3 个星期后，营销部经理发回电报：这里的人不穿鞋，但有脚疾，需要鞋；不过我们现在生产的鞋太瘦，不适合他们，我们必须生产肥些的鞋；我们还要教他们穿鞋的方法，并告诉他们穿鞋的好处；这里的部落首领不让我们做买卖，只有向他们进贡，才能获准在这里经营，我们需要投入大约 1.5 万美元，才能打开市场；他们尽管很穷，但这里盛产菠萝，我测算了一下，3 年内的销售收入扣除成本后，包括把菠萝卖给欧洲超级市场的费用，资金回报率可达 30%，建议开辟这个市场。

思考：

1. 面对同一市场，为什么几个人得出了不同的结论？
2. 如果你是公司的经理，你会做出什么决定？说出你的原因。

案例 1-1-2　诺基亚手机的衰落

诺基亚是智能手机市场的先锋军。2002 年，诺基亚发布了运行 Symbian 60 系列平台的智能手机。接下来的 5 年之间，Symbian 系统的智能手机轻松占据智能手机领域的领军位置。

然而到了 2007 年，苹果公司发布了 iPhone 手机。带着全触屏界面以及基于应用的操作系统，iPhone 改写了智能手机的定义。

但是诺基亚忽视了用户随之改变的消费需求。随着 iOS 和 Android 系统的相继出现，Symbian 系统越来越无法跟上时代的步伐。与此同时，智能手机市场也日益成熟——越来越多的手机用户想要追求更好的智能手机体验，厌倦了无聊的 WAP 浏览器。

IHS 高级分析师韦恩·兰姆（Wayne Lam）表示：“苹果向智能手机领域展示了真正的智能手机应该是什么样的，诺基亚本来应该对此做出及时的回应，但是他们直到 2011 年才反应过来，如今他们正为当年的迟疑付出代价。”

三星的反应却迥然不同，迅速进军智能手机市场。三星的劣势在于在智能手机领域，他们是从头开始的。与之相比，诺基亚由于已经有了成功的智能手机系统，所以他们不想放弃。

Strategy Analytics 分析师亚历克斯·斯贝克特（Alex Spektor）表示："几年前的智能手机市场上还找不到三星的品牌，而诺基亚和 RIM 那时已经是该市场的领军人物了。对已经是第一的诺基亚来说，要敏感发现市场变化并迅速对此做出反应显然要困难得多。"

由此可见，诺基亚反应迟缓，延误时机是其手机衰落的主要原因。没有及时把握市场需求改变策略，做出正确的应对措施，对任何企业来说都是致命的。

资料来源：搜狐科技网，https://it.sohu.com/20120428/n341935245.shtml，2012-04.

思考：

1. 诺基亚企业营销管理主要采用了哪种营销观念（是生产观念、产品观念、推销观念，还是市场营销观念）？试着分析原因。

2. 诺基亚手机为何会走向衰落？说出你的分析。

案例 1-1-3　福特 T 型车的成败

为了满足市场对汽车的大量需求，福特汽车在 20 世纪初采用了当时颇具竞争力的营销战略，只生产一种车型，即 T 型车，且只有黑色一种颜色可供选择。这样做的好处是福特能以最低的成本生产，以最低的价格向消费者供给汽车。T 型车改变了当时美国人的生活方式，使美国成为汽车王国。从 1908 年冬天开始，美国人便能以 825 美元的价格买到一部轻巧、有力、两级变速、容易驾驶的 T 型车。这大大刺激了广大中产阶级对汽车的需求，使福特因此成为美国最大的汽车制造商。到 1914 年，福特占有美国汽车一半的市场份额。然而，到 1927 年，福特不得不关闭 T 型车生产线，因为汽车需求的多样化时代来临了。一成不变的黑色 T 型车已经不符合市场的需求。

资料来源：最早最优秀最有影响的营销创新之果[OL]. https://www.ahsrst.cn/a/202107/446325.html.

思考：

1. 福特公司生产和销售 T 型车，主要采用了哪种营销观念（是生产观念、产品观念、推销观念，还是市场营销观念）？试着分析原因。

2. 你认为黑色 T 型车不符合市场的需求，被迫停产的深层次原因是什么？

知识获取

一、引导问题：你知道什么是市场吗

企业营销活动的重要舞台是市场，没有市场就没有营销活动的开展。因此，市场成为与市场营销联系最为紧密的一个概念。只有了解什么是市场，才能更好地理解什么是市场营销。

（一）狭义的市场概念

市场是买卖双方进行商品交换的场所，如花鸟鱼市场、宠物市场、商场等。这是从地理和空间形式上进行的概括，是关于市场最古老、最原始和最狭义的解释。

我国最早出现易货交换场所的历史可上溯到夏朝。到了商朝，一些都城和大城市陆续出现了专门经营买卖的市场。商人们为了推销自己的商品，在市场中大声叫卖招徕生意。

（二）广义的市场概念

经济学指出，市场是指商品和劳务交换的场所、领域及其关系的总和。这一概念突破了传统市场关于地理地点的狭义性定义，是站在买卖双方交换关系的角度提出的广义市场的概念，是对市场所做的一般性、宏观性的理解。

（三）市场营销学中市场的概念

市场营销学指出，市场是由一切具有特定欲望、需求并且愿意和能够以交换来满足这些需求的潜在顾客所组成。

根据这一定义，企业经营者认为市场是由购买者、购买力和购买欲望等 3 个变量要素同时具备并互相制约形成的整体。市场规模这 3 个变量构成函数关系，用公式表示为：

市场规模 $=f$（购买者、购买力、购买欲望）

经营者从自身利益的角度出发，研究市场规模、市场容量。市场规模、市场容量大，则市场潜力大，预期利润高。经营者就具有投资和开发的价值，所以他们认为市场规模首先取决于购买者规模及数量，其次是购买者的货币支付能力和购买欲望。3 个要素同时具备才是现实有效的市场。3 个变量中的任一变量的变化必然会引起市场波动。

二、引导问题：你知道历史上有哪些营销观念吗

市场观念是企业进行经营决策、组织和开展市场营销活动的基本指导思想。市场营销学强调企业要有正确的市场观念。如果市场营销观念符合客观形势，营销人员就会做出正确的营销决策，相反，则会导致营销决策的失误，甚至使企业破产。企业的营销观念先后经历了传统营销观念和现代营销观念两个阶段，前者包括生产观念、产品观念和推销观念，后者包括市场营销观念、社会市场营销观念、全球市场营销观念和绿色营销观念。

（一）生产观念

生产观念是一种最古老的营销观念。生产观念认为，消费者总是喜爱随处买到价格低廉的产品，企业应当集中精力提高生产率和扩大分销范围，增加产量，降低成本。其典型的口号是：“我们生产什么，就卖什么。”

生产观念在西方盛行于 19 世纪末 20 世纪初。当时资本主义国家处于工业化初期，市场需求旺盛，整个社会产品供应能力则相对不足。企业只要提高产量、降低成本，便可获得丰厚的利润。因此，企业的中心问题是扩大生产物美价廉的产品，而不必过多关注市场需求差异。

除了物资短缺、产品供不应求的情况外，还有一种情况也会导致企业奉行生产观念：某种具有良好市场前景的产品，技术含量和生产成本很高，必须通过提高生产率、降低成本来扩大市场。

（二）产品观念

产品观念认为消费者喜欢高质量、多功能和有特色的产品，认为企业应致力于生产优质产品，并不断改进完善，甚至精益求精。产品观念使企业在经营管理中缺乏远见，看不到市

场需求的变化，迷恋于自己的产品，一味致力于提高产品的质量，久而久之，致使企业经营陷入困境。

产品观念是与生产观念并存的一种市场观念。两者的相同之处是都属于以生产为中心的经营思想，对顾客需求视而不见。不同之处是一个侧重生产，一个侧重品质，如果说生产观念强调“以量取胜，以廉取胜”，产品观念则强调“以质取胜，以优取胜”。

产品观念的典型口号有“酒好不怕巷子深”“拥有高质量的产品就能拥有顾客”等。

情境再现

爱尔琴手表公司的营销观念

20世纪50年代，爱尔琴手表企业享有“全美国最佳手表厂商”的声誉。该公司一直把重点放在保持其优质产品的形象，并通过首饰店和百货公司组成的分销网销售上，销售量呈上升势态。但1958年后，其销售量和市场份额开始下降，是什么原因使公司的优势地位受到威胁呢？根本原因就是该公司当权者的注意力主要放在生产优质手表上，以至于根本没注意手表消费市场需求的变化，消费者对手表必须走时十分精确、名牌、使用一辈子的观念失去兴趣，他们所期望的手表是走时准确、造型优美、价格适中，追求方便性、经济性。该行业的其他竞争者已掌握了需求变化，推出了经济款手表。爱尔琴公司却一直将注意力集中在产品身上，而忽略了需求的变化，并未对此做出反应。

（三）推销观念

推销观念，又称销售观念，是被许多企业所采用的另一种观念。这种观念认为，消费者不会自觉地购买足够用的产品，因此企业应加强生产后的推销工作，以引导消费者购买其产品。其具体表现是“我卖什么，就设法让人们买什么”。

推销观念中企业的重点是如何将产品销售出去，它流行于20世纪30—40年代的西方国家。这一时期，由于科技进步、科学管理和大规模生产的推广，产品产量迅速增加，逐渐出现了市场商品供过于求，社会经济由“卖方市场”向“买方市场”转变。在这种情况下，许多企业感到要在竞争中获得更多的利润，必须重视和加强产品的推销工作。于是，企业坚持以销售为中心，成立销售机构，雇佣推销专家，研究推销技术，培训销售人员，大力进行广告促销，以刺激和诱导消费者购买本企业的产品。

与前两种观点一样，推销观念也是建立在以企业为中心，“以产定销”，而不是满足消费者真正需要的基础之上的。

（四）市场营销观念

市场营销观念是在买方市场条件下，以消费者为中心的营销观念，产生于20世纪50年代中期，强调“以顾客为中心”“先感知再反应”。这种观念认为，实现企业诸目标的关键在于面向目标市场创造、交付和传播顾客价值的过程中比竞争对手更有效。营销观念以目标顾客及他们的需求、欲望为中心，通过融合和协调影响消费者满意程度的营销活动，来赢得和保持顾客的满意，使顾客感知价值最大化，从而获取利润。

简言之，市场营销观念是“发现需要并设法满足它们”，而不是“制造产品并设法推销出去”；是“制造能够销售出去的产品”，而不是“推销已经生产出来的产品”。与以卖主为中心的传统经营观念不同，市场营销观念以买主为中心。

营销观念的形成，使企业经营哲学从以产定销转变为以销定产，第一次摆正了企业与顾客之间的位置关系，让消费者需求在整个市场营销中始终处于中心地位。从推销观念到营销观念是企业经营思想的一次重大飞跃。

情境再现

美国贝尔电话公司的市场营销观念

电话发明人亚历山大·格雷厄姆·贝尔于1877年创建了美国贝尔电话公司。该公司的一则广告充分体现了其“以消费者需求为中心”的营销观念。它诠释了市场营销观念的核心内涵：“现在，今天，我们的中心目标必须针对顾客。我们将倾听他们的声音，了解他们所关心的事，我们重视他们的需要，并永远先于我们自己的需要，我们将赢得他们的尊重。我们与他们的长期合作关系，将建立在互相尊重、信赖和我们努力行动的基础上。顾客是我们的命根子，是我们存在的全部理由。我们必须永远铭记，谁是我们的服务对象，随时了解顾客需要什么、何时需要、何地需要、如何需要，这将是我们每一个人的责任。现在，让我们继续这样干下去，我们将遵守自己的诺言。”

（五）社会市场营销观念

进入20世纪70年代，随着西方社会的资源短缺与浪费、通货膨胀、失业增加、生态危机、环境污染、消费者运动盛行等一系列经济、社会问题日益严重，市场营销观念的发展一定程度上实现了消费利益，但忽视了消费者利益与社会长期利益之间的矛盾和冲突，社会上出现了一些损害消费者利益，威胁消费者安全等欺诈行为。例如：清洁剂工业满足了人们洗涤衣服的需要，但同时却严重地污染了江河，大量杀伤鱼类，危及生态平衡。

据此，杰拉尔德·蔡尔曼和菲利普·科特勒提出了社会市场营销观念的概念。它要求人们在市场营销活动中更加关注社会利益，要求企业在营销活动中，不但要满足消费者个别和当前需求，而且要符合消费者长远利益、整体利益，关注全社会长远利益。

情境再现

农夫山泉有点甜

农夫山泉利用“味道有点甜”的广告传播迅速崛起后，又启动面向贫困地区基础体育事业的“阳光工程”，向全国贫困地区的中小学校捐赠了价值500多万元的体育器材。这些举措树立了农夫山泉关注社会的形象，大大提升了农夫山泉的品牌美誉度。

（六）全球市场营销观念

随着全球经济一体化的发展，更多企业拓展国际市场，参与国际竞争，整个社会进入了全球化市场销时代。全球市场营销观念是指导企业在全球开展市场营销活动的一种营销观念。

在全球市场营销观念指导下，市场规模和潜力更大，市场环境的差异性更多、更显著，市场变化、市场风险、市场营销管理问题更复杂。

情境再现

乘“冬”风起飞的品牌

冬奥会期间，很多品牌乘“冬”风起飞，营销手段各不相同。随之，冬奥带动了一些品牌迅速红遍全球。还记得开幕式时，有两件事极具营销意味，一个是冰墩墩“抖雪动图”霸屏全网，另一个就是“世界羽绒服种草大会”。各国羽绒服争奇斗艳，加拿大枫叶红羽绒服火到官网断货，而安踏作为中国队的战袍提供商也被带动“出海”。2022 年 2 月 4 日—6 日，安踏天猫官方旗舰店海外销量环比前一周增长 350%。无独有偶，闭幕式上，由美学大师叶锦添操刀设计的“东方腰线”安踏羽绒服又火了，“冬奥每一个镜头都有安踏”话题随即冲上热搜。安踏此次为 15 赛项的 12 支中国队“定制”了战袍，速滑队的冰上鲨鱼皮、冰壶队的泼墨比赛服、谷爱凌的冰墩墩帽子、小谷的安踏龙服频上热搜，都使安踏成为本届赛事的“品牌曝光担当”。

与奥运长跑十几年的两家龙头乳品，则发挥了借势营销鼻祖级的实力。谷爱凌夺首金后，蒙牛迅速捕捉到她赛后采访提及的“中国牛”，将其作为素材融入产品宣传片；U 型场地夺二金后，蒙牛官博则用谐音梗“NI 在 U 池就是 NIU!”向她庆贺，这些既有梗又极符合品牌调性的文案彰显了蒙牛的专业。伊利作为冬奥会官方乳制品合作伙伴，则坚守代言人官宣“宣得早不如宣得巧”的原则。在苏翊鸣夺金的 2 月 15 日“卡点”宣布他为伊利新晋品牌代言人，并接着在苏翊鸣 18 岁生日当天放出品宣片，打出“小鸣的未来闪耀可期，而伊利陪你一起”的口号。这一系列借势营销的动作都值得同行观摩学习。

冬奥会虽是一项体育赛事，但也是全球关注的赛事，拥有全球市场营销观念的企业乘“冬”风起飞，面向全球市场进行宣传，收到了意想不到的效果。

资料来源：安踏、瑞幸、蒙牛“分食”冬奥，留下什么“营销遗产”？[OL].-eolink 官网.

（七）绿色营销观念

绿色营销观念要求企业在营销活动中实现自身利益、消费者利益和环境利益相协调，既要满足消费者需求，实现企业利益，也必须充分注意自然生态平衡。企业在产品设计、生产、营销等活动中，都要以保护生态环境为前提，维护人类社会的长远利益。绿色营销观念下企业以环境保护为指导思想，以绿色文化为价值观念，以消费者的绿色消费为中心和出发点，它是因适应 21 世纪的消费需求而产生的，是在消费者追求健康、安全、环保的意识形态下所发展起来的一种新的营销方式和方法。

情境再现

蒙牛“绿色”发展理念

作为中国乳业的“碳”路先锋，蒙牛时刻以绿色发展为己任，践行并推广低碳理念。2009 年率先成立全国首个致力于草原建设和保护的“蒙牛生态草原基金”，先期注资启动首批草原生态保护项目。2010 年开始率先使用“可再生林”产品的无菌环保包材，均通过了 FSC 或 SFI 森林体系认证，保护森林资源的可持续发展。2013 年蒙牛新增污水在线监测系统，成为国内首个企业内部实现所有生产厂联网的实时监控。此外，蒙牛出资 500 万元，与中华环境保护基金会设立“蓝天绿地”专项基金，通过与社会力量共同发起“壹块扫霾”，以及生物多样性调查、扫霾夏令营等活动，提高消费者环境保护意识、促进每个人环境保护行为习惯，通过点滴努力保护环境。

资料来源：绿色发展[OL]. 蒙牛官网.

传统营销观念与现代营销观念的区别主要体现在产生背景、营销出发点、营销目的、经营思想和营销方法等方面，如表 1-1-1 所示。

表 1-1-1 传统营销观念与现代营销观念的区别

营销观念		产生背景	营销出发点	营销目的	经营思想	营销方法
传统营销观念	生产观念	卖方市场	企业	企业利益	以生产为中心，提高效率，增加产量，降低成本	等客上门
	产品观念	卖方市场	企业或产品	企业利益	以生产为中心，提高质量，增加品种、花色	等客上门
	推销观念	卖方市场向买方市场过渡	企业或销售	企业利益	以销售为中心，多种销售方式竞争	人员推销、广告宣传
现代营销观念	市场营销观念	买方市场	消费者	实现顾客利益	以消费者为中心，发现并满足消费者需求，引导消费者	整体营销
	社会市场营销观念	买方市场	消费者需求和社会利益	顾客利益和社会利益	以消费者为中心，兼顾社会利益	整体营销
	全球市场营销观念	买方市场	消费者需求和社会利益	满足全球消费者需求，兼顾社会利益	以消费者为中心，兼顾社会利益，面向全球市场	整体营销
	绿色营销观念	买方市场	消费者需求和社会利益	企业利益、消费者利益和环境利益	以消费者为中心，兼顾社会利益，坚持绿色发展理念	整体营销

三、引导问题：你知道什么是市场营销吗

要全面准确地理解什么是市场营销，必须弄清楚与其关联的几组核心概念。

（一）需要、欲望与需求

1）需要（Demand）

需要是指人的某些需求没有得到满足的感受状态，是人类与生俱来的“基本需求”。它客观存在于人的生理或心理中，这个基本需求是人类市场营销活动的起点，如人们需要食品、空气、住房、衣服等，还需要娱乐、教育和文化生活等。只有部分需要会上升到欲望。

2）欲望（Want）

欲望是指人迫切期望得到某些基本需要的具体满足物的愿望，是个人受不同文化及社会环境影响表现出来的对基本需要的特定追求。欲望因需要而产生，即“需要而没有”。消费者的欲望越强烈，购买行为越积极。消费者的欲望受内部和外部因素的影响，同时会随着各种影响变量的变化而变化，消费者的欲望具有多样性、无限性。市场营销者要通过一系列有针对性的营销策划及活动的实施刺激引导，让消费者产生强烈的购买欲望。研究消费者购买欲望和刺激买欲望是市场营销者的职责之一。

3）需求（Demands）

需求是指人对于有能力购买并且愿意购买某个具体产品的欲望。当有购买力支持时，欲望即变为需求。如许多人都想拥有一辆理想中的汽车，但只有少数人愿意并且能够购买，即只有少数人有购买理想汽车的需求。

将需要、欲望和需求加以区分，其重要意义在于阐明这样一些事实，即营销者无法创造需要，但可以影响欲望，并开发及销售特定的产品和服务来满足欲望。营销者总是通过各种营销手段来影响需求，并根据对需求的预测结果决定是否进入某一产品（服务）市场。

（二）市场营销的内涵

营销存在于我们生活的各个角落，如商场里铺天盖地的促销活动、大街上收到的广告宣传单、抖音快手等平台的直播卖货、京东淘宝等购物平台的促销活动等。具体什么是市场营销呢？其实关于它的定义有多种描述，主要观点举例如下：

美国市场营销协会（AMA）：营销是一场有组织的活动，包括创造、传播、交付顾客价值和管理顾客关系的一系列过程，从而使利益相关者和企业都从中受益。

“现代营销之父”菲利普·科特勒：营销是个人和集体通过创造，提供出售，并同别人自由交换产品和价值，以获得其所欲之物的一个社会过程。

2013 年 7 月，美国市场营销协会董事会认为：市场营销是在创造、沟通、传播和交换产品中，为顾客、客户、合作伙伴以及整个社会带来价值的一系列活动、过程和体系。

营销管理（Marketing Management）：选择目标市场，并通过创造、交付和传播优质的顾客价值来获得顾客、挽留顾客和提升顾客的科学与艺术的结合。

上述关于市场营销的诸多定义，是不同学者、企业家们在不同时期，从不同角度对市场营销的理解，说明人类对市场营销的探索从未止步。通俗而言，市场营销就是企业或组织根据目标顾客的需求，开发产品与服务，并通过一系列的活动，使目标顾客来购买本企业或组织的产品和服务，从而在满足顾客需求的基础上实现企业的经济目标。

（三）营销的扩展应用

在实际生活中，营销不仅应用于产品和服务，还适用于各种各样的有形和无形事物。一般而言，主要有以下 10 大类：有形的产品、服务、事件、体验、人物、场所、产权、组织、信息和想法。

1）产品

在许多国家，有形的产品都是生产和营销的主要对象。每个产品都通过自己的一系列属性来定义，包括产品特色、功能、利益和用途等，如汽车、电冰箱、电视机、罐头、啤酒等。成功的企业往往会花很多时间和精力来管理自己的产品，因为有效的产品管理意味着销售额的增加、利润率的提高，以及顾客满意度的提升。

2）服务

服务是一方向另一方提供的、基本上是无形的任何活动或作业，结果不会导致任何所有权的发生，既可能与某种有形产品联系在一起，也可能毫无关联。随着经济的快速增长，服务逐渐构成经济活动中的主导力量，而人们也越来越关注服务的质量。例如：按摩、理发、保姆服务、维修服务。目前，许多市场都是把产品与服务结合起来的。例如，在快餐店中，顾客既享用食品，又接受服务。

3）事件

营销者可以就一些事件进行宣传，如大型体育赛事、商业展览、艺术表演和企业庆典等，不仅为事件本身做营销，也为企业提供营销宣传活动平台。例如，奥林匹克运动会和世界杯等，不仅会吸引相关爱好者（包括球迷等）的广泛关注，而且也会更为广泛地宣传自己。企业应该积极而大胆地学会去利用这些全球性活动。

4）体验

我们付出一定的货币便可以得到某种体验，如迪士尼乐园是全球知名的游乐园，其中的梦幻王国就提供这样一种体验。再比如密室逃生、射击体验等。

5）人物

名人营销已经成为营销的重要手段。艺术家、音乐家、首席执行官、医生、律师、金融家、知名运动员和其他专业人士等都从名人营销中获益不少。他们也都在各自领域营销自己，有的还建立了属于自己的品牌，如乔丹、李宁等品牌。

6）场所

场所营销的目标可以多种多样，包括各个城市、州、地区和整个国家，都致力于吸引游客、居民、工厂和公司总部。因而，在设计营销方案时，要以实现其中的某一个特定目标为主。例如，向潜在游客介绍他们可能不熟悉的地方，重塑某城市形象，使之与过去众所周知的情况大不相同，或者鼓励游客常来某地游玩等。

7）产权

产权是一种无形的权利，包括不动产（房地产）和金融资产（股票或债券）等。

8）组织

为了展示自身实力、树立公司形象、拓宽发展渠道，组织总是积极致力于在目标顾客心中建立起强势的、宜人的、独特的品牌形象。组织是人类社会的普遍现象，它是具有共同目标的人在特定权力结构下结成的群体，通过自己的使命、价值观以及更广泛的组织文化来获得人们的认可。例如一些大学、博物馆以及从事艺术活动的组织和非营利组织，为了获得受众和资金、满足客户的需求以及提高组织的竞争力，也在运用营销手段来提升其公众形象。

9）信息

信息是对有形或无形事物的描述，是个人生活与发展、组织生存与发展的基础，在今天及未来，信息的生产、包装和分销是一个越来越重要的行业。例如商业信息和基于这些信息的咨询服务供应商，他们通过出售信息和自己的知识让管理者更了解自己的公司以及公司所处的环境。

10）想法

想法是行动的基础，也是任何产品或服务产生的前提。好的创意能够带来优秀的产品或服务。例如旅游线路规划公司，它的产品就是具有创意和历史人文等特色旅游线路设计。

案例分析实例

阅读以下资料，利用本任务所学知识分析海尔在美国成功的奥秘。

海尔储酒柜在美国的成功

一个产品能否被市场接受，最核心的环节在于设计。担当海尔国际化战略重任的先头部队是成千上万台专为美国市场设计的“储酒冰柜”。目前，这种产品在美国市场占有率高达90%以上。“储酒冰柜”的创意来自在美国卖了20年冰箱的海尔贸易公司总裁麦克·贾迈尔。贾迈尔认为，美国人喜欢在家里存酒，但一般放在地窖里，存取不太方便，所以专业储酒的冰箱应该有市场。当时，也有一些厂商生产酒柜，但往往只是把小冰箱内部略做改装，把塑料门卸下。而海尔在美国销售的产品大多不是海尔原有的产品，而是专门针对美国市场设计和生产的。美国市场各类饮品消费很高，海尔美国洛杉矶设计中心的技术人员从中看到了商机：啤酒要冰镇才好喝，那么葡萄酒、白酒呢？什么条件下这些酒冰镇的口感最好、营养最佳呢？他们迅速投入研制开发。2001年7月，一种采用磨砂玻璃门、曲线造型、柔和的内部灯光、滑动式镀铬食品架的产品投放市场。凭借其体贴入微的功能和雍容典雅的外观，该产品一炮打响，成为包括B&B在内的美国各大商场争相经销的家电产品。该产品从构思、设计到投放市场，相隔不到一年的时间。

带着这样的经营理念，2000年，第一台带有“美国制造”标签的海尔冰箱从生产线上下来。海尔从此开始了在美国制造冰箱的历史，成为中国第一家在美国制造和销售产品的公司。随着“海尔·美国造”的叫响，许多美国人已开始为自己拥有一台海尔产品而骄傲了。

《海尔储酒柜在美国的成功》案例分析视频

思政园地

任正非的企业家精神

作为华为的创始人，任正非理性而充满自信的言论，无疑有着稳定人心、维护企业平稳运转的积极作用。从更大的意义讲，任正非以一位中国企业家的身份，身体力行地传播着现代企业精神，重申了一些人容易遗忘的常识，为中国企业面对外部压力如何保持定力树立了榜样。(《中国青年报》评）

中国历来都不缺乏政治家、企业家，但从来都缺乏真正的商业思想家——在当代中国，任正非算是一个。（田涛、吴春波《下一个倒下的会不会是华为》评）

任正非是一个为了观念而战斗的硬汉。(《时代周刊》评）

在中国的悠久历史上，算得上是科学天才的有一个杨振宁，算得上是商业天才的有一个任正非。其他的天才虽然无数，但恐怕不容易打进史书去。（经济学家张五常评）

任正非，作为华为创始人，用实际行动重新定义了中国企业家精神。他的创业故事激励着无数企业家搏杀奋斗。他和他缔造的企业一样沉稳低调，历经沉浮坎坷，却最终披荆斩棘，登上了个人意志和时代的巅峰。（中央人民广播电台评）

思考：

你觉得一名优秀的企业家应该具备哪些素质？列举中国目前的优秀企业家，并说明为什么他们是中华民族的宝贵财富。

任务考核

表 1-1-2　任务评价单

<table>
<tr><th colspan="6">项目一　市场营销思维训练</th></tr>
<tr><td colspan="2" rowspan="2">任务一　认识市场营销</td><td>姓名</td><td></td><td>组别</td><td></td></tr>
<tr><td>专业</td><td></td><td>学号</td><td></td></tr>
<tr><td>内容</td><td colspan="4">评分标准</td><td>得分</td></tr>
<tr><td>概念问题（20 分）</td><td colspan="4">共 5 题，每题 4 分</td><td></td></tr>
<tr><td rowspan="3">案例分析（60 分）</td><td colspan="4">某制鞋公司开辟市场案例：
1. 从市场规模角度进行正确分析（10 分）；
2. 从市场营销内涵角度进行分析（10 分）</td><td></td></tr>
<tr><td colspan="4">诺基亚手机的衰落：
1. 能够正确地分析营销观念及原因（10 分）；
2. 能够从市场营销内涵角度分析衰落原因（10 分）</td><td></td></tr>
<tr><td colspan="4">福特 T 型车的成败：
1. 能够正确分析营销观念及原因（10 分）；
2. 能够从市场变化及市场营销的内涵角度正确分析（10 分）</td><td></td></tr>
<tr><td>思政园地（20 分）</td><td colspan="4">能写出 1～2 人（5 分）；表达清楚具备的优秀品质（5 分）；
能够正向抒发情感（10 分）</td><td></td></tr>
</table>

任务二　市场营销理念的建立

<table>
<tr><th colspan="6">项目一　市场营销思维训练</th></tr>
<tr><td colspan="2" rowspan="2">任务二　市场营销理念的建立</td><td>姓名</td><td></td><td>组别</td><td></td></tr>
<tr><td>专业</td><td></td><td>学号</td><td></td></tr>
<tr><td colspan="2">知识目标</td><td colspan="2">技能目标</td><td colspan="2">思政目标</td></tr>
<tr><td colspan="2">1. 理解营销与推销的区别；
2. 了解市场营销组合的主要理论</td><td colspan="2">1. 能正确判断营销与推销；
2. 运用市场营销组合理论进行案例分析</td><td colspan="2">1. 培养对人对事真诚的态度；
2. 培养有责任有担当的良好品德；
3. 学会塑造自己的良好气质</td></tr>
<tr><td>学习重点</td><td colspan="5">理解营销与推销的区别；了解市场营销组合的内涵</td></tr>
<tr><td>学习难点</td><td colspan="5">会运用市场营销组合理论进行案例分析</td></tr>
</table>

任务清单

一、概念问题

如果用冰山图来比喻营销与推销，在图 1-2-1 中标注出哪里是营销，哪里是推销，试着说明原因。

图 1-2-1　冰山图

（一）判断题

1. 营销包括推销，推销也包括营销。（　）
2. 当今社会，营销需要考虑社会利益，具有面向世界的眼光，采用绿色发展的理念。（　）

（二）不定项选择题

1. 下列哪些要素属于 4C 营销组合理论的内容？（　　）

A. 产品　　B. 产量　　C. 价格　　D. 促销

2. 对你们来说，“饿了，想吃东西”，属于下列哪种情况？（　　）

A. 消费者　　B. 成本　　C. 便利　　D. 沟通

二、案例分析

案例 1-2-1　海尔的洗衣机产品

海尔集团根据市场细分的原则，在选定的目标市场内，确定消费者需求，有针对性地研制开发多品种、多规格的家电产品，以满足不同层次的消费者需要。如海尔洗衣机是我国洗衣机行业跨度最大、规格最全、品种最多的产品。在洗衣机市场上，海尔集团根据不同地区的环境特点，考虑不同的消费需求，提供不同的产品。针对江南地区“梅雨”天气较多，洗衣不容易干的情况，海尔集团及时开发了集洗涤、脱水、烘干于一体的海尔“玛格丽特”三合一全自动洗衣机，以其独特的烘干功能，迎合了饱受“梅雨”之苦的消费者。此产品在上海、宁波、成都等市场热销。针对北方水质较硬的情况，海尔集团开发了专利产品“爆炸”洗净的气泡式洗衣机，即利用气泡爆炸破碎软化作用，提高洗净度20%以上，受到消费者的欢迎。针对农村市场，研制开发了下列产品：

（1）“大地瓜”洗衣机：适应盛产红薯的西南地区农民图快捷省事，在洗衣机里洗红薯的需要。

（2）小康系列滚筒洗衣机：针对较富裕的农村地区。

（3）“小神螺”洗衣机：价格低、宽电压带、外观豪华，非常适合广大农村市场。

案例来源：4P 营销理论案例分析[OL]. 百度文库.

思考：

1. 利用营销组合理论分析案例中采用了哪些营销组合元素，并分析其原因。
2. 你认为市场调研应包括哪些内容?

知识获取

一、引导问题：你知道营销与推销的真正区别吗

从概念上讲，有不少人常常把营销与推销混为一谈，如把推销员称为营销员等。其实两者有着本质的区别。

（一）推销的含义

推销是指在一种产品或服务产生出来以后，运用销售策略将其销售给消费者的过程。推销主要是以固有产品或服务来吸引、寻找顾客，是一种由内向外的思维，它的主要活动内容是引发刺激，强化对方的需要，从而使对方产生购买行为。

（二）营销的含义

营销开始于一种具体的产品或服务出现以前，首先寻找市场上消费者的需要和欲望，然后再据此开发能满足这些需求的产品或服务，最后运用营销组合策略将其送到消费者手中。营销是一种现代经营思想，其核心是以消费者需求为导向，消费者或客户需求什么就生产、销售什么。与推销相比，恰恰相反，它是一种由外向内的思维方式。

（三）营销和推销的区别

营销和推销有着本质的区别，具体如表 1-2-1 所示。

表 1-2-1 营销和推销的区别

项目	出发点	思维方式	活动内容	追求目标	性质	观念
推销	产品	由内向外	运用销售策略将其销售给消费者	高效地售出产品，获得利润	具体战斗行为	把制造出来的产品卖掉
营销	顾客需求	由外向内	调研消费者的需求、开发能满足这些需求的产品或服务、销售过程、售后服务、信息管理	深刻地认识和了解顾客，从而使产品或服务完全地适合顾客的需要而形成产品自我销售	战略规划	首先决定生产什么产品

推销更看重结果，实施中追求的是效率，所以技巧、经验、机遇决定成功的占比较大。由于推销的这种特性，所以容易导致从事推销的人失去长远的目光。市场营销的一个重要因素是“整合”，也就是将公司现有的各种要素及公司想要达到的目标，与市场需求有机结合起来，并密切关注竞争者的情况和可能采取的措施。营销往往以长远的战略眼光确定大的方向和目标，以切实有效的战术谋划达成中、短期目标，其中，推销在商战中起着先锋作用。而营销的这些特性，会激发、训练从事这项工作的人的长远商业目光及把握市场机会的能力。营销是一种由外向内的思维，它更适合市场，所以营销不但适合企业的长远发展，同时也是一种以市场为本的谋利思维。

概念上，推销是一种由内向外的思维，而目前，市场由以前的卖方市场转变为买方市场，推销的思维方式已很难适合当前的市场需求。可见，推销更侧重短、中期目标的实现，是一种重利、轻市场的思维。营销也看重结果，但它更善于研究分析市场，并做出相应对策。

营销真正有意义的地方在于：它尽力保证企业只生产能够卖得出去的产品，而不是推销卖不出去的产品。我们常听到一些人问“你怎么把一把梳子卖给和尚”，似乎这才叫“本事”，如果不能这样，就不能算是营销高手。其实，这就是典型的“以产品为中心”的推销观念，不懂市场营销的表现。对企业来讲，绝不能将营销理解为卖东西，营销应是深入消费者立场去排除障碍，克服困难，解决问题。当我们做到了这些，那么也就赢得了机会。

需要说明的是，营销导向并不是说推销和促销已无作用，其实推销和促销是包含在营销之中的，是营销的一个组成部分。如果从商战的角度来比喻：推销相当于战斗行为，促销为战术支援，而营销则为全局性的确保胜利的战略规则。

著名管理学家彼得·德鲁克曾经指出：“可以设想，某些推销工作总是需要的，然而营销的目的就是要使推销成为多余，在于深刻地认识和了解顾客，从而使产品或服务完全地适合顾客的需要而形成产品自我销售。理想的营销会产生一个已经准备来购买的顾客，剩下的事就是如何便于顾客得到产品或服务。”美国营销学权威菲利普·科特勒认为：“营销最重要的内容并非推销，推销只不过是营销冰山上的顶点。”

情境再现

同学们思考一下，下面的促销活动属于营销还是推销？

某网店“双十一”活动

活动一：全场5折终极狂欢（2022年11月11日）。

2022年11月11日10时起，全场5折销售，低价风暴，席卷全城!

活动二：购物有礼　幸运随行（2022年11月9日—11月11日）。

凡活动期间购物的顾客，单笔费用金额满11元，均可参加抽奖活动。

一等奖1名，品牌智能手机一台，价值1 111元；

二等奖2名，某超市购物卡一张，价值111元；

三等奖6名，真空保温杯一个，价值60元；

四等奖20名，心相印卷纸一提，价值30元；

参与奖2 000名，精美礼品一份，价值2元。

活动三：一个人的节日　双倍的甜蜜（2022年11月11日）。

购物满11元+1元，赠2个棒棒糖（2元/个，200份）；

购物满111元+11元，赠2盒巧克力（25元/盒，40份）。

（甜蜜有限，礼品送完为止。）

单从此次“双十一”活动来说，是从产品出发，运用销售策略，激发消费者的购买欲望，从而获得利润，可以说是一种网络推销。但如果该企业前期经过大量的调研，生产出满足消费者需求的产品，采用了一定的销售策略进行销售，“双十一”来临，又采取了此次活动进行促销，那么这种促销活动就属于营销中的一环，即推销的过程。

二、引导问题：你知道营销工作涉及的具体内容和相关岗位情况吗

（一）营销工作内容

营销工作的内容早在产品制成之前就开始了。企业营销部门首先要确定哪里有市场、市场规模如何、有哪些细分市场、消费者的偏好和购买习惯如何。营销部门必须把市场需求情况反馈给研究开发部门，让研究开发部门设计出适应该目标市场的产品。营销部门还必须为产品制定价格、渠道和促销等计划，让消费者了解企业的产品，方便找到已经上市的产品。在产品售出后，还要考虑提供必要的服务，让消费者满意。所以说，营销不是企业经营活动的某一方面，它贯穿于企业经营活动的全过程。

“市场需要什么我们就生产什么”，这个说法绝对正确但不完全。市场不是固化、孤立的，需求也存在着无限可能性。立足于市场，的确能减少一些盲目性，但仅仅有了市场观，就想做好营销还远远不够。营销肯定涉及产品生产和成本控制环节。营销人员一方面要准确预测需求，尽量减少变数；另一方面要对生产环节了如指掌，在关键性节点之前及时根据市场信息调整定位与策略。营销人员还要在市场同类产品中尽可能追求更高的销售价格，并且要对成本构成和各项主要支出的市场价格有充分了解，充分考虑选择不同的产品带来的成本变化；还要面对不经常遇到的问题，比如说在木已成舟之后找出成本相对较低的产品修改可行性方案。

情境再现

销售岗位职责及任职要求

一、岗位职责

1. 根据公司及部门销售任务开展销售工作，完成各项销售指标；

2. 对现有市场和客户进行分析，发现客户的潜在需求，引导相关客户的现有需求，达成销售目标；

3. 根据客户需求的特点，为客户提供最优产品解决方案；

4. 负责与客户之间的商务谈判，建立客户关系，提高合同额和利润率；

5. 负责协调各种内部、外部资源，解决在项目实施过程中出现的问题，提高客户满意度；

6. 负责对项目回款过程的监控和执行，提高回款率；

7. 回访客户，了解客户需求及潜在需求，以提高客户满意，促成客户二次开发；

8. 上级领导交代的其他工作事项。

二、任职要求

1. 两年以上软件销售经验，计算机、电子信息、通信类相关专业本科以上学历；

2. 负责供货商的管理和维护；

3. 有团队合作意识和较强的执行能力；

4. 对工作有责任心、细心，心态积极乐观，沟通能力强，执行力强，具有一定的工作承受能力。

（二）营销工作岗位

很多企业会专门设置一个营销工作部门，这样其实有利有弊。利是便于集中受过营销训练的群体专门从事营销工作；弊是营销不应该仅限于企业的一个部门来进行，而应该在企业所有活动中体现出来。

“一切以顾客和市场为导向”，这个观念挂在嘴上并不难，难的是大多数的技术部门并不知道顾客和市场的需求是什么。如何将市场信息及时翻译成各个部门能够理解和执行的具体指令，并保证实施，这一点是企业的内部管理问题，在很大程度上决定了营销的执行力。

很多企业受其发展历史的影响，内部的企业文化自成一体。而营销部门人员往往是在市场中成长起来的，因为项目的具体需要聚集到一起，与前期、工程、采购等部门有着一条无形的鸿沟。加上营销部门大多因为人才行情的需要而采取了独立的薪资体系，更加难以与这些部门融合。所以经常会出现“铁打的营盘流水的兵”，营销队伍往往因为不适应企业文化而产生流动，而这种流动越发导致营销与其他部门间的隔阂。

科学的营销应被视作公司的整体理念和实践。多年前，惠普的创始人之一大卫·派卡德曾说过：“营销的重要性远不止于仅仅将其单独留给营销部门去做。”

有着世界上最好的营销部门的公司一样可能出现营销失败。原因在于：生产部门可能会提供次品，送货部门可能会送货晚点，会计部门可能会开出数额不准的发票，这些都会导致丧失客户。只有全体员工都致力于为客户提供承诺的价值，满足和取悦客户，营销才是有效的。

总之，营销与企业管理相重叠，贯穿于企业经营活动的全过程、各环节，每一个岗位都承担着一定的营销职能，成为企业营销岗位的重要组成部分。所以，我们每个人都应该学习一些营销理论，无论以后从事何种工作，用营销思想指导自己的行为，都是正确的选择。

三、引导问题：你知道什么是营销组合及营销组合理论吗

（一）营销组合的概念

营销组合就是用来描述各种营销活动的术语，是指企业依据营销环境的变化，根据自身的能力，在选定的目标市场上通过对可控制的各种营销因素进行系统性设计和优化配置。不同的市场营销组合会形成不同的市场营销方案。有效的市场营销组合使各种营销因素协调配合，扬长避短，发挥优势，提高企业竞争力，以取得更好的经济效益和社会效益。

市场营销组合理论主要研究和分析可变因素对企业营销活动的影响，指导企业根据营销环境、目标市场的特点，结合企业自身情况，进行若干因素的组合，以实现营销目标。

企业营销组合策略是根据目标市场的特点，由多个要素构成的系统。在这个系统内部，各要素之间以及各子要素内部应保持相互协调。在系统观念的指导下，市场营销活动要保持营销组合的一致性和整体性。

每一个营销组合是在对外部环境分析的基础上，根据目标市场的特点而制订的营销方案。如果营销环境或目标市场发生变化，原来制订的市场营销组合方案也必须改变。营销组合的动态性要求企业对市场环境、企业自身等各方面的变化保持高度的敏感性，及时调整自己的营销组合方案。营销组合的调整过程就是营销方案的创新过程。只有不断创新，才能提高竞争力。

（二）市场营销组合理论

在不同时期，形成了不同的营销组合理论。表 1-2-2 为营销组合理论举例。

表 1-2-2　营销组合理论举例

4P	Product（产品）	Price（价格）	Place（渠道）	Promotion（促销）
4C	Customer（消费者）	Cost（成本）	Convenience（便利）	Communication（沟通）
4R	Reaction（市场反应）	Relevance（顾客关联）	Relationship（关系营销）	Reward（利益回报）
4V	Variation（差异化）	Versatility（功能化）	Value（附加价值）	Vibration（共鸣）

1）4P 营销组合理论

1960 年，美国学者杰罗姆·麦卡锡提出了 4P 营销组合理论，即从产品本身出发，以产品（Product）、价格（Price）、渠道（Place）和促销（Promotion）为基础的四因素营销组合理论。

（1）产品。市场营销学研究产品的整体概念和企业的产品组合策略。前者指产品的品质、功能、材料、体积、特色、式样、规格、品牌、包装、服务等；后者指企业所经营的产品结构等。

（2）价格。价格是影响消费者行为和市场需求的关键因素之一。市场营销学在研究价格因素的基础上，主要研究产品的定价目标、定价方法、定价策略和价格调整策略等。

（3）渠道。市场营销学研究分销渠道模式、中间商选择、渠道策略、调整与协调管理、实体分配等。

（4）促销。市场营销学研究人员推销、广告、营业推广、公共关系等策略。

麦卡锡认为一次成功和完整的市场营销活动，意味着以适当的产品、适当的价格、适当的渠道和适当的促销手段，投放到特定市场的行为。该理论的提出被认为是现代市场营销理论划时代的变革，它最早将复杂的市场营销活动加以简单化、抽象化和体系化，并成为多年来市场营销实践的理论基石。

4P 营销组合理论的核心是站在企业的角度思考问题，重视产品，以满足市场需求为目标。该理论的缺陷在于：一是营销活动注重企业内部，对营销过程中的外部不可控变量考虑较少，难以适应市场变化；二是随着产品、价格和促销手段等在企业间的相互模仿，在实际运用中很难起到出奇制胜的作用。

2）6P 营销组合理论

6P 营销组合理论是在 4P 营销组合理论的四因素基础上加了政治权力（Political Power）与公共关系（Public Relation）形成的“4P+2P”营销组合理论。

（1）政治权力。市场营销活动得到权力部门的支持，进入市场。如制药企业希望把某种新药品打入市场，就必须获得药品管理部门的批准。

（2）公共关系。市场营销者利用各种传播媒介与目标市场的公众建立、发展关系，以塑造市场营销者的良好公众形象。公共关系强调社会舆论的力量，而舆论力量的形成需要长期不懈的努力。

3）4C 营销组合理论

随着市场环境的变化，消费者需求的个性化、多样化等趋势日益凸显，传统的 4P 理论已不适应这种新变化。为此，20 世纪 90 年代美国营销专家罗伯特·劳特朋从消费者角度出发提出了与 4P 营销组合理论相对应的 4C 营销组合理论，即消费者（Customer）、成本（Cost）、便利（Convenience）、沟通（Communication）四因素市场营销组合理论。

它与传统营销最大的区别在于重心的转移，从传统的消极、被动地适应消费者，转向积极、主动地与消费者沟通交流。整合营销与传统的 4P 相对应，从全新的营销角度提出了 4C 主张。

（1）消费者。市场营销活动应以消费者为中心，而不是以产品为中心，消费需求和欲望的满足比产品功能更重要。所以，进行市场营销活动，要研究消费者需求和欲望，为消费者提供优质服务，实现消费者全面利益，让消费者满意。

（2）成本。根据企业的生产成本和顾客总成本，制定合理的产品价格，并让企业实现盈利。其中，顾客总成本包括货币成本、时间成本、精神成本和体力成本等。在市场营销活动中，要制定消费者能接受的市场价格，而不是企业决定的价格。所以，企业要实现合理利润，就要提高管理水平，努力降低顾客购买的总成本。

（3）便利。便利性贯穿于企业营销活动始终，如自由选购、方便停车、免费送货、信息反馈、消费投诉、退换与维修等。所以，企业在策划、建立分销渠道及网络时，要方便顾客，为顾客提供最大的购物和使用便利。

（4）沟通。以沟通替代促销，强调市场营销活动过程是企业与顾客进行积极有效的双向沟通过程。双向沟通有利于协调矛盾、建立感情、培养忠诚的顾客，实现互利双赢。

关于 4P 与 4C 的关系可概括为：所谓 4P 是站在企业的角度来看营销，所谓 4C 是站在消费者的角度来看营销。只是出发点不同而已，两种思维方式都正确。在近年的市场营销理论中，很多人认为以 4P 组合为核心的营销理论与实务过时了，不能适应竞争激烈的市场，甚至想用 4C 来替代它。但 4P 理论毕竟经过实践已经在世界范围内得到了广泛的发展和认同。同时，从企业微观角度来说，4P 比 4C 更具有可操作性。但随着技术手段的发展，对传统的市场营销也产生了深刻而巨大的冲击，这也为进行 4P 与 4C 两种组合的有机整合、兼顾企业和消费者利益、使 4C 融合于 4P 从而创建出一种全新的营销模式带来了契机。

4）4R 营销组合理论

4R 理论是美国学者唐・E.舒尔兹提出的新营销理论，是以市场反应（Reaction）、顾客关联（Relevance）、关系营销（Relationship）和利益回报（Reward）为主要内容的四因素组合，是以关系营销为核心、以竞争为导向的营销理论。

（1）市场反应。市场营销者要及时倾听顾客的希望、渴望和需求，并及时答复，迅速反应，满足顾客的需求。

（2）顾客关联。企业与顾客是命运共同体。在竞争性市场环境中，企业要以现代营销观念为基础，建立市场营销者与顾客互助、互求、互需的关系，培养并提高顾客的忠诚度，赢得长期而稳定的市场。

（3）关系营销。市场营销者要与顾客建立长期而稳固的关系，在相互信任的关系中开展营销活动，并把顾客变成朋友。

（4）利益回报。企业要在营销活动中实现自身利益。

5）4V 营销组合理论

4V 理论是指差异化（Variation）、功能化（Versatility）、附加价值（Value）和共鸣（Vibration）的营销组合理论。4V 营销理论认为企业要实施差异化营销。

（1）差异化。美国管理学家彼得・德鲁克认为企业的宗旨只有一个，那就是创造顾客。从某种意义上说，创造顾客就是创造差异。企业在营销活动中要实现产品差异化、市场差异化和形象差异化。

（2）功能化。产品一般包括核心功能、延伸功能、附加功能等 3 个层次。营销活动中应根据消费者的不同需求，提供不同功能的系列化产品，以方便消费者根据自己的习惯、能力选择具有相应功能的产品。营销者不提倡企业生产多功能或全功能化产品。

（3）附加价值。企业产品的价值由基本价值与附加价值两部分组成。前者由生产和销售某产品所付出物化劳动和活劳动的消耗所决定；后者则由技术附加、营销附加和企业文化与品牌附加构成。现代市场发展趋势是，基本价值在价值构成中的比重将逐步下降，附加价值在价值构成中的比重进一步上升。因而，附加价值化是现代营销理念的重心。

（4）共鸣。它强调将企业的创新能力与消费者所珍视的价值联系起来。通过企业价值创新给消费者或顾客带来价值最大化，给企业带来利润极大化。在这个不断变革的时代，只有实现企业经营活动中各个构成要素的价值创新，才能最终实现消费者的价值最大化和企业利润最大化，使企业与消费者之间产生共鸣。

案例分析实例

阅读以下资料，利用本任务所学知识分析小米手机为何会取得成功。

小米手机的 4P 营销组合分析

一、产品

1. 在性能上，小米手机可谓十分强大：① 始终保持硬件上的领先地位；② 小米公司基于对安卓系统进行的深度优化，研发出小米手机特有的 MIUI 系统，不仅符合中国消费者的使用习惯，而且快捷方便；③ 企业内部集合了一批来自知名企业的技术人员。

2. 市场定位上，一是“80 后”和“90 后”且经常使用网络、乐于体验新事物的人群；二是月收入在 2 000 元以上且对智能手机的性能、硬件有一定需求的人群；三是追求高配置、新工艺的电子产品爱好者。

3. 包装方面，小米手机在包装设计上讲究耐压、简约环保的理念，给消费者留下了良好的印象。

二、定价

1. 小米手机的销售大多是采用官网直销的方式，从而省去了传统的中介经销商的费用支出。

2. 小米手机不设实体店铺，节省了店面租金及水电等开支。

3. 充分利用互联网散播销售信息，节省了广告及其他宣传费用，使小米的价格能在众多的智能手机行业中取得优势。

4. 定价上初始价格一般为 1 999 元。几乎接近成本的价格，在同类配置的手机中享有优势。另外，在新老产品交替时，继续以 1 999 元的价格优势来推出新一代产品，而老产品降至 1 499 元，进一步刺激消费。再者，红米 799 元的平民价格，让更多消费者享受到小米的福利。

三、渠道

小米手机中的大部分是通过线上销售的，所以整个销售中的核心就是物流。小米在上海设有最大的物流中心，主要覆盖华东的全部和华中的部分订单。随着销量的日渐增多，在北京等地也增设了物流中心，为产品的运输提供方便快捷的通道。

四、促销

1. 小米手机通过饥饿营销模式，人为地创造出可控的供求关系，以此维持售价与利润的目的。

2. 微博营销。以微博作为营销平台，每一位听众和粉丝都是潜在的营销对象，传播企业信息、产品信息，从而树立良好的企业形象和产品形象。

3. 口碑传播。小米手机以高配置低价格的优势吸引了大量消费者的眼球。同时，凭借用户的真实体验，为小米公司创造了良好的口碑。

案例来源：百度文库，https://wenku.baidu.com/view/843427f26bec0975f465e2db? aggId=f099de7eed630b1c59eeb5c3.

《小米手机的 4P 营销组合分析》案例分析视频

思政园地

营销人员必备素养

要想成为一位优秀的营销人员，除了具备营销的专业技能外，还应该具备以下素养。这些素养也反映了人的综合素质，体现人生观和价值观。阅读下面的内容，结合实际回答问题。

第一，良好的态度。态度决定一切，态度是决定一个人做事能否成功的基本要求。营销人员必须抱着一颗真诚的心，诚恳地对待客户，对待同事。只有这样，别人才会尊重你，把你当作朋友。

第二，良好的品德。营销活动是一项塑造形象、建立声誉的崇高事业。它要求从业人员必须具有优秀的道德品质和高尚的革命情操，诚实严谨、恪尽职守的态度和廉洁奉公、公道正派的作风。在代表组织进行社会交往和协调关系中，不谋私利，不徇私情，为人正直，处事公道；在本职工作中，尽心尽责，恪尽职守，能充分履行自己的社会责任、经济责任和道德责任。玩忽职守、自由散漫、不学无术、损公肥私、投机钻营、趋炎附势、傲慢自大、争功夺利、嫉贤妒能的思想和行为，都是背离营销人员职业道德的。

第三，渊博的知识。在当今以信息技术占主导地位的知识经济时代，营销的内涵已发生了深刻的变化，再不能将其等同于单纯的推销。传统推销观念是以企业或现有产品为出发点强调对现有产品的推销和宣传，主张从销售现有产品中获得短期利润，适用于卖方市场向买方市场的过渡时期；市场营销观念则以消费者需求为出发点，强调企业整体营销活动，即不仅重视产后的推销宣传，也重视产前的调研工作，主张从满足市场需求中获取长期利润，适应于买方市场条件下的营销活动。

第四，良好的心理素质。心理素质渗透在人们的各种活动中，影响着人们的行为方式和活动质量。优秀的营销人员应具备的心理特征是：有浓厚的职业兴趣，它可以增强营销人员开拓进取的精神，使营销人员在奔波劳累之中乐此不疲，以持久的热情从事营销活动，探索营销的成功之路；营销人员要有充分的自信心，这是决定营销工作能否成功的内在力量。

第五，较强的公关能力。营销人员应具备的公关能力主要包括：推销能力、观察能力、记忆能力、思维能力、交往能力、劝说能力、演示能力、核算能力、应变能力、反馈能力和自学能力。

第六，良好的气质。气质在一个人的行为活动中的表现，跟人的身心健康都有着密切的联系。如果一个人在工作中表现得紧张而有序，生活中严于律己，宽以待人，严守纪律，遵守公共秩序，这有利于提高气质的质量。胆大而不急躁，迅速而不轻佻，爱动而不粗浮，服从上司而不阿谀奉承，身居职守而不刚愎自用，胜而不骄，喜功而不自炫，自重而不自傲，豪爽而不自欺，刚强而不执拗，谦虚而不假装，这应是营销人员共同的信条。

第七，良好的团队合作精神。团队合作精神是人的社会属性在企业和其他社会团体中的重要体现，事实上它所反映的就是一个人与别人合作的精神和能力。一个优秀的营销人员总是具有强烈的团队合作意识：团队成员间相互依存、同舟共济，互敬互重、礼貌谦虚；彼此宽容、尊重个性；彼此间是一种信任的关系，待人真诚、遵守承诺；相互帮助、互相关怀，大家彼此共同提高；利益和成就共享、责任共担。只有具有了以上素质，我们才会在激烈的竞争中处于不败之地。

资料来源：百度文库 https://wenku.baidu.com/view/b25c1e282af90242a895e55d.html?_wkts_=1687676410424.

思考：

1. 列举生活中没有履行自己道德责任的企业最后的结局。你认为问题出在了哪里？
2. 你觉得什么是良好气质？怎样培养自己的良好气质？

任务考核

表 1-2-3　任务评价单

<table>
<tr><td colspan="5">项目一　市场营销思维训练</td></tr>
<tr><td rowspan="2" colspan="2">任务二　市场营销理念的建立</td><td>姓名</td><td></td><td>组别</td><td></td></tr>
<tr><td>专业</td><td></td><td>学号</td><td></td></tr>
<tr><td>内容</td><td colspan="4">评分标准</td><td>得分</td></tr>
<tr><td>概念问题（20 分）</td><td colspan="4">共 5 题，每题 4 分</td><td></td></tr>
<tr><td>案例分析（60 分）</td><td colspan="4">海尔的洗衣机产品：
1. 能够正确运用营销组合理论选出相关的因素分析（40 分）；
2. 能够从案例中总结分析得出结论（20 分）</td><td></td></tr>
<tr><td>思政园地（20 分）</td><td colspan="4">1. 能够积极观察生活，有自己的观察和见解（10 分）；
2. 能够用语言或文字清楚表达想法（5 分）；
3. 能够正向抒发情感（5 分）</td><td></td></tr>
</table>

02

项目二

分析市场营销机会

任务一 认识市场营销环境

<table>
<tr><td colspan="5">项目二 分析市场营销机会</td></tr>
<tr><td rowspan="2">任务一
认识市场营销环境</td><td>姓名</td><td></td><td>组别</td><td></td></tr>
<tr><td>专业</td><td></td><td>学号</td><td></td></tr>
<tr><td>知识目标</td><td colspan="2">技能目标</td><td colspan="2">思政目标</td></tr>
<tr><td>理解市场营销环境的含义</td><td colspan="2">1. 会分析企业所面临的营销环境特点；
2. 会判断各种环境对企业的影响</td><td colspan="2">通过列举党和政府在关键时刻为了保护人民生命财产安全所做出的努力和取得的伟大胜利，激发学生对我国社会主义制度优越性的自豪感</td></tr>
<tr><td>学习重点</td><td colspan="4">1. 理解市场营销环境的特点；
2. 掌握营销环境调查的方法</td></tr>
<tr><td>学习难点</td><td colspan="4">当代市场营销面临的新环境</td></tr>
</table>

任务清单

一、概念问题

（一）判断题

1. 市场营销环境是一个动态系统，每一个环境因素都随着社会的发展而不断变化。（　　）

2. 问卷法是调查者运用统一设计的问卷向被选取的调查对象了解情况或征询意见的调查方法。（　　）

（二）不定项选择题

1. 直接营销环境调查方法包括（　　）。

A. 访谈法　　B. 观察法　　C. 问卷法

2. 当代市场营销面临的问题有（　　）。

A. 经济全球化和反全球化并存　　B. 产品转型升级的需求不断提高

C. 消费信息获得的便利性得到提升　　D. 竞争范围不断扩大，强度不断提升

E. 合作共赢与社会责任意识逐渐增强

二、案例分析

案例 2-1-1　宁德时代宜宾工厂成为全球首家电池零碳工厂

全球知名认证机构 SGS 为宁德时代全资子公司四川时代颁发 PAS2060 碳中和认证证书，宁德时代宜宾工厂成为全球首家电池零碳工厂。

自主研发的 CFMS 智慧厂房管理系统，通过对厂房系统及设备运行数据的自动获取，实现数据的互联互通，系统化的厂务设施管理平台帮助实现厂房系统安全可靠、高效节能、绿色低碳运行。在能耗较大的群组设备中，先进系统运用全局最优化算法，计算当前负荷条件下系统总能耗最小时的各子设备的运行参数，实现主动式优化控制。

在绿色制造方面，四川时代搭建了数字化生产中控管理系统。全局化目视管理可大幅降低工序损失，AI 视觉检测系统可以自动学习和提取缺陷特征，在模切分条、卷绕等多环节提升检出率。制造过程中产生的废料将全部投入回收利用，镍、钴、锰等贵金属回收率可达 99.3%。

四川时代对物流链条以及厂区交通进行全面升级，广泛使用无人驾驶物流车、电动叉车等，实现供应商工厂、原料仓库、加工工厂、成品仓库、客户工厂之间零碳运转。同时鼓励员工电动出行与共享出行，将减碳融入生产与生活的方方面面。

宁德时代宜宾工厂 80%以上的能源来自可再生能源水电，每年可减少 40 万吨碳排放。未来，宁德时代将复制和推广灯塔工厂经验，实现全球十大基地碳中和，助力产业链构建更可持续的生态系统。

资料来源：四川宜宾工厂成为全球首家电池“零碳工厂”[OL]. 宁德时代，http://scnews.newssc.org/system/20220720/001285096.html.

思考：

1. 宁德时代为什么选择新能源项目？
2. 宁德时代为什么选择在四川建设工厂？

案例 2-1-2　TikTok for Business

中国电商企业出海共经历了 3 个发展阶段：第一阶段是凭借供应链制造优势出海；第二阶段是借助电商平台流量红利出海；第三阶段，电商企业出海的红利，来自多元化电商渠道，通过社交媒体电商一体化的平台创新经营，激发生意的新增长。

TikTok for Business 作为 TikTok 旗下的全球移动营销平台，从“人、货、场”3 大维度赋能品牌出海。在“人”的角度，TikTok 10 亿月活用户中，消费力强的用户越来越多，线上购物需求更加旺盛。根据近期德勤中国的调研显示，在调研范围中的电商用户，TikTok 用户一年平均下单 38.4 次，其中 1/3 的用户每周线上购物。

资料来源：https://www.amz123.com/b/2JcQUTK9.

思考：

TikTok for Business 发现了什么样的市场营销机会？

知识获取

一、引导问题：你知道什么是市场营销环境吗

市场营销环境泛指一切影响制约企业营销活动的因素和力量。它对企业的生存和发展有着极为重要的影响。根据对企业营销活动产生影响的方式和程度不同，可分为宏观市场营销环境和微观市场营销环境。

（一）宏观市场营销环境

宏观市场营销环境是指与企业间接相连，间接影响企业营销能力的一系列巨大的社会力量，包括人口环境、经济环境、自然环境、科学技术环境、政治法律环境、社会文化环境等。

（二）微观市场营销环境

微观市场营销环境是指与企业紧密相连，直接影响企业营销能力的各种参与者，包括企业内部环境、供应商、营销中介、顾客、竞争者、公众等。这些因素与企业市场营销活动有着十分密切的联系，并对企业产生直接影响。

二、引导问题：你知道市场营销环境的特点有哪些吗

（一）不可控性与能动性的统一

市场营销环境作为一种客观存在，有着自己的运行规律和发展趋势，不以企业的意志为转移。一般来说，企业无法摆脱和控制市场营销环境，特别是宏观市场营销环境。企业不能改变人口环境、经济环境、自然环境等。但企业可以主动适应市场营销环境，根据环境特点和变化趋势制定、调整市场营销策略。

（二）差异性与同一性的统一

不同的国家或地区之间，政治、经济、文化、法律等宏观环境存在着广泛的差异；不同的企业，其微观环境也千差万别。对于同一国家同一行业的企业来说，其面对的宏观市场营销环境具有同一性。但相同的宏观环境下的不同企业面临的威胁和机会是不同的。

（三）关联性与相对分离性的统一

我们在分析市场营销环境的时候，会列出政治、经济、法律、文化、自然、人口等各种要素分别加以研究，但这些要素之间并不是孤立存在的。它们互相影响、互相制约，某一因素的变化，会带动其他因素的变化，形成新的营销环境。

（四）多变性与相对稳定性的统一

市场营销环境是一个动态系统。在一定的时间段，政治、经济、法律、文化、人口、自然等要素具有相对稳定性。但从长期来看，随着时间的推移，人口、经济、科技等要素也会

发生变化。所以企业既要适应当下的市场营销环境，又要善于捕捉和发现环境的变化趋势，及时调整市场营销策略。

（五）市场营销机会与环境威胁的统一

同样的市场营销环境，其中既包含市场机会也可能面临市场威胁，对于企业来说重要的是如何调整自己的营销策略，抓住机会，避免威胁。

三、引导问题：你知道营销环境调查的方法有哪些吗

营销环境调查的方法主要有两大类，即直接调查法和间接调查法。

（一）直接调查法

直接调查法又称一手资料法，指通过对主要区域的行业国内外主要厂商、贸易商、下游需求厂商以及相关机构进行直接的交流与深度访谈，获取行业相关产品市场中的原始数据与资料。常用的直接调查方法包括以下几种：

1）访谈法

访谈法又称采访法、询问法，是第一手资料收集最常用、最基本的方法。它是调查员通过口头、书面或电信等方式向被调查者了解市场情况，搜集资料的一种实地调查方法。采用访谈法进行调查时，一般都事先把需要了解的问题制成调查表，因而又称调查表法。访谈法最根本的特点是通过直接或间接的回答来了解被调查者的看法和意见，可用于调查消费者信息和企业经营信息，供决策制定者使用。

2）观察法

观察法主要是指调查者在没有提问或交流的情况下，凭借自己的眼睛或摄像、录音等器材，在调查现场进行实地考察，系统地记录人、物体或事件的行为模式的过程，反映当时的市场行为或状况。观察法常用于调查消费者购买行为及消费者对商品的花色、品种、规格、质量、技术服务等的看法。

3）问卷法

问卷法是调查者运用统一设计的问卷向被选取的调查对象了解情况或征询意见的调查方法。问卷调查是以书面提出问题的方式搜集资料的一种研究方法。研究者将所要研究的问题编制成问题表格，以邮寄方式、当面作答或者追踪访问方式填答，从而了解被试对某一现象或问题的看法和意见，所以又称问题表格法。问卷法的运用，关键在于编制问卷、选择被试和结果分析。

（二）间接调查法

间接调查法又称二手资料法，指充分利用各种资源以及所掌握的历史数据与二手资料，及时获取相关行业的相关信息与动态数据。

四、引导问题：你知道当代市场营销面临的新环境吗

（一）经济全球化和反全球化并存

经济全球化是指生产要素在全球范围内流动、世界资源在全球范围内配置、世界各国经济在全球范围内相互交融的经济运行过程。反全球化是指一国政府或企业提高市场进入门槛、对资源在国际上的正常流动采取限制性措施以保护国内市场的行为。经济全球化是一种发展趋向。

（二）产品转型升级的需求不断提高

消费者渴望以合理的价格和快捷的服务满足自己的需求，但消费者个性化需求趋势明显，同时缺乏稳定性，企业必须持续优化和升级产品，消费者才会对企业产生忠诚度。

（三）消费信息获取的便利性得到提升

在互联网时代，信息壁垒被打破，消费者主要依靠口碑信息制定购买决策；同时，价格比较网站能使消费者迅速获得同类产品的价格信息。

（四）竞争范围不断扩大，强度不断提升

随着互联网技术的发展，很多企业开始以全球化视野来实施跨国营销，跨国竞争者的加入使市场竞争更为激烈。

（五）合作共赢与社会责任意识逐渐增强

在激烈的市场竞争中，企业要善于谋求与供应商、消费者、竞争者之间的合作共赢，在提供受消费者欢迎的优质产品或服务的同时，自觉承担社会道义和环境责任，为企业创造更加可持续的竞争优势。

情境再现

2020，新冠疫情如何影响世界

正如历史上历次重大传染病给人类带来反思一样，2020 年这场全球公共卫生危机，也给全球化进程、社会治理、经济形态、发展理念、能源和粮食安全、观念习俗等人类诸多领域带来深刻影响。

一、倒逼社会治理改善

回顾历史上人类遭遇的重大传染病——黑死病，让人们开始反思城市整洁的重要性。19 世纪的霍乱引发了大规模的城市再开发计划，1918 年西班牙流感让人们意识到社会公共卫生系统干预和流感预防的重要性……

巴西伊加拉佩研究所研究主任罗伯特·穆加指出，此次的新冠肺炎大流行同样将在世界多地带来城市和社会治理转型。

在一些国家和地区，不少疫情聚集区的死亡病例集中在少数族裔、贫困人口等弱势群体，疫情放大了内部治理的短板和缺陷。要完善重大疫情防控救治体制机制，健全公共卫生应急管理体系；要推动社会治理和服务重心向基层下移……这是新冠疫情给世界上的重要一课。

二、亟须守护人类"饭碗"

粮食影响着人类未来。新冠疫情加剧了世界粮食系统的脆弱性。联合国粮农组织等国际机构近期发布的相关报告显示，新冠疫情大流行可能会对全球粮食市场产生"历史性冲击"，将让全球 8 000 万至 1.3 亿人面临饥饿。

世界粮食计划署首席经济学家阿里夫·侯赛因指出，疫情同时对粮食的供给侧和需求侧造成了全球性的沉重打击。由于物流受阻，农民难以获得足够的种子和肥料，无法耕种也就没有收成；疫情中失业的人则因收入减少而无力购买食品。

世界卫生组织（WHO）营养主管弗朗切斯·科布兰卡说："新冠肺炎疫情危机造成的粮食安全影响将在今后持续许多年。"

三、刺激催生新型业态

在新冠疫情冲击下，不少传统行业面临洗牌，社会经济活动暂停导致高失业率，而一些新兴产业却应运而生、蓬勃发展。智能制造、无人配送、在线消费、医疗健康等数字经济产业正展现出强大的成长潜力。

新的工作和生活方式也在疫情中涌现。线上会议、线上购物、线上学习，甚至线上相亲……疫情期间，世界各地的很多人远离聚集性活动，开启了线上"云"生活。在美国，由中西部大学组成的"十大名校学术联盟"为数十万学生提供在该联盟内其他大学在线上课的机会。德国贝塔斯曼基金会经济学家蒂斯·彼得·森认为，疫情凸显了数字经济的重要性。他说，计算机、机器人、自动化和其他数字技术运用的不断增加，将降低下一场流行病暴发时停产的风险。合作才是抗疫利器。谭德塞在记者会上说，与 1918 年相比，如今全球化的世界紧密相连，新冠病毒因此在全球迅速传播。"如今我们拥有更先进的科技和知识来遏制新冠病毒"，他希望大流行能在两年内结束，而前提是"实现国家层面和国际层面的团结协作"。

在全球化时代，病毒超越了政治和地理边界，给世界带来全新挑战。但可以肯定的是，全球化进程不会因新冠疫情而戛然中断。不仅如此，全球化代表的开放合作、进步、创新、多边主义等理念终将被证明为全球范围克服疫情的终极利器。越来越多的人类实践证明，面对形形色色的全球性挑战，必须在全球层面合作解决。在日前举行的纪念联合国宪章签署 75 周年的线上论坛中，与会政界学界人士一致认为，新冠疫情进一步凸显了全球化时代多边主义的重要性。全球化的时代，要用全球化的方法抗击全球性的疫情。正如联合国秘书长古特雷斯反复强调的，"这是一个讲科学、求团结的时刻"。

案例分析实例

阅读以下资料，利用本任务所学知识分析乌江轻盐榨菜成功的奥秘。

乌江轻盐榨菜成功

近日，堪称健康榨菜新标杆的乌江轻盐榨菜正式上市，正式开启行业"轻盐"赛道的新篇章，并官宣短道速滑世界冠军武大靖为乌江品牌大使。武大靖还为此特意出了一个"武 log"，直言自己是乌江榨菜的忠实粉丝，并且亲自制作了"轻盐榨菜三明治"。中西特色结合的美食教程引得粉丝纷纷点赞。此次乌江榨菜除了实现减盐 30%以上的产品升级外，在包装上也做了创新，不同于老版的"中国红"，新包装背景色用的是"故宫红"，并运用了脸谱。脸谱的表现形式源于中国传统岩彩彩绘艺术和珐琅工艺的融合，很好地演绎了中华文化的传承与演进。

随着大健康消费时代的来临，消费者对于健康食品的需求日益增多。乌江轻盐榨菜的推出，在满足消费者对健康饮食产品需求的同时，引领行业进入健康轻盐时代。品牌以“减盐30%不减颜”的承诺，既展现了“轻盐”“放心吃”的健康饮食卖点，同时保留了传统国风元素包装，展现了乌江榨菜引领健康生活新风尚和新国潮的创新实践，吸引年轻消费者眼球的同时提升了品牌的影响力。

资料来源：乌江轻盐榨菜为何能成为健康榨菜行业新标杆[OL]. https://www.163.com/dy/article/HL8VF2V605178MCU.html.

《乌江轻盐榨菜成功》案例分析视频

思政园地

天津港煤码头公司一队原队长孔祥瑞——从码头工人到“蓝领专家”

在天津港集团煤码头公司，科技设备部电气综合管理员段凯的抽屉里有一把早已被磕碰得伤痕累累的扳手。“这不仅仅代表着一份传承，更见证了我们港口产业工人从传统码头作业到智慧绿色作业的转型。”段凯说。“当年的煤码头是一个传统的散货码头，孔队跟我说，传统作业模式将来一定会被智能化作业替代，年轻人大有可为！这把扳手就是孔队递到我手中的，同时递给我的还有一份责任。”

孔祥瑞先后获评全国劳动模范、全国优秀共产党员、100位新中国成立以来感动中国人物等荣誉，但他谦虚地说：“我只是一名工人，我取得的成绩属于整个团队。参加工作以来，我真切地感受到，知识改变命运，劳动创造光荣！”

在孔祥瑞的言传身教和影响下，一批批青年技术工人快速成长。近年来，天津港成立了“孔祥瑞劳模创新工作室”，先后开展百余项技术创新项目；天津港“孔祥瑞杯”职业技能大赛也已经连续举办十八届。

2017年退休后，孔祥瑞受聘为职业技能竞赛评委。每年，他不仅对参赛选手进行点评，还对这些未来的“大国工匠”们进行培训。截至目前，孔祥瑞已连续参加了七届赛事活动，培训了上百名选手。

“孔队指出问题毫不客气，传授经验也毫无保留。”一位参赛选手这样评价。“从坐上驾驶位，系好安全带开始，孔队就仔细研究我们每一位参赛选手的技术细节和工作习惯，并给出具体指导。”

孔祥瑞每年都会提前3个月开始职业技能竞赛的相关准备工作，赛后还要针对每位选手的技术特点、存在问题进行复盘。“各地高手一起交流，才知道自己的短板到底在哪儿。来参赛的都是各个港口的好苗子，除了竞赛，更要通过他们的规范操作，影响更多从业者，把好港口装卸业务的安全关、技术关、质量关。”孔祥瑞说。

如今，孔祥瑞依旧牵挂着港口事业，也感受到了天津港这几年的新变化，“特别是这两年，全球首个零碳智慧码头、全物联网码头等在天津港诞生。这对产业工人提出了更高更新的要求，要持续学习、苦练内功，让自己的职业技能始终和技术发展保持同步。”

“孔队当年和我说的，如今都变成了现实。”段凯说。“所有装卸煤炭系统化设备都采用全自动无人化设置。源头抑尘、污水回收、景观绿化、防风网建设……”对于天津港的变化，段凯如数家珍。

“我要不遗余力地把自己的经验传授给更多年轻人，将工匠精神传承下去。”孔祥瑞说。“有耕耘必有收获，每个人都应在平凡的岗位上兢兢业业，努力创造出不平凡的业绩！”

资料来源：共产党员网[OL]. https://www.12371.cn/2023/03/23/ARTI1679534211582937.shtml.

思考：

1. 孔祥瑞的故事给我们什么启示?
2. 说一说你对工匠精神的理解?

任务考核

表 2-1-1　任务评价单

<table>
<tr><th colspan="6">项目二　分析市场营销机会</th></tr>
<tr><td colspan="2" rowspan="2">任务一　认识市场营销环境</td><td>姓名</td><td></td><td>组别</td><td></td></tr>
<tr><td>专业</td><td></td><td>学号</td><td></td></tr>
<tr><td>内容</td><td colspan="4">评分标准</td><td>得分</td></tr>
<tr><td>概念问题（20 分）</td><td colspan="4">共 4 题，每题 5 分</td><td></td></tr>
<tr><td rowspan="2">案例分析（60 分）</td><td colspan="4">宁德时代宜宾工厂成为全球首家电池零碳工厂：
1. 能结合当时的营销环境谈想法（15 分）;
2. 说出在四川建厂的优势，有自己的想法并能顺利表达出来（15 分）</td><td></td></tr>
<tr><td colspan="4">TikTok for Business：
结合本任务内容进行分析（30 分）</td><td></td></tr>
<tr><td>思政园地（20 分）</td><td colspan="4">积极参与活动（4 分）;
能够积极正向并流利地表达自己的想法（16 分）</td><td></td></tr>
</table>

任务二　宏观营销环境

<table>
<tr><th colspan="5">项目二　分析市场营销机会</th></tr>
<tr><td rowspan="2">任务二
宏观营销环境</td><td>姓名</td><td></td><td>组别</td><td></td></tr>
<tr><td>专业</td><td></td><td>学号</td><td></td></tr>
<tr><td>知识目标</td><td colspan="2">技能目标</td><td colspan="2">思政目标</td></tr>
<tr><td>掌握宏观环境的内容</td><td colspan="2">学会分析宏观市场营销环境对企业的影响</td><td colspan="2">1. 培养学生对我国社会主义制度优越性的认知及学生的爱国情操；
2. 培养学生的民族自豪感</td></tr>
<tr><td>学习重点</td><td colspan="4">掌握经济环境对市场营销环境的影响</td></tr>
<tr><td>学习难点</td><td colspan="4">科学技术、社会文化环境对市场营销环境的影响</td></tr>
</table>

任务清单

一、概念问题

（一）判断题

1. 人口的地理分布，是指人口在地理空间上的分布状态。人口的地理分布表现在市场上，就是人口的集中程度不同，则市场大小相同。（　）

2. 消费者支出模式是指，消费者个人或者家庭的总消费支出中各类消费支出的比例关系，也即人们常说的消费结构。（　）

（二）不定项选择题

1. 社会文化环境主要包括（　　）。

A. 教育水平　　B. 宗教信仰　　C. 价值观念　　D. 消费习俗

2. 恩格尔系数是（　　）总额占个人消费支出总额的比重。

A. 交通支出　　B. 食品支出　　C. 住房支出　　D. 服装支出

二、案例分析

案例 2-2-1　猎奇口味成咖啡新宠

2022 年 8 月，一款酸菜口味的咖啡走红网络。这款酸菜口味的咖啡由太二酸菜鱼和好好咖啡合作推出，名为“原汁酸菜拿铁”。就像它的名字一样，这款咖啡中不仅真的含有酸菜汁，还会附赠一大根酸菜。根据官方食用方法可以得知，这根附赠的酸菜并不需要消费者真的吃掉，只需要在装有酸菜拿铁的杯中搅拌一圈即可。

由于口味奇特，酸菜拿铁上市后就迅速获得了消费者的关注。从 2022 年 8 月 26 日上市后的短短几天中，在小红书平台就已有超过两万篇关于“酸菜咖啡”的分享，其中也不乏美食博主的推荐。在微博平台，酸菜咖啡的热度还在持续增长，目前话题总览也已超过 38 万次。

除了酸菜拿铁外，太二酸菜鱼还推出了陈皮冷萃、花椒美式和菊花柠咖 3 种现制咖啡，以及一款陈皮口味的酸菜鱼盘挂耳咖啡。从网友的评论来看，虽然这些味道奇特的咖啡没能获得一边倒的好评，但味道却远没有像名字一样吓人，甚至一些消费者认为这些咖啡的味道还不错。

资料来源：猎奇口味，会成为咖啡产品的新风口吗？[OL]. http://www.vmarketing.cn/index.php/index/NewsDetail/nid/43661.

思考：

1. 你认为什么因素导致了猎奇口味咖啡的上市？
2. 你会选择猎奇口味的咖啡吗？为什么？

案例 2-2-2　布局婚庆市场，喜茶的商业版图又扩充

在刚刚过去的七夕，喜茶再次借势节日氛围，通过联合各地民政局，推出了七夕限定活动。除了“大喜之日”的福利外，喜茶又推出了独具七夕传统元素的喜版鹊桥装置以及“交杯茶”。借势七夕这一浪漫的中国传统节日，喜茶再刷了一波在婚庆业务的存在感。

七夕过后，喜茶正式宣布了“囍上加喜”婚宴团餐规则，以此迎合消费者的婚宴需求。在婚宴当中，针对订购 99 杯、199 杯和 299 杯以上，可以享受不同折扣。除此之外，还有不同的婚宴优惠规则。

随着时代发展，婚庆消费变得多元化、个性化。面对茶饮行业的激烈竞争，喜茶此时宣布推出喜宴服务，无疑是看中了婚庆新经济所带来的新的市场机会。

面对茶饮行业的激烈竞争，消费者在婚庆领域投入的增加，可以为喜茶带来新的市场机会。虽然我国结婚登记数量逐年递减，但随着居民收入水平的提高和消费意识的改变，婚庆市场规模却在逐年上升。

不仅婚庆领域市场在扩大，而且变化迅速。年轻消费者对个性化婚庆形式的需求，给予了喜茶进入婚庆领域的机会。一向追求个性化产品的年轻消费者，在婚庆形式上同样追求变化与创新的风格。

在这样的情况下，常规的喜糖、喜酒、喜烟的婚礼三件套，逐渐被年轻消费者所喜爱的美妆、香薰、茶饮产品、盲盒等物品替代。喜茶作为既可以代表年轻消费者的生活方式，又可以满足年轻消费者在不同场景下的标新立异的物品，进入婚庆领域这个新秀场。

消费者对好运的心理需求也给喜茶带来了涉足婚庆领域的勇气。前有转发锦鲤求愿望实现，后又拜杨超越头像求好运。近几年中，年轻消费者对爱求好运、沾喜气的心理需求，日益增长。

而喜茶也因名中带“喜”，曾满足了不少消费者对“喜气”的需求。社交平台中，多位网友晒出结婚喝喜茶讨喜的行为，已经在无形中给喜茶与婚庆领域建立了关联。喜茶顺水推舟与对“喜气”需求最大的婚庆领域进行关联。

资料来源：入局婚庆市场，喜茶的商业版图又扩充了？[OL]. http://www.vmarketing.cn/index.php/index/NewsDetail/nid/43630.

思考：

1. 试着分析喜茶是否谋划“喜上加喜”已久？
2. 喜茶为何选中了婚庆领域？

知识获取

宏观营销环境是指对企业营销活动造成市场机会和环境威胁的主要社会力量，包括人口、经济、自然、科学技术、社会文化、政治法律等企业不可控的宏观因素。

一、引导问题：你知道宏观营销环境中的人口环境是什么吗

人口是构成市场的第一位因素。人口环境就是指一定时期一定区域的人口状况，是市场营销的基本要素。对人口环境的分析包括以下几方面的内容。

（一）人口数量

人口的多少直接决定着市场的潜在容量，特别是基本生活消费品的需求量，人口越多，市场规模就越大，但同时众多的人口也会给企业带来威胁。人口多、增长快决定了在一定时期消费者对食品、衣着和住宅等基本生活消费品的需求仍会增长，粮食、能源和住宅等方面的供需矛盾将进一步加大，这就为食品加工、建筑建材业和新型能源产业等一些相关企业提供了发展机遇。但是同时，人口的迅速增长，也会给企业营销带来不利的影响。比如，人口的迅速增长会引起食品短缺、重要矿产资源枯竭、环境污染以及生活质量恶化等一系列问题，从而导致整体市场营销环境的恶化。

（二）人口结构

人口结构，即各类人口占总人口的比重，主要包括性别结构、年龄结构、家庭结构、社会结构和民族结构等。

（1）性别结构。不同性别的消费者对于产品消费的需求差别很大，100 名男性和 100 名女性的日常消费有很大不同，所以企业在研究人口的时候不能只关注人口数量，同时要关注人口数量的性别构成。

（2）年龄结构。不同年龄阶段的消费者对于产品消费的需求千差万别，比如，100 个婴儿、100 个青年、100 个老人，他们的日常消费内容完全不同。我们在研究人口环境的时候也不可忽视对人口年龄结构的研究。

情境再现

老年人的消费状况

据中国老年协会介绍，中国目前 60 岁以上的老年人口已达 2.3 亿人，并以每年 3%的速度递增。预计到 2030 年，中国老年人口将超过欧洲。我国老年产品与服务的多种需求构成了一个十分庞大、丰富多彩的市场。老年人购物时，有求实、求廉的动机。一般要求商品经济实用、朴实大方、经济耐用、质量可靠、使用便利、易学易用、安全舒适、有益健康。他们对商品的审美情趣、花色款式无过高要求。对于许多商品，往往是在其市场生命周期的中后期才开始使用。对于商品要求实用，不赶时髦，在购物过程中更注重商品的价格。

（3）家庭结构。家庭发展到不同的阶段，其消费支出的重点会明显不同。按照家庭的成长发展，可划分为以下 7 个阶段。

未婚期（单身期）：有一定的经济收入，基本上没有经济负担，消费主要以满足自身需求为主。

新婚期：有一定的收入和购买力，消费向家庭建设转移。

满巢前期：夫妻有了孩子（6岁以下），消费重心开始转向孩子。

满巢中期：孩子（6～18岁）开始上学，花销在培养孩子上的费用增加，家庭的消费支出发生较大变化。

满巢后期：孩子长大，但在经济上仍不能独立，花销在孩子吃穿和教育上的费用最大。

空巢期：孩子离家自理，剩下夫妻二人生活，此时消费重心可能向旅游、健康、娱乐方向发展。

孤独期：老人丧偶、单身独处，对医疗保健服务、情感陪护的需求增加。

（4）社会结构。人口的社会分布，决定了企业在市场中的定位，如果产品以薄利多销为主，市场开拓的重点应放在农村，反之则应把市场营销重心放在城市。

（5）民族结构。我国是个多民族国家，不同民族的生活方式、文化传统、生活禁忌等会有所不同。企业在研究人口环境的时候应关注目标市场的民族特点。

情境再现

家庭的消费

一个家庭的新婚阶段是家用电器、家具等耐用品的需求旺盛期；家庭中有了孩子，消费支出的重心便转移到孩子的需求上，家庭收入的很大比重都用于孩子的食品、服装、教育和文娱等方面；待孩子长大成人、独立生活后，父母的消费多用于医疗、保健、旅游或储蓄。家庭由于所在地点不同，开支也不一样，比较居住在城市中心和郊区的家庭会发现，其在交通、住房和食品等方面有不同的支出比例。

（三）人口的地理分布

人口的地理分布是指人口在地理空间上的分布状态。人口的地理分布表现在市场上，就是人口的集中程度不同，则市场大小不同。

市场消费需求与人口的地理分布密切相关。各区域的自然条件、经济发展水平、市场开放程度以及社会文化传统、社会经济、人口政策等因素不同，因而不同区域的人口具有不同的消费特点和消费习惯。

情境再现

南方降温产品畅销

我国北方寒冷与南方炎热的气候，都会对产品提出不同的环境适应性要求。这就是在有3大“火炉”之首称号的武汉市的夏天，降温产品（冷饮、电风扇、空调器、电冰箱）特别畅销的原因所在。

人口有地理分布上的区别，居住在不同地区的人群，由于地理环境、气候条件、自然资源、风俗习惯的不同，其消费需求的内容和数量也不尽相同，购买习惯与行为也存在差别，如我国北方人和南方人的区别。

二、引导问题：你知道宏观营销环境中的经济环境是什么吗

经济环境是指影响企业市场营销方式与规模的经济因素，主要包括经济发展状况、收入与支出模式、储蓄与信贷等因素。

（一）经济发展状况

1）经济发展水平

企业的市场营销活动受到一个国家或地区整个经济发展水平的制约。经济发展水平较高的国家和地区，强调产品的款式、性能和特色，重资本密集型产业；经济发展水平较低的国家和地区，则侧重产品的功能和实用性，重劳动密集型产业。

2）地区发展状况

地区经济的不平衡发展，对企业的投资方向、目标市场及营销战略的制定都会产生巨大影响。

3）产业结构

产业结构是指各产业部门在国民经济中所处地位和所占比重及相互之间的关系。一个国家的产业结构反映该国的经济发展水平。

（二）消费者收入

消费者收入是指消费者个人从各种来源所得的货币收入，通常包括个人工资、奖金、退休金、其他劳动收入、红利、租金、馈赠等。消费者收入直接影响其购买力，影响市场规模的大小。

1）国民收入

国民收入指一个国家物质生产部门的劳动者在一定时期内所创造价值的总和。人均国民收入等于一年国民收入总额除以总人口，大体上反映了一个国家的经济发展水平。

2）个人收入

个人收入指个人在一定时期内通过各种来源所获得的收入的总和，包括薪资、租金收入、股息股利、社会福利收入、失业救济金、保险等。

3）个人可支配收入

个人可支配收入指个人收入中扣除各种税款（所得税等）和非税性负担（如工会会费、养老保险、医疗保险等）后的余额。

4）个人可任意支配收入

个人可任意支配收入指可支配的个人收入减去消费者用于购买生活必需品的固定支出（如房租、保险费、分期付款、抵押借款）所剩下的那部分个人收入。

（三）消费者支出模式

消费者支出模式是指消费者个人或家庭的总消费支出中各类消费支出的比例关系，也即

人们常说的消费结构。

对这个问题的分析涉及恩格尔系数。恩格尔系数指食物消费支出占总支出的比重。恩格尔系数是衡量一个国家、地区、城市以及家庭生活水平高低的标准。恩格尔系数越小说明越富裕，越大则说明生活水平越低。

1）恩格尔系数的含义

恩格尔系数是食品支出总额占个人消费支出总额的比重。19 世纪德国统计学家恩格尔根据统计资料，依据消费结构的变化得出一个规律：一个家庭收入越少，家庭收入中（或总支出中）用来购买食物的支出比例就越大，随着家庭收入的增加，家庭收入中（或总支出中）用来购买食物的支出比例则会下降。推而广之，一个国家越穷，每个国民的平均收入中（或平均支出中）用于购买食物的支出的比例就越大，随着国家的逐渐富裕，这一比例呈下降趋势。

2）恩格尔系数的计算

恩格尔系数计算公式如下：

恩格尔系数=食物支出金额÷总支出金额×100%

联合国根据恩格尔系数的大小，对世界各国的生活水平有了一个划分标准，即一个国家平均家庭恩格尔系数大于 60%为贫穷；50%～60%为温饱；40%～50%为小康；30%～40%属于相对富裕；20%～30%为富足；20%以下为极其富裕。按此划分标准，20 世纪 90 年代，恩格尔系数在 20%以下的只有美国，达到 16%；欧洲、日本、加拿大，为 20%～30%，是富裕状态；东欧国家，一般为 30%～40%，相对富裕；剩下的发展中国家，基本上属于小康。

3）我国恩格尔系数分析

1978 年我国农村家庭的恩格尔系数约 68%，城镇家庭约 59%，平均计算超过 60%，当时的中国是贫困国家，还没有解决温饱。当时中国没有解决温饱的人口有 2.48 亿。改革开放以后，随着国民经济的发展和人们整体收入水平的提高，中国农村家庭、城镇家庭的恩格尔系数都在不断下降。到 2003 年，中国农村居民家庭恩格尔系数已经下降到 46%，城镇居民家庭约 37%，加权平均约 40%，就是说已经达到小康状态。根据《时事报告》杂志 2016 年第 2 期《6.9%的经济增速怎么看》提供的数据，中国 2015 年的恩格尔系数已经降为 30.6%。

恩格尔系数在中国是否适用，学术界一直存有争议，持否定意见的认为中国居民生活状况并不符合恩格尔定律，如 1997 年福建省城镇居民恩格尔系数在全国各省中最高，达到 62%，海南省为 59%；而生活水平较低的陕西省城市居民恩格尔系数为 47%，宁夏为 46%。

尽管有争议，但总体看，中国城镇居民生活水平的变化仍符合恩格尔规律。

首先，恩格尔系数是一种长期的趋势，随着居民生活水平的不断提高，恩格尔系数逐渐下降已为中国城镇居民消费构成变化资料所证实。20 世纪 80 年代以前，城市居民恩格尔系数一直在 55%以上；1985—1995 年，尽管各年恩格尔系数有波动，但这 10 年间恩格尔系数一直在 50%～59%；1996 年以来，恩格尔系数一直在 50%以下。2009 年年末统计出：2008 年，我国城镇居民家庭恩格尔系数为 37.9%；农村居民家庭恩格尔系数为 43.7%。

（四）消费者储蓄和信贷情况

消费者的储蓄额占总收入的比重和可获得的消费信贷，也影响实际购买力。当收入一定时，储蓄越多，现实消费量就越少，潜在消费量反而越大；反之，储蓄越少，现实消费量就越大，潜在消费量反而越少。

消费者信贷对购买力的影响也很大，它是一种预支的购买能力，能够使消费者凭信用取得商品使用权在先，按期归还贷款在后。发达的商业信贷使消费者将以后的消费提前了，对当前社会购买是一种刺激和扩大。

三、引导问题：你知道宏观营销环境中的政治法律环境是什么吗

政治与法律是影响企业营销活动的重要宏观环境因素，主要包括一个国家或地区的政治体制、政治局势、方针政策以及法律法规等。政治因素像一只有形之手，调节企业营销活动的方向，法律因素规定了企业营销活动及其行为的准则。政治与法律相互联系，共同影响企业市场营销活动。

（一）政治环境

政治环境是指企业市场营销活动的外部政治形势和状况，以及国家的方针和政策。政治环境对企业营销活动的影响主要表现为国家所制定的方针政策，如财政货币政策、能源环保政策、人口发展政策等，都会对企业营销活动产生重要影响。

（二）法律环境

法律环境是指国家或地方政府颁布的各项法规、法令和条例等。企业应在法律法规许可的范围内进行各项经营活动。法律环境是企业营销活动的法律保障，同时也对市场消费需求的形成和实现具有一定的调节作用。从事国际营销活动的企业，不仅要遵守本国的法律法规，也要遵守外国的法律制度和法律法规。

四、引导问题：你知道宏观营销环境中的科学技术环境是什么吗

科学技术是第一生产力，科技的发展对经济发展有巨大影响，不仅直接影响企业内部的生产和经营，同时与其他环境因素互相依赖、互相作用，给企业营销活动带来有利与不利的影响。如新技术革命，既给企业的市场营销创造了机会，同时也造成了威胁。

五、引导问题：你知道宏观营销环境中的社会文化环境是什么吗

社会文化主要是指一个国家、地区的教育水平、宗教信仰、价值观念、消费习俗、消费流行等的总和。

（一）教育水平

受教育程度不仅影响劳动者收入水平，而且影响消费者对商品的鉴别力，影响消费者心理、购买的理性程度和消费结构，从而影响企业营销策略的制定和实施。

（二）宗教信仰

消费者的宗教信仰会直接对其消费行为产生深刻的影响。

（三）价值观念

价值观念是指人们对社会生活中各种事物的态度和看法。不同的文化背景下，价值观念差异很大，影响消费需求和购买行为。

（四）消费习俗

消费习俗是指历代传递下来的一种消费方式，在饮食、服饰、居住、婚丧、节日、人情往来等方面都表现出独特的心理特征和行为方式。

（五）消费流行

由于社会文化多方面的影响，消费者产生了共同的审美观念、生活方式和情趣爱好，从而导致社会需求的一致性，这就是消费流行。消费流行在服饰、家电以及某些保健品方面，表现得最为突出。

六、引导问题：你知道宏观营销环境中的自然环境是什么吗

营销学上的自然环境，主要是指自然物质环境，即自然界提供给人类各种形式的物质财富，如矿产资源、森林资源、土地资源、水力资源等。

自然环境也处于发展变化之中。当代自然环境最主要的动向是：自然资源日益短缺，能源成本提高，环境污染日益严重，政府对自然资源的管理和干预不断加强。所有这些都会直接或间接地给企业带来威胁或机会。因此，企业必须积极从事研究开发，尽量寻求新的资源或替代品。同时，企业在经营中要有高度的环保责任感，善于抓住环保中出现的机会，推出绿色产品，进行绿色营销，以适应世界环保潮流。譬如，研发控制污染的技术及产品，如清洗器、回流装置等，创造一个巨大的市场，并探索一些不破坏环境的方法制造和包装产品。

案例分析实例

阅读以下资料，利用本任务所学知识分析肯德基在中国香港失败的原因。

肯德基的市场沉浮

商海沉浮，世事难料。1973 年 9 月，中国香港市场的肯德基公司突然宣布多间家乡鸡快餐店停业，只剩下 4 家还在勉强维持。

在美国，顾客一般是驾车到快餐店，买了食物回家吃。因此，在店内通常不设座。在中国香港市场的肯德基公司仍然采取不设座位的服务方式。

为了取得肯德基家乡鸡首次在香港推出的成功，肯德基公司进行了声势浩大的宣传攻势，在新闻媒体上投放大量广告，采用该公司的世界性宣传口号“好味到舔手指”。凭着广告攻势和新鲜劲儿，肯德基家乡鸡还是火红了一阵子，很多人都乐于一试，一时间门庭若市。可惜好景不长，3 个月后，就“门前冷落鞍马稀”了。到 1975 年 2 月，首批进入中国香港地区的美国肯德基连锁店集团全军覆没。

《肯德基的市场沉浮》案例分析视频

思政园地

着力打造中华民族文化品牌有丰富内涵和重大意义

文化品牌是具有强大影响力和突出代表性并被大众广泛认同的文化标识。民族文化品牌是国家文化软实力、国际竞争力的重要体现。打造中华民族文化品牌有丰富内涵和重大意义。民族文化品牌作为一个民族重要的文化标识，应当以面向国际国内文化市场、代表文化产业发展成果、得到大众广泛认同的文化精品为载体。从这一角度看，文化品牌是一个国家或地区综合实力的重要体现和文化发展繁荣的重要标志。

文化品牌是民族精神和文化价值的重要载体。任何一个国家和民族都有自己的文化理想，都希望用勤劳和智慧创造自己的文化精品，树立自己的文化形象。文化品牌是精神、价值、观念的重要载体，是国家和民族的“宣传队”和“播种机”，是一种重要的文化引领，可以极大地激发民族自豪感、认同感和归属感。中华民族文化品牌是进行中外文化交流的桥梁，是推动世界文化多样化的重要力量，是人类文化宝库的重要组成部分。有效传承和传播中华民族精神、文化价值，让中华文化发扬光大，更好地走向世界，让世界人民更好地了解中国，都需要精心打造中华民族文化品牌。

文化品牌是文化产业发展成果的重要体现。文化品牌具有战略性、独特性、稀缺性，能够在不断满足人们精神文化需求中实现文化的经济价值。文化产业发展的要义，就是通过市场机制，在满足大众精神文化需求中实现社会效益和经济效益的有机统一。发展文化产业，最终要体现在拥有多少市场认同、大众欢迎的文化品牌上。因此，文化品牌的强弱多寡是衡量文化产业发展成熟度的一个重要标尺，是检验文化产业对经济发展直接贡献率的重要指标。

文化品牌是文化强国的重要标志。一个国家的综合国力是由经济实力、科技实力、军事实力和文化软实力等共同构成的。文化品牌代表和反映着文化软实力，是文化强国的重要标志之一。文化品牌不仅体现一个国家在文化发展方面的创造力，而且能够促进经济社会发展特别是科技发展，体现国家原始创新能力。从一定意义上说，中华民族文化品牌是文化领域的中国制造和中国创造。

资料来源：着力打造中华民族文化品牌有丰富内涵和重大意义[OL]. 中国经济网-国家经济门户.

思考：

1. 我国目前为何要打造中华民族文化品牌?
2. 就你知道的一种文化品牌，谈谈对我国有何影响?

任务考核

表 2-2-1　任务评价单

<table>
<tr><th colspan="6">项目二　分析市场营销机会</th></tr>
<tr><td colspan="2" rowspan="2">任务二　宏观营销环境</td><td>姓名</td><td></td><td>组别</td><td></td></tr>
<tr><td>专业</td><td></td><td>学号</td><td></td></tr>
<tr><td>内容</td><td colspan="4">评分标准</td><td>得分</td></tr>
<tr><td>概念问题（20 分）</td><td colspan="4">共 4 题，每题 5 分</td><td></td></tr>
<tr><td rowspan="2">案例分析（60 分）</td><td colspan="4">猎奇口味成咖啡新宠：
1. 运用本任务内容去分析（15 分）
2. 有自己的见解和选择，流利表达即可（15 分）</td><td></td></tr>
<tr><td colspan="4">布局婚庆市场，喜茶的商业版图又扩充：
1. 能够根据案例内容进行正确分析（15 分）;
2. 从宏观环境影响的角度去正确分析（15 分）</td><td></td></tr>
<tr><td>思政园地（20 分）</td><td colspan="4">1. 能从我国的发展背景和发展环境等方面进行分析（10 分）;
2. 能够至少说出一种我国的文化品牌，并能描述其功能和作用，正向抒发情感（10 分）</td><td></td></tr>
</table>

任务三　微观营销环境

<table>
<tr><th colspan="6">项目二　分析市场营销机会</th></tr>
<tr><td rowspan="2">任务三
微观营销环境</td><td>姓名</td><td colspan="2"></td><td>组别</td><td></td></tr>
<tr><td>专业</td><td colspan="2"></td><td>学号</td><td></td></tr>
<tr><td colspan="2">知识目标</td><td colspan="2">技能目标</td><td colspan="2">思政目标</td></tr>
<tr><td colspan="2">掌握微观营销环境的内容</td><td colspan="2">学会分析微观环境对企业的影响</td><td colspan="2">使学生建立积极适应外界微观环境变化的思想意识</td></tr>
<tr><td>学习重点</td><td colspan="5">1. 掌握各种营销中介的特点；
2. 掌握各种公众的特点</td></tr>
<tr><td>学习难点</td><td colspan="5">运用所学知识正确地进行案例分析</td></tr>
</table>

任务清单

一、概念问题

（一）判断题

1. 中间商是协作企业寻找消费者或直接与消费者进行交易的商业企业，包括代理中间商和经销中间商。（　）

2. 媒介公众是指报纸、杂志、广播电台、电视台等大众传播媒介，它们对企业的形象及声誉的建立不具有任何作用。（　）

3. 顾客就是企业的目标市场，是企业服务的对象，也是营销活动的出发点和归宿，但不是企业最重要的环境因素。（　）

（二）不定项选择题

微观营销环境中的竞争者包括（　　）。

A. 愿望竞争者　　B. 一般竞争者　　C. 特殊竞争者　　D. 品牌竞争者

二、案例分析

案例 2-3-1　大牌云集，男性护肤成焦点

近日，资生堂集团宣布推出专为亚洲“Z 世代”[①]男士打造的新奢复合护肤品牌“侍刻 SIDEKICK”。该品牌主要针对男性消费者毛孔、肤色常见的皮肤问题，将于 7 月 1 日正式进入国内主流电商平台。

近几年来，随着基于性别标签定义的消费需求正在发生改变，男性护肤这一赛道再次被人们强烈关注。无论是国际大牌还是国货品牌都纷纷加入其中。如今的男性护肤赛道的竞争虽然已经相当激烈，但依旧无法抵挡品牌们对于它的热衷。

① 网络流行语，指 1999—2009 年出生的一代人。

今年 5 月，联合利华首发第一个轻奢男士护肤品牌 EB39。根据介绍，“EB39”大意为“用高科技打造潮男护肤的 ENERGY BUFF”，“39”指的是“9 天让皮肤自我迭代”。品牌定位高端，就已推出的 3 款单品来看，价格带集中在 300 ~ 500 元。除了在中国首发外，EB39 还被联合利华称之为第一个 AI 算法推动配方研发品牌、第一个元宇宙艺术家护肤品牌。

男性护肤市场增速快，潜力巨大成为品牌纷纷加入的最大原因。据一项英国数据预测，到 2023 年，全球男士化妆品市场规模将达到约 5 400 亿元人民币。其中，中国市场更是潜力巨大。据前瞻产业研究院预计，2021—2026 年中国男性护肤品市场规模年均复合增长率为 15.88%，到 2026 年整体市场规模有望达到 207 亿元。男性护肤产品将为品牌带来实际利益。

虽然，国内男性护肤市场还处于发展早期，存在巨大的发展空间，但面临国际品牌、国内传统品牌和新消费品牌 3 大阵营，想要稳定生存并不容易。在机遇与挑战之下，过硬的产品效果和了解需求的变化，或许将成为新生品牌求生时最好的金钟罩。

资料来源：大牌云集，男性护肤成焦点？[OL]. http://www.vmarketing.cn/index.php/index/News Detail/nid/43308.

思考：

1. 新品不断，男士护肤赛道为何热度不断？这些护肤品牌属于何种竞争者？
2. 大牌云集，新生品牌还有哪些机会？

知识获取

一、引导问题：企业自身指的是什么

企业自身包括市场营销管理部门、其他职能部门和最高管理层。企业为开展营销活动，必须依赖于各部门的配合和支持，即必须进行制造、采购、研究与开发、财务、市场营销等业务活动。营销部门在制定和实施营销目标与计划时，不仅要考虑企业外部环境力量，而且要充分考虑企业内部环境力量，争取高层管理部门、其他职能部门的理解和支持。

二、引导问题：供应商指的是什么

供应商是指向企业提供生产经营所需资源的企业或个人。供应商所提供的资源主要包括原材料、零部件、设备、能源、劳务、资金及其他用品等。供应商对企业的营销活动有着重大的影响。供应商对企业营销活动的影响主要表现在 3 个方面：

（1）供货的稳定性与及时性。

（2）供货的价格变动。

（3）供货的质量水平。

三、引导问题：营销中介指的是什么

营销中介是指为企业融通资金、销售产品给最终购买者提供各种有利于营销服务的机构，包括中间商、实体分配公司、营销服务机构（调研公司、广告公司、咨询公司）、金融中介机

构（银行、信托公司、保险公司）等。它们是企业进行营销活动不可缺少的中间环节，企业的营销活动需要它们的协助才能顺利进行，如生产集中和消费分散的矛盾需要中间商的分销予以解决，广告策划需要得到广告公司的支持等。

（一）中间商

中间商是协助企业寻找消费者或直接与消费者进行交易的商业企业，包括代理中间商和经销中间商。代理中间商不拥有商品所有权，专门介绍客户或与客户洽商签订合同，包括代理商、经纪人和生产商代表。经销中间商购买商品并拥有商品所有权，主要有批发商和零售商。

（二）实体分配公司

实体分配公司主要是指协助生产企业储存产品并将产品从原产地运往销售目的地的仓储物流公司。实体分配包括包装、运输、仓储、装卸、搬运、库存控制和订单处理等方面，基本功能是调节生产与消费之间的矛盾，弥合产销时空上的背离，提高商品的时间和空间效用，以适时、适地和适量地将商品供给消费者。营销服务机构主要是指为生产企业提供市场调研、市场定位、促销产品、营销咨询等。

（三）营销服务机构

营销服务机构方面的营销服务，包括市场调研公司、广告公司、传媒机构及市场营销咨询公司等。

（四）金融中介机构

金融中介机构主要包括银行、信贷公司、保险公司以及其他对货物购销提供融资或保险的各种金融机构。企业的营销活动因贷款成本的上升或信贷来源的限制而受到严重的影响。

四、引导问题：顾客指的是什么

顾客就是企业的目标市场，是企业服务的对象，也是营销活动的出发点和归宿，它是企业最重要的环境因素。按照顾客的购买动机，可将国内顾客市场分为消费者市场、生产者市场、中间商市场、政府市场和国际市场 5 种类型。

五、引导问题：竞争者指的是什么

竞争者是指与企业存在利益争夺关系的其他经济主体。企业的营销活动常常受到各种竞争者的制约，因此，企业必须识别各种不同的竞争者，并采取不同的竞争对策。

（一）愿望竞争者

愿望竞争者是指提供不同产品、满足不同需求的竞争者。

（二）一般竞争者

一般竞争者是指提供不同产品、满足相同需求的竞争者。

（三）产品形式竞争者

产品形式竞争者是指产品同类，但规格、型号、款式不同的竞争者。

（四）品牌竞争者

品牌竞争者是指产品规格、型号、款式均相同，但品牌不同的竞争者。

六、引导问题：公众指的是什么

公众是指对企业实现营销目标的能力有实际或潜在利害关系和影响力的团体或个人。企业所面临的公众主要有以下几种：

（一）融资公众

融资公众是指影响企业融资能力的金融机构，如银行、投资公司、证券经纪公司、保险公司等。

（二）媒介公众

媒介公众是指报纸、杂志、广播电台、电视台等大众传播媒介，它们对企业的形象及声誉的建立具有举足轻重的作用。

（三）政府公众

政府公众是指负责管理企业营销活动的有关政府机构。企业在制订营销计划时，应充分考虑政府的政策，研究政府颁布的有关法规和条例。

（四）社团公众

社团公众是指保护消费者权益的组织、环保组织及其他群众团体等。企业营销活动关系到社会各方面的切身利益，必须密切注意并及时处理来自社团公众的批评和意见。

（五）社区公众

社区公众是指企业所在地附近的居民和社区组织。

（六）一般公众

一般公众是指上述各种公众之外的社会公众。一般公众虽然不会有组织地对企业采取行动，但企业形象会影响他们的惠顾。

（七）内部公众

内部公众是指企业内部的公众，包括董事会、经理、企业职工。所有这些公众，均对企业的营销活动有着直接或间接的影响。处理好与广大公众的关系，是企业营销管理的一项极其重要的任务。

案例分析实例

阅读以下资料，利用本任务所学知识分析相关产品是如何从国货变国潮的？分析其成功的奥秘。

"国货"变身"国潮"的品牌

去年11月，一位网友偶然发现当地超市没有蜂花产品，于是在直播间询问品牌方：蜂花是要倒闭了吗？"蜂花要倒闭"的传闻不胫而走，网友为了给国货撑腰，开始疯狂购买。为了蜂花不倒闭也是拼了，等话题被网友送上了微博热搜，随后出现"蜂花会是下一个鸿星尔克吗？""蜂花成立36年无任何处罚记录"等热搜词条。

在玩笑式的爆梗接龙之中，在充分的讨论和互动之中，消费者们对于蜂花的识认不再只是倒闭不倒闭、穷不穷、土不土等，品牌形象借此更为全面和立体地展现出来：多年来，蜂花始终钻研洗护发领域，既牢牢坚守着大众市场，也一直在进行产品升级。网友反映在超市很难买到蜂花，品牌方就告诉大家：放心，我们只是在货架的底层。

资料来源：这届年轻人，为啥爱国潮？[OL]. https://www.sohu.com/a/502881127_261880.

思考：

"哭穷的蜂花"不是个案，"暖心的白象"案例、"热血的鸿星尔克"案例等都是如此，只有亲身经历一次次全民热议，才能真正明白国潮不只是"潮"在一个Logo、一次联名、一场作秀上。试分析潮在哪里呢？

《"国货"变身"国潮"的品牌》案例分析视频

思政园地

樵夫与金斧

有个樵夫在河边砍柴，不小心斧子掉进了河里，被河水冲走了。他坐在河岸上失声痛哭。赫尔墨斯走来问明原因后，很可怜他，便下到河里，捞起一把金斧子，问是否是他的，他说不是；接着赫尔墨斯又捞起一把银斧子，他仍说不是；赫尔墨斯第3次下去，捞起樵夫自己的斧子时，樵夫这才说是自己所失掉的那一把。赫尔墨斯很赞赏樵夫为人诚实，便把金斧与银斧都作为礼物送给他。樵夫带着3把斧子回到家里并向其邻居讲述了事情的经过。其中一人十分眼红，决定一试，便跑到河边，故意把自己的斧子丢到激流中，然后失声痛哭。赫尔墨斯来到他面前，问明了原因，便下河捞起一把金斧子，问是不是他所丢失的。那人高兴地说："啊，正是！正是！"然而他那贪婪和不诚实的样子却遭到了赫尔墨斯的痛恨，不但没赏给他那把金斧子，就连他自己的那把斧子也没给他。

思考：

企业之间的微妙关系就像樵夫与邻居，但无论面向何种竞争和营销环境的变化，一定要保持自己的企业精神和理念，做人也一样。请谈谈你的想法。

任务考核

表 2-3-1　任务评价单

<table>
<tr><td colspan="6">项目二　分析市场营销机会</td></tr>
<tr><td colspan="2" rowspan="2">任务三　微观营销环境</td><td>姓名</td><td></td><td>组别</td><td></td></tr>
<tr><td>专业</td><td></td><td>学号</td><td></td></tr>
<tr><td>内容</td><td colspan="4">评分标准</td><td>得分</td></tr>
<tr><td>概念问题（20 分）</td><td colspan="4">共 4 题，每题 5 分</td><td></td></tr>
<tr><td>案例分析（60 分）</td><td colspan="4">大牌云集，男性护肤成焦点：
1. 从营销环境的变化方面去分析（30 分），能正确判断竞争者（15 分）;
2. 从竞争对手等角度正确分析（15 分）</td><td></td></tr>
<tr><td>思政园地（20 分）</td><td colspan="4">能够从一个企业或个人的优秀品质方面正向抒发感情（20 分）</td><td></td></tr>
</table>

任务四　市场营销环境分析

<table>
<tr><th colspan="6">项目二　分析市场营销机会</th></tr>
<tr><td rowspan="2">任务四
市场营销环境分析</td><td>姓名</td><td colspan="2"></td><td>组别</td><td></td></tr>
<tr><td>专业</td><td colspan="2"></td><td>学号</td><td></td></tr>
<tr><td colspan="2">知识目标</td><td colspan="2">技能目标</td><td colspan="2">思政目标</td></tr>
<tr><td colspan="2">1. 掌握 SWOT 分析方法；
2. 掌握 PEST 分析方法；
3. 了解波特竞争五力分析法</td><td colspan="2">会用 3 种分析方法对企业的经营状况进行市场营销环境分析</td><td colspan="2">1. 培养学生的创新思维；
2. 能正确认知和分析自我</td></tr>
<tr><td>学习重点</td><td colspan="5">3 种市场营销环境分析方法</td></tr>
<tr><td>学习难点</td><td colspan="5">运用所学知识正确对案例进行分析</td></tr>
</table>

任务清单

一、概念问题

（一）判断题

1. 在 SWOT 分析法中，优劣势分析主要着眼于非企业自身的实力及其与竞争对手的比较。（　）

2. 如某企业针对企业产品质量差（内在劣势）、供应渠道不稳定（外部威胁）的经营状况，可采取 OT 对策。（　）

3. PEST 分析是指宏观环境的分析，在分析一个企业外部所处的背景的时候，通常通过两个或三个因素进行。（　）

（二）不定项选择题

波特竞争五力分析法包括供应商的议价能力、（　　）等。

A. 购买者的议价能力　　B. 潜在竞争者的威胁

C. 替代品的替代能力　　D. 同业竞争者的竞争程度

二、案例分析

案例 2-4-1　抖音“陪伴营销”，分分钟搞定你的熊孩子！

随着越来越多成年“90 后”“95 后”为人父母，母婴行业也迎来全新的生态：消费心态在变，触媒习惯在变，内容需求也在变。

在市场竞争新形势下，母婴品牌更需要时刻洞察新的消费需求，寻找破局之道：

针对新生代人群消费需求，找对流量场景；通过创意与内容运营，赢得用户信任和好感；充分运用多元社交玩法，深度影响用户决策。

总的来讲，破局之道最核心之处在于“拓客—锁客—留客”的用户增长。

2019 年 9 月 17 日，“育见美好”抖音母婴行业营销沙龙在上海成功举办，在短视频已成为新生代父母主要聚集地的背景下，探索母婴营销下一站，助力品牌撬动商业增长。

“抖音陪伴着新生代妈妈及孩子的成长全过程，从记录结婚，到妈妈怀孕生子，再到记录孩子的日常及教育成长等过程，妈妈群体还会在抖音上获取育儿知识，关注生活起居、美食制作、穿搭旅游等。抖音成为妈妈们的家庭影集、心愿清单、百科全书。”

日常晒娃，很可能会遭遇“被屏蔽”。但在抖音，妈妈们可以尽情地晒，还能借助抖音的贴纸等功能，让宝宝原本看似寻常的瞬间变得更具萌感。因此，越来越多的新生代妈妈正在养成“抖音晒娃”的习惯。对于母婴品牌而言，这是一个天然的流量洼地。

“MUM 陪伴营销”模型由“触达（Meet）—引导（Guide）—沟通（Communicate）”3 大核心部分组成。

广告是让正确的信息遇见正确的人，故而触达的关键在于精准性，而母婴行业尤其如此。因为处于孕产育不同阶段的消费者的需求是迥异的，如何精准分辨处于不同消费周期的妈妈们，并准确地在决策期介入沟通是母婴营销成功的第一步。

资料来源：抖音“陪伴营销”，分分钟搞定你的熊孩子！[OL]. https://www.sohu.com/a/342203305_119248.

思考：

1. 抖音为何能洞察新生代母婴用户需求？
2. “MUM 陪伴营销”方案为什么能成功？

知识获取

一、引导问题：你知道什么是 SWOT 分析法吗

（一）SWOT 分析法简介

SWOT 分析法又称态势分析法，是美国旧金山大学管理学教授韦里克在 20 世纪 80 年代初期提出的，主要用于从企业内部和外部收集资讯，分析市场环境、竞争对手，制定企业发展战略。SWOT 分析法是用来确定企业自身的竞争优势 S（Strength）、竞争劣势 W（Weak）、机会 O（Opportunity）和威胁 T（Threaten），从而将公司的战略与公司内部资源、外部环境有机地结合起来的一种科学的分析方法。在 SWOT 分析法中，优、劣势分析主要着眼于企业自身的实力及其与竞争对手的比较，而机会和威胁分析将注意力放在外部环境的变化及对企业的可能影响上，但是，外部环境的同一变化给具有不同资源和能力的企业带来的机会与威胁却可能完全不同，因此，两者之间又有紧密的联系。

（1）优势，是组织机构的内部因素，具体包括：有利的竞争态势；充足的财政来源；良好的企业形象；技术力量；规模经济；产品质量；市场份额；成本优势；广告攻势等。

（2）劣势，也是组织机构的内部因素，具体包括：设备老化；管理混乱；缺少关键技术；研究开发落后；资金短缺；经营不善；产品积压；竞争力差等。

（3）机会，是组织机构的外部因素，具体包括：新市场；新需求；国外市场壁垒解除；竞争对手失误等。

（4）威胁，也是组织机构的外部因素，具体包括：新的竞争对手；替代产品增多；市场紧缩；行业政策变化；经济衰退；客户偏好改变；突发事件等。

从整体上看，SWOT 可以分为两部分：

第一部分为 SW，主要用来分析内部条件；

第二部分为 OT，主要用来分析外部条件。

利用这种方法可以从中找出对自己有利的、值得发扬的因素，以及对自己不利的、要避开的东西，发现存在的问题，找出解决办法，并明确以后的发展方向。

根据这个分析，可以将问题按轻重缓急分类，明确哪些是急需解决的问题，哪些是可以稍微拖后一点儿的问题，哪些属于战略目标上的问题，哪些属于战术上的问题，并将这些研究对象列举出来，依照矩阵形式排列，然后用系统分析的思想，把各种因素相互匹配起来加以分析，从中得出一系列相应的结论。而这些结论通常带有一定的决策性，有利于领导者和管理者做出较正确的决策和规划。

（二）SWOT 分析法的主要步骤

1）分析环境因素

运用各种调查研究方法，分析出公司所处的各种环境因素，即外部环境因素和内部能力因素。外部环境因素包括机会因素和威胁因素，它们是外部环境对公司的发展直接有影响的有利和不利因素，属于客观因素。内部环境因素包括优势因素和弱势因素，它们是公司在其发展中自身存在的积极和消极因素，属主动因素。在调查分析这些因素时，不仅要考虑历史与现状，而且要考虑未来发展问题。

2）构造 SWOT 矩阵

将调查得出的各种因素根据轻重缓急或影响程度等排序方式，构造 SWOT 矩阵。在此过程中，将那些对公司发展有直接的、重要的、大量的、迫切的、久远的影响因素优先排列出来，而将那些间接的、次要的、少许的、不及的、短暂的影响因素排列在后面。

3）制订行动计划

在完成环境因素分析和 SWOT 矩阵的构造后，便可以制订出相应的行动计划。

制订计划的基本思路是：发挥优势因素，克服弱势因素，利用机会因素，化解威胁因素；考虑过去，立足当前，着眼未来。运用系统分析的综合分析方法，将排列与考虑的各种环境因素相互匹配起来加以组合，得出一系列公司未来发展的可选择对策。

将 SWOT 各因素相互匹配组合，可制定出以下对策：

（1）防御型战略——WT 对策（劣势+威胁），即着重考虑劣势因素和威胁因素，努力使这些因素趋于最小。如某企业针对企业产品质量差（内在劣势）、供应渠道不稳定（外部威胁）的经营状况，可采取 WT 对策，强化内部管理，提高产品质量，稳定供应渠道，必要时采取后向一体化策略。

（2）扭转型战略——WO 对策（劣势+机会），即着重考虑劣势因素与机会因素，努力使劣势因素趋于最小，使机会因素趋于最大。如某汽车服务型企业面对汽车产品和服务高速增长的市场（外在机会），却缺乏核心技术（内在劣势）的状况，可采取 WO 对策，采用高技术水平人才聘用、专利购买、高技术型企业并购等策略。

（3）多种经营战略——ST 对策（优势+威胁），即着重考虑优势因素和威胁因素，弥补不足，把握机会，努力使优势因素趋于最大，使威胁因素趋于最小。如某企业拥有良好的渠道资源（内在优势），但是相关政策限制其经营其他商品（外在威胁），可采取 ST 对策，多种经营，充分发挥该渠道优势。

（4）增长型战略——SO 对策（优势+机会），即着重考虑优势因素和机会因素，扬长避短，发挥项目优势，把握市场机会。如某企业资源雄厚（内在优势），而市场供应严重不足（外在机会），可采取 SO 对策，增加产品系列，升级产品功能，满足细分市场的需求。

由此可见，WT 对策是企业处于最困难情况下不得不采取的对策，WO 对策和 ST 对策是企业处于一般情况下的对策，SO 对策则是一种最理想的对策。

（三）成功应用 SWOT 分析法的简单规则

（1）进行 SWOT 分析时必须对公司的优势与劣势有客观的认识；

（2）进行 SWOT 分析时必须区分公司的现状与前景；

（3）进行 SWOT 分析时必须考虑全面；

（4）进行 SWOT 分析时必须与竞争对手进行比较，如优于或是劣于竞争对手；

（5）保持 SWOT 分析法的简洁化，避免复杂化与过度分析。

二、引导问题：你知道什么是 PEST 分析法吗

（一）PEST 分析法简介

PEST 分析是指宏观环境的分析，P 是政治（Politics），E 是经济（Economy），S 是社会（Society），T 是技术（Technology）。在分析一个企业外部所处的环境时，通常通过这 4 个因素来进行。

1）政治法律环境（P）

政治环境主要包括政治制度与体制、政局、政府的态度等；法律环境主要包括政府制定的法律、法规。

2）经济环境（E）

构成经济环境的关键因素：利率水平、财政货币政策、通货膨胀、失业率水平、居民可支配收入水平、汇率、能源供给成本、市场机制、市场需求等。

3）社会文化环境（S）

对社会文化环境影响最大的是人口环境和文化背景。人口环境主要包括人口规模、年龄结构、人口分布、种族结构以及收入分布等因素。

4）技术环境（T）

技术环境不仅包括发明，而且包括与企业市场有关的新技术、新工艺、新材料的出现和发展趋势以及应用背景。

（二）PEST 分析法的具体应用

PEST 分析法通常采用矩阵式的方法，就是将坐标分成 4 个象限。如用政治和经济两个因素做坐标，政治环境和经济环境都好的情况下，就应该发展。政治环境和经济环境都不理想的情况下，就不能发展。环境一个好一个不太好时，就要适当考虑，可以发展也可以不发展。PEST 分析法通常用于企业外部环境分析。

三、引导问题：你知道什么是波特竞争五力分析法吗

波特竞争五力模型是迈克尔・波特（Michael Porter）于 20 世纪 80 年代初提出的。他认为行业中存在着决定竞争规模和程度的 5 种力量，这 5 种力量综合起来影响产业的吸引力以及现有企业的竞争战略决策。5 种力量分别为同业竞争者的竞争程度、潜在竞争者的进入能力、替代品的替代能力、供应商的议价能力与购买者的议价能力。

从一定意义上来说，该分析隶属于外部环境分析方法中的微观分析。波特竞争五力模型用于竞争战略的分析，可以有效地分析客户的竞争环境。该分析法是对一个产业盈利能力和吸引力的静态断面扫描，说明该产业中的企业平均具有的盈利空间，所以这是一个产业形势的衡量指标，而非企业能力的衡量指标。通常，这种分析法也可用于创业能力分析，以揭示本企业在本产业或行业中具有何种盈利空间。

（一）供应商的议价能力

供应商主要通过其提高投入要素价格与降低单位价值质量的能力，来影响行业中现有企业的盈利能力与产品竞争力。供应商力量的强弱主要取决于他们所提供给购买者的是什么投入要素，当供应商所提供的投入要素价值构成了购买者产品总成本的较大比例，当购买者产品生产过程非常重要，或者严重影响购买者产品的质量时，供应商对于购买者的议价能力就大大增强。一般来说，满足以下条件的供应商会具有比较强的议价能力：

（1）供应商行业为一些具有比较稳固市场地位而不受市场激烈竞争困扰的企业所控制，其产品的购买者很多，以至于每一单个购买者都不可能成为供应商的重要客户。

（2）供应商各企业的产品各具有一定特色，以至于购买者难以转换或转换成本太高，或者很难找到可与供应商企业产品相竞争的替代品。

（3）供应商能够方便地实行前向联合或一体化，而购买者难以进行后向联合或一体化。

（二）购买者的议价能力

购买者主要通过其压价与要求提供较高的产品或服务质量的能力，来影响行业中现有企业的盈利能力。购买者的议价能力主要包括以下影响因素：

（1）购买者的总数较少，而每个购买者的购买量较大，占了卖方销售量的很大比例。

（2）卖方行业由大量相对来说规模较小的企业所组成。

（3）购买者所购买的基本上是一种标准化产品，同时向多个卖方购买产品在经济上也完全可行。

（4）购买者有能力实现后向一体化，而卖方不可能进行前向一体化。

（三）潜在竞争者的进入能力

潜在竞争者在给行业带来新生产能力、新资源的同时，希望在已被现有企业瓜分完毕的市场中赢得一席之地，这就有可能会与现有企业发生原材料与市场份额的竞争，最终导致行业中现有企业盈利水平降低，严重的话还有可能危及这些企业的生存。潜在竞争者的进入能力取决于两方面的因素：进入新领域的障碍大小与预期现有企业对于进入者的反应。

进入障碍主要包括规模经济、产品差异、资本需要、转换成本、销售渠道开拓、政府行为与政策、不受规模支配的成本劣势、自然资源、地理环境等方面，其中有些障碍是很难借助复制或仿造的方式来突破的。预期现有企业对进入者的反应，主要是采取报复行动的可能性大小，则取决于有关厂商的财力情况、报复记录、固定资产规模、行业增长速度等。总之，新企业进入一个行业的可能性大小，取决于进入者主观估计进入所能带来的潜在利益、所需花费的代价与所要承担的风险三者的情况。

（四）替代品的替代能力

两个处于不同行业中的企业，可能会由于所生产的产品互为替代品，从而在它们之间产生相互竞争行为。这种源自替代品的竞争会以各种形式影响行业中现有企业的竞争战略。

（1）现有企业产品售价以及获利潜力的提高，将因存在着能被用户方便接受的替代品而受到限制。

（2）替代品生产者的侵入，使现有企业必须提高产品质量，或者通过降低成本来降低售价，或者使其产品具有特色，否则其销量与利润增长的目标就可能受挫。

（3）源自替代品生产者的竞争强度，受产品购买者转换成本高低的影响。总之，替代品价格越低、质量越好、用户转换成本越低，其所能产生的竞争压力就强；而这种来自替代品生产者的竞争压力的强度，可以具体通过考察替代品销售增长率、替代品厂家生产能力与盈利扩张情况来加以描述。

（五）同业竞争者的竞争程度

大部分行业中的企业之间的利益都是紧密联系在一起的，作为企业整体战略一部分的各企业竞争战略，其目标都在于使自己的企业获得相对于竞争对手的优势，所以，在实施中就必然会产生冲突与对抗现象。这些冲突与对抗就构成了现有企业之间的竞争。现有企业之间的竞争常常表现在价格、广告、产品介绍、售后服务等方面，其竞争强度与许多因素有关。

一般来说，出现下述情况将意味着行业中现有企业之间竞争加剧：障碍较低，势均力敌，竞争对手较多，竞争参与者范围广泛；市场趋于成熟，产品需求增长缓慢；竞争者企图采用降价等手段促销；竞争者提供几乎相同的产品或服务，用户转换成本很低，一个战略行动如果取得成功，其收入相当可观；行业外部实力强大的公司在接收了行业中实力薄弱企业后，发起进攻性行动，结果使刚被接收的企业成为市场的主要竞争者；退出障碍较高，即退出竞争要比继续参与竞争代价更高。在这里，退出障碍主要受经济、战略、感情以及社会政治关系等方面因素的影响，具体包括：资产的专用性、退出的固定费用、战略上的相互牵制、情绪上的难以接受、政府和社会的各种限制等。

案例分析实例

阅读以下资料，利用本任务所学知识分析伊利为什么可以成为冬奥“流量王”。

伊利，冬奥“流量王”

冬奥会结束了，关于冬奥的激情却没有消散。

刚刚年满18岁的苏翊鸣也许没有想到，短短两周的时间，他成为一个真正的“全民偶像”。为了这两周的成功，苏翊鸣花费了整整17年的时间，千锤百炼成就自己的闪耀时刻。

细数本次伊利的冬奥营销战，不难发现，伊利对热点流量的把控总是那么精准，在比赛期间迅速响应热点，精准借势，让伊利品牌在冬奥营销周期内有源源不断的流量续航。在冬奥期间，伊利利用微博热点话题互动，实现总讨论量2 145万，居同期冬奥商业化话题第一。

在与奥运会携手的17年里，伊利陪伴奥运健儿多次征战赛场，见证了我国奥运健儿的光辉时刻，也与全民一起共同见证了我国体育事业的腾飞。价值上的共振，情感上的共鸣，奥运会的精神鼓励了一代又一代的年轻人，这背后社会价值和国家情绪达到了空前的一致。

对品牌来说，他们并不需要为民众提供多么复杂的情感出口，他们要做的仅仅就是传承这一份独属于奥运时刻的热情。这些不同行业、不同领域中的优秀品牌，无疑正在借助奥运优质内容，将品牌理念与体育精神延伸到受众群体，以此取得正向的社会价值。

正是对价值传承的信念，伊利成为冬奥军团勇夺9金的背后最坚定的力量。这也从侧面展现了伊利长达17年来做出的努力，致力于推动“全民奥运”和全民健康理念，为中国体育代表团提供最强有力的营养支持和保障。如果说冠军的信念一直在传承，那么对伊利来说，这份冠军背后默默坚守的信念则是推动伊利不断前进，超越自我的最佳动力。

资料来源：伊利，为何能成为本届冬奥的流量王？[OL]. https://baijiahao.baidu.com/s?id=1726103843910937094&wfr=spider&for=pc.

《伊利，冬奥“流量王”》案例分析视频

思政园地

阅读下列案例，用SWOT分析法分析毛胜利所在的宣纸公司，再结合自身特点，分析一下自己的优势和劣势。

一把刷子刷出“大国工匠”

我们称赞一个人有本领，经常会说，“这人真有两把刷子”，而就在位于泾县的中国宣纸股份公司，晒纸工毛胜利凭借着手中的一把松针刷，“刷”出了“大国工匠”等多项荣誉称号。从业30多年来，经他之手刷了600多万张宣纸。2015年，他更是担任“头刷”，与团队一起成功地完成了十几米长的“三丈三”宣纸生产，做出了这项前无古人的壮举，向世界展示了中国传统制作技艺的精湛。

近日，记者在宣纸公司的烘纸房里见到了毛胜利。他一身对襟白褂，手脚麻利地将一张张潮湿的纸贴在滚烫的钢板蒸汽焙上，随手拿起松针刷，唰唰几下就将宣纸熨得平平整整，服服帖帖，纸张没有一丝折痕。稍待片刻，毛胜利用小指挑起宣纸一角，把整张纸从钢板上揭下，整套动作行云流水，一气呵成，没有丝毫停顿。

“晒纸是将纸帖变成纸张的过程，一共包括 7 个步骤。”趁着休息的间隙，毛胜利和记者讲起了其中的难点。最难的地方就是刷纸时的“刷路”，一张普通的 4 尺宣纸有 1 米多长，一共要刷 14 下，这听着简单，但是其中的力道、路数一定要掌握好，不然一张宣纸在烘烤时有了褶皱或气泡，这张纸就算报废了。1987 年，毛胜利 18 岁进厂做学徒，在学习了三五年后，才逐步掌握了晒纸的诀窍。

晒纸是一项枯燥的工作，毛胜利每天要在这台十几米长的钢板蒸汽焙面前走来走去，步行距离超过 10 千米，反反复复地从事同样的工作，整套动作要重复上千遍。晒纸又是一件艰苦的工作，钢板表面温度达到 70～80 ℃，由于生产工艺的要求，烘纸房里不能安装空调，到了盛夏季节，站在钢板面前可以感受到热浪滚滚而来，室内温度超过 40 ℃，一天下来，身上的衣裤全部湿透。但是毛胜利在这里一站就是 35 年，用韧性和匠心诠释着中国传统手工艺人的可贵品质。

30 多年来，经毛胜利之手晒出的宣纸有 600 多万张，产品成品率超过 98%，真正做到了精益求精。“在工作上我一辈子只会做一件事，就是晒好每一张宣纸，把它做到极致。宣纸代表了我国的传统文化，我要立足岗位，做好本职工作，把制作宣纸这项传统技艺一代代传承下去，还要让宣纸文化走向全世界。”毛胜利说。

资料来源：二十大代表风采 | 毛胜利：一把刷子刷出“大国工匠”[OL]. https://www.163.com/dy/article/HJ7RRFGS0514R9NK.html.

任务考核

表 2-4-1　任务评价单

<table>
<tr><th colspan="5">项目二　分析市场营销机会</th></tr>
<tr><td rowspan="2">任务四
市场营销环境分析</td><td>姓名</td><td></td><td>组别</td><td></td></tr>
<tr><td>专业</td><td></td><td>学号</td><td></td></tr>
<tr><td>内容</td><td colspan="3">评分标准</td><td>得分</td></tr>
<tr><td>概念问题（20 分）</td><td colspan="3">共 4 题，每题 5 分</td><td></td></tr>
<tr><td>案例分析（60 分）</td><td colspan="3">抖音“陪伴营销”，分分钟搞定你的熊孩子：
1. 试着用多种分析方法进行分析（30 分）；
2. 利用任务内容进行正确分析（30 分）</td><td></td></tr>
<tr><td>思政园地（20 分）</td><td colspan="3">能够客观分析自己和他人，学会接纳自己的缺点，保持自己的优势（20 分）</td><td></td></tr>
</table>

03 项目三

顾客行为分析与顾客关系管理

任务一　顾客行为分析

<table>
<tr><td colspan="6">项目三　顾客行为分析与顾客关系管理</td></tr>
<tr><td rowspan="2" colspan="2">任务一
顾客行为分析</td><td>姓名</td><td></td><td>组别</td><td></td></tr>
<tr><td>专业</td><td></td><td>学号</td><td></td></tr>
<tr><td colspan="2">知识目标</td><td colspan="2">技能目标</td><td colspan="2">思政目标</td></tr>
<tr><td colspan="2">1. 了解顾客的概念及顾客消费时的心理；
2. 了解影响顾客购买行为的因素；
3. 了解顾客购买决策的制定过程</td><td colspan="2">1. 能够根据顾客的心理和决策过程制定正确的营销策划；
2. 能准确判断影响顾客购买的因素，制定正确的营销策略</td><td colspan="2">1. 培养勇于担当、拼搏向上的不服输精神；
2. 树立正确的价值观和人生观</td></tr>
<tr><td>学习重点</td><td colspan="5">1. 影响顾客购买行为的因素；
2. 顾客消费心理和购买决策制定</td></tr>
<tr><td>学习难点</td><td colspan="5">运用所学知识正确判断购买行为中顾客的心理及影响其心理的因素，修正营销策略</td></tr>
</table>

任务清单

一、概念问题

（一）判断题

虽然动机是引起行为的内在原因和动力，但同样的动机却可以产生不同的行为，而同样的行为又可由不同的动机所引起。（　　）

（二）不定项选择题

1. 消费者购买商品行为的影响因素具体包括（　　）。

A. 经济因素　　B. 社会和文化因素　　C. 心理因素　　D. 没有

2. 依据顾客购买的目标追求，常见的顾客购买动机有（　　）。

A. 求实型　　B. 求廉型　　C. 求名型

D. 求美型　　E. 求便型

3. 下列哪些需求属于马斯洛的需求层次理论内容？（　　）

A. 生理需求　　B. 安全需求　　C. 社交需求

D. 尊重需求　　E. 自我实现需求

4. 顾客购买行为模型中，可看到的部分是（　　）。

A. 黑箱　　B. 外部刺激

C. 购买者反应　　D. 顾客的分析判断

二、案例分析

案例 3-1-1　云南白药牙膏的崛起

2004 年，云南白药推出云南白药牙膏，并在短短 5 年内，创造了销售总额突破 11 亿元的营销奇迹，成功转型涉及“大健康”的行列。近年来，云南白药营业总收入也是逐年攀升，2020 年云南白药营业总收入达 327.4 亿元，较 2019 年增加了 30.80 亿元，同比增长 10.38%；2021 年 1—9 月云南白药营业总收入已完成 283.6 亿元。随着营业收入的增加，利润总额也随之增长，2020 年云南白药利润总额达 68.01 亿元，较 2019 年增加了 20.75 亿元，同比增长 43.91%，2021 年 1—9 月云南白药利润总额已完成 29.86 亿元，其中净利润为 24.52 亿元。

一家药业公司生产牙膏，还能以接近 20 元的高价零售，他们到底是如何做到的？

一个品牌或产品的产生和崛起，首先要从消费者的心声开始，了解消费者所想所需，才可能得到消费者的认同。长久以来，国内的牙膏市场被高露洁和佳洁士两大外资巨头占领，但由于饮食习惯跟口腔观念差异，以防蛀、美白、清洁为诉求的两大巨头牙膏并不能满足国人日趋多样和复杂的口腔环境。调研发现，国人牙周病的患病率达到 99.4%，牙龈出血、牙龈肿痛、口腔溃疡等口腔问题甚为普遍。云南白药集团直击消费者心声，将传统中药精髓——云南白药活性成分运用到牙膏里面，能帮助减轻牙龈问题、修复黏膜损伤、营养牙龈和改善牙周健康，保健定位精准，能满足广大消费者的需求。云南白药集团用其敏锐的商业触觉，抓住了这个隐藏的发声点。

资料来源：云南白药牙膏奇迹诞生的背后[OL]. https://www.wenmi.com/article/pypitz00snhp.html.

思考：

1. 分析案例中消费者的需求是什么？根据马斯洛的需求层次理论进行分析。
2. 针对需求，云南白药集团是怎样做的？
3. 分析案例中消费者的收入和需求的关系？

案例 3-1-2　可口可乐更换包装与标识

至今仍活跃在中国市场的可口可乐，其系列产品在我国软饮料市场上的占有率仍然较高。在整个中国，可口可乐雇用了大约 1.5 万名员工，从董事长到工人都是中国人。2003 年 2 月

18 日那天，可口可乐（中国）饮料公司对外界宣布：正式更换包装、启用新标识。这是可口乐公司自 1979 年进入中国市场以来首次改用中文新标识，目的是使它更贴近中国消费者的生活。

思考：

可口可乐为什么更换包装与标识？

案例 3-1-3　三星 Note7 爆炸事件

2016 年 8 月末开始，三星 Note7 开始陆续在欧洲地区报出手机电池爆炸事件，造成用户损伤与财产损失，同期欧洲地区开始对这款手机进行召回。

8 月 26 日，三星 Glalxy Note7 国行版在北京正常发售。三星企业在声明中表示目前在中国大陆销售的 Note 7 使用的是与其他国家不同的电池供应商，并不存在安全隐患。半个月后，三星公告首次召回国行 1 858 台产品，但再次重申国行版不存在安全隐患。

2016 年 9 月 2 日，三星宣布开放全球召回，召回美国、韩国、澳大利亚等 10 个国家和地区共 250 万部 Note7 手机，中国除外。

从 9 月 18 日开始，中国用户陆续曝出了三星 Note7 爆炸的新闻，但三星在经过调查分析后对此的回应是“为外部加热导致”，一直到同年 10 月 11 日，在国行版 Note7 爆炸新闻接二连三曝出后，三星才宣布暂停 Note7 的生产，并召回全部国行版本。

发生爆炸事件后，三星手机在我国市场的形象一直不佳，在安抚消费者与复苏品牌形象方面动作较为迟缓，可以说是致使三星失去中国市场份额的最后一根稻草。

资料来源：三星爆炸是怎么回事，三星爆炸事件全程回顾[OL]. https://www.ibangquan.com/an/25707.html.

思考：

1. 在网上搜集三星手机在中国的发展历程，并讲给同学听。
2. 从消费者的感受和态度等方面出发，分析三星手机为什么失去了中国市场。

知识获取

一、引导问题：你知道什么是顾客吗

在普通民众的眼中，顾客可能就是去各种市场买东西的人，那具体什么是顾客呢？

（一）顾客的狭义定义

美国营销专家菲利普·科特勒认为顾客是指具有特定的需要或欲望，而且愿意通过交换来满足这种需要或欲望的人。这里的顾客实际上是指最终顾客，即购买或使用企业产品或服务的人，也可以叫消费者。

（二）顾客的广义定义

广义的顾客不仅指产品销售和服务的对象，还指企业整个经营活动中不可缺少的合作伙伴，凡是影响企业营销活动的利益攸关者或者促进企业与最终顾客达成交易的企业或个人都是企业的顾客。

所以，顾客是指与企业具有或可能具有交换关系的组织或个人。无论这种交换是等价交

换还是非等价交换，凡是直接影响或间接影响一个企业或组织利益的组织或个人都是顾客。总之，这里的顾客不再是通常意义上的消费者，参与社会经济活动的所有组织和个人都互为顾客。

二、引导问题：你知道顾客消费时的心理过程吗

（一）顾客心理过程

顾客心理过程是顾客在进行消费活动时，心理的发生、发展和完成的过程，它是顾客对客观现实的动态反映。根据心理过程的不同形态和作用，可以把顾客的心理过程分为认识过程、情感过程和意志过程。

1）顾客心理的认识过程

顾客购买商品的消费活动，首先是从其对商品的认识开始的，它是顾客购买行为的前提，也是其他心理活动的基础。顾客对有关商品和服务的了解和认知过程可以分为感觉、知觉、注意、记忆、联想 5 个阶段。

（1）感觉。感觉是指当客观外物作用于人的感官时，产生的对客观事物的个别属性及其特征的认识。顾客的感觉指顾客借助感觉器官对各种商品或服务的主观反应。感觉是在一定的阈限范围内进行的，感觉阈限指能引起某种感觉持续一定时间的刺激量，即恰好能引起感觉和恰好不能引起感觉的界限。

（2）知觉。知觉是在感觉的基础上，对感觉材料进行综合整理，从而形成对客观事物的整体印象的认识。顾客知觉不是各种感觉的相加，它往往要受到过去经验的影响，人们总是根据过去的知识或经验去知觉客观事物，因此不同的经历、知识会产生不同的理解和反映，从而形成知觉上的差异。

（3）注意。注意是人的心理活动对一定对象的指向和集中。注意并不是一种独立的心理过程，而是伴随着感觉、知觉、记忆、思维、想象等心理过程产生的共同特征。

（4）记忆。记忆是指过去的经验和认识在人头脑中的反应。过去认识过的事物、思考过的问题、体验过的情感、采取过的行为等，都会以经验的形式在人的头脑中保持下来，其中在一定条件下把它反映出来的就是记忆。

（5）联想。联想是由一种事物想到另一种事物的心理活动过程。联想是回忆的另一种形式，由正在经历的事物或想起的某一事物所引起，回想起与之相关联的另一事物，从而形成神经中的暂时联系，并将这种联系活跃起来。

2）顾客心理的情感过程

情感过程是心理过程的第二阶段。顾客在购买时的心理活动，既是他们的认识由感性到理性，由低级到高级不断发展的过程，又是伴随着情感不断变化的过程。顾客在选购商品的过程中，对于符合心境、满足他们实际需要的商品和服务，就会产生肯定的情感体验，增强他们的购买欲望，促进购买行为的发生；相反，则会产生消极的情绪情感，抑制购买欲望，阻碍购买行为的发生。可见，情感对人的购买行为有着重要的影响，具有动机作用。

3）*顾客心理的意志过程*

顾客在购买商品的过程中，除了要经过对商品的认识过程、情感过程外，还伴随着意志过程。意志是人们为了达到某种目的，自觉地组织自己的行动，并与克服困难相联系的心理过程。顾客在进行购物活动时，不论是重大购买行为，还是日常购物过程，都会有意志活动的参与。

（二）顾客购买动机

购买动机是在顾客需要的基础上产生并引发顾客购买行为的直接原因和动力。虽然动机是引起行为的内在原因和动力，但同样的动机却可以产生不同的行为，而同样的行为又可由不同的动机所引起。

例如，同样是出于解渴的动机，有的人可能选择白开水、矿泉水，有的人可能购买果汁饮料或碳酸饮料，还有人可能选择购买西瓜等水果。

1）*购买动机对顾客行为的作用*

（1）发动和终止作用。动机是人们行为的根本动力，具有引发某个个体活动的作用。购买动机驱使顾客进行购买行为。而当某种动机得到满意的结果，如顾客在某方面的需求得到满足之后，便会终止有关具体行动。

（2）指引和导向作用。动机不仅能引起行为，而且还能使行为指向一定的方向。个体消费者可以同时有多种动机，但这些动机中，有些目标一致，有些相互冲突，如果不能同时满足，他们之间就会产生竞争。竞争的结果是某种最强烈的动机使行为在一定范围内，朝着特定的方向，选择性地决定目标，即首先满足人们最强烈、最迫切的需要。

（3）维持和强化作用。动机的作用表现为一个过程。在人们追求实现目标的过程中，动机将贯穿行为的始终，不断激励人们努力采取行动，直至目标的最终实现。此外，动机对行为还具有重要的强化功能，即由某种动机强化的行为结果对该行为的再生具有加强或减弱的作用。

2）*购买动机的类型*

消费者购买商品的动机是复杂的、多层次的、交织的、多变的。购买动机可以从不同的角度加以划分，其类型如图 3-1-1 所示。根据顾客的需要层次，可将购买动机分为生存型动机、发展型动机和享乐型动机 3 种；根据顾客的个性特征，可将购买动机分为理智型动机、情感型动机和情绪型动机 3 种；就购买活动而言，顾客的购买动机往往十分具体，表现形式也复杂多样，与购买行为的联系也更为直接。

依据顾客购买的目标追求，常见的顾客购买动机有以下几种类型：

（1）求实购买动机，指以注重商品或劳务的实际使用价值为主要目的的购买动机。

此类顾客在购买商品或劳务时，特别重视商品的实际效用、功能质量，讲求经济实惠、经久耐用，而对商品的外观造型、商标、广告等不太重视。一般而言，顾客在购买基本生活资料、日用品的时候，求实动机比较突出。

（2）求廉购买动机，指以注重商品价格低廉，希望付出较少的货币而获取较多的物质利益为主要特征的购买动机。此类顾客在购买时不太看重商品的外观造型等，而是受优惠促销等的影响较大。

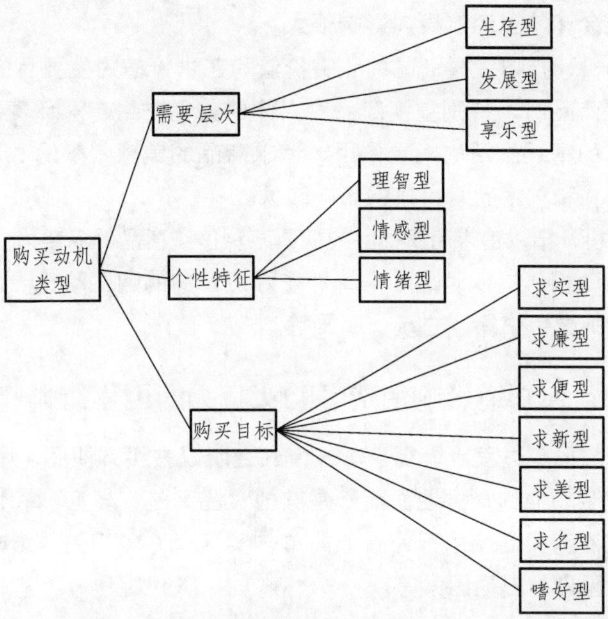

图 3-1-1　顾客购买动机类型

情境再现

某商场品牌服装打折促销

商场里，某一服装品牌做了一个这样的促销活动，先定出打折销售的时间，从某天开始，第一天打 9 折，第二天打 8 折，第三、第四天打 7 折，第五、第六天打 6 折，第七、第八天打 5 折，第九、第十天打 4 折，第十一、第十二天打 3 折，第十三、第十四天打 2 折，第十五、第十六天打 1 折，全部活动历时 16 天。顾客只要在上述打折销售期间选择时间去购买商品就行了。消费者想要以最便宜的价钱购买，那么就在最后的那两天去购买，但是到那时消费者想买的东西不一定还有。

结果是，第一天和第二天前来购买的客人并不多，来的顾客也多是看看就走了，并不马上购买，从第三天起顾客就络绎不绝地光临商店了，第五天打 6 折时顾客就像洪水般涌来争购，之后连日爆满。实际上到最后真正打 1 折销售时，商品已经所剩无几了。

在这个案例中，服装公司牢牢抓住顾客的求廉心理，引导顾客购买商品。这种做法乍看起来不明智，让人感到不可思议，但这正是它的高明之处：第一，这种别出心裁的做法给人强烈的震撼，它会在广大顾客中迅速传播，能吸引更多的顾客光顾；第二，它把选择权交给顾客，每个顾客都想以最便宜的价钱购买某种商品，但都担心被他人抢先买走，只得以自己满意的价格购买；第三，即使有些商品最终以非常低的价格卖出，只能说明这些商品已经没有市场，与其积压起来，不如趁早收回部分资金。

（3）求便购买动机，指以方便购买、便于维护为主的购买动机。此类顾客关注的是时间与效率，要求产品购买方便、携带方便、使用方便、维护方便和处理方便，厌倦长时间的等待、迟缓的销售速度和低下的服务效率。

（4）求新购买动机，指以注重商品的新颖、奇特和时尚为主要目的的购买动机。此类顾客在购买时特别重视商品的外观、造型、色彩和包装等，追求新奇、时髦和与众不同，在购买时受广告宣传、社会环境和潮流导向影响很大。

（5）求美购买动机，指以注重商品的欣赏价值和艺术价值为主要目的的购买动机。

此类顾客在购买商品时，特别重视商品对人体的美化作用、对环境的装饰作用、对其身体的表现作用和对人的精神生活的陶冶作用，追求商品的美感带来的心理享受，购买时受商品的造型、色彩、款式和艺术欣赏价值的影响较大。

（6）求名购买动机，指以追求名牌商品或仰慕某种传统商品的名望为主要特征的购买动机。

（7）嗜好型购买动机，指以满足个人特殊爱好为目的的购买动机。此类顾客特别喜欢购买某种特定产品，如邮票、书籍、古玩、字画等。

三、引导问题：你知道影响消费者购买行为的因素有哪些吗

消费者购买行为的形成过程十分复杂。一个人之所以去买方便面，可能源自内在的需要，也可能来自外部的刺激，他选择方便面而不是其他食品又是许多必然和偶然的因素共同作用的结果。因此，消费者购买商品的行为看似简单，实际有许多相关的影响因素，具体包括经济因素、社会和文化因素、心理因素等。

（一）经济因素

经济因素是分析消费者购买行为的基础。从经济因素来分析消费者的购买行为，认为消费者总是根据自己的有限收入和所能获得的市场信息，去购买自己最急需、最有价值的东西。影响消费者购买行为的最重的经济因素，一是消费者收入；二是商品价格；三是商品边际效用递减规律。

1）消费者收入

收入是决定消费者是否购买的根本因素。如果消费者仅有购买欲望，而无一定的收入作为购买能力的保证，购买行为便无法实现。消费者收入和购买能力，同价值观念和审美情趣也有直接的关系。不同收入水平，决定了需求的不同层次和倾向。从零售行业的角度观察，人均国民收入达到 2 500 美元左右时，消费者的行为开始出现明显的变化。

2）商品价格

消费行为中，通常把商品价格看成是衡量商品价值和商品品质的重要标准。认为价格昂贵的商品，其内在价值和商品质量也相对较高；反之，价格低廉的商品，其内在价值和商品质量也就相对较低。消费者为什么常以价格来衡量商品呢？其原因有二：一是信息不对称。销售与购买之间存在着明显的信息不对称。二是非专业购买。所以制定合理的、适应消费者心理和行为的商品价格，将会给企业带来巨大的经济利润。

商品价值、商品供求关系、市场竞争对商品的价格都有影响。一个企业在决定自身产品价格时，要充分考虑市场上由消费者心理倾向所反映出的价格标准，当消费者的社会心理表现为外部消费活动时，便促成人的消费行为。这种行为在一定程度上是企业经济活动和人们消费行为的调节器，并影响商品价格的形成与变动，特别是在市场经济条件下消费者的社会心理对市场价格的调整、涨跌等有着明显的影响和牵制作用，对企业价格策略的选择，产生一定的推动作用。

3）商品边际效用递减规律

边际效用是指每增加一个单位商品的消费而增加的利益。一般情况下，对某种商品购买得越多，其需求的满足程度就越大，也就是总效用越大。但随着购买数量的增加，其边际效用却是递减的。比如对一个饥肠辘辘的人来说，第一个烧饼可以救命，第二个可以充饥，越吃到后面，对他的满足程度越低，直至可能损害其健康。

边际效用递减规律告诉我们，消费者的购买力是有限的，他们总是把钱用在能够取得最大边际效用的商品上。只有当产品的价格下降，或者产品的质量或性能得到改进，用相同的货币可以得到更大的效用时，才会刺激新的需求。

（二）社会和文化因素

每个消费者都在社会中生存，他的消费行为不可避免地会受到社会各方面因素的影响和制约。影响消费者购买行为的社会因素包括社会因素、文化因素等。企业必须认真研究这些因素的影响，并采取相应的对策。

1）社会因素

社会因素主要包括消费者所处的相关群体、家庭、社会角色与地位等。

（1）相关群体。相关群体是指那些影响人们的行为、态度和意见并且与之产生相互作用的群体。相关群体有以下几种分类：

首要群体，联系最紧密的群体，如家庭、朋友、同事、邻居等。

次要群体，联系不是最紧密的，但通过某种要素联系起来，如职业协会、行业协会等。

有共同志趣的群体，它不是正式的社会团体，其成员没有正式的交往，联系比较松散，只是有共同的兴趣。如歌星与歌迷、球星与球迷。有许多人会效仿歌星的一举一动。这些名人及其崇拜者无形中形成一个有共同志趣的团体。该团体内有影响力的人物，称为“意见领袖”，他使用的产品会被崇拜者和追随者效仿使用。

（2）家庭。家庭成员之间的相关影响最为强烈和持久，对购买行为的影响极大，是最重要的消费群体。在一个家庭中，丈夫、妻子、孩子对购买产品或服务时的作用和影响到底有多大，既取决于家庭权威中心的类型，是丈夫做主型、妻子做主型，还是共同决定型，也取决于产品种类或他们处在购买决策过程中的哪一步。购买与生活方式的关系很大，例如在很多国家，妻子一直是家庭购买活动的主要完成者，特别是在食品、日用品和服装上。市场营销人员必须对目标市场的有关情况不断进行研究。

（3）社会角色与地位。一个人可以同时属于多种组织，如家庭、俱乐部或其他组织。每个人在组织中的位置可以用社会角色和地位来定义。比如：张三与父母在一起时，他是儿子；在家里，他是丈夫，是父亲；在单位，他是演员。

社会角色代表一种地位，反映了社会对这种地位的承认，或代表一定时期人们普遍的看法。比如，在人们的心目中，军人的形象是威武刚毅，教师的形象是文质彬彬。人们在消费中常选择代表其社会地位的产品。

2）文化因素

文化，是指人类在社会历史发展过程中所创造的物质财富和精神财富的总和，包括民族传统、宗教信仰、风俗习惯、教育层次和价值观念等。文化是决定人们需求和行为的最基本因素。

每一种社会和文化内部都包含若干亚文化群，亚文化是指某一文化群体所属次级群体的成员共有的独特信念。它们以特定的方式将各成员联系在一起，形成相对独特的态度、信仰和生活方式。每一种亚文化群都可以被看成是一个细分市场。每一文化都包含着能为其成员提供更为具体的认同感和社会化的较小的亚文化。典型的对消费行为影响较大的有民族亚文化、宗教亚文化、种族亚文化和地域亚文化。

（1）民族传统。各民族都有自己的文化传统。如中华民族有勤劳、节俭的传统，在消费上表现为重积累、重计划等。在选择商品时追求实惠和耐用，相对而言不太注重外观包装，而且大部分开支用于日用品，理智消费。而西方有一些国家则不同，一向强调享受人生，在消费行为上表现为注重当前消费效果，购买时不太讲实用，冲动性购买较多。选择商品时讲究环境、追求商品外观装饰等。

（2）宗教信仰。世界上的宗教信仰多种多样，对于婚丧嫁娶、饮食起居等有许多规定，这些规定无疑影响人们的消费购买行为。如信奉伊斯兰教的人都吃清真食品，禁食猪肉。在这些教区推销猪肉及猪肉制品显然是营销禁忌。一些宗教节日和与宗教信仰有关的传统节日往往是消费者的消费旺季，也是营销人员推销相关商品的黄金时间。

（3）风俗习惯。不同的国家、地区和民族都有其独特的风俗习惯，这些风俗习惯有的是因历史、宗教而形成的，有的是因自然环境、经济条件所决定的。如东方国家习惯上把红色作为吉祥的象征，而在法国和瑞典则视红色为不祥之兆。为此，当中国的红色爆竹在这些国家或地区销售时，销路自然不畅，后改用灰色，才把销路打开。在我国，有中秋吃月饼、端午吃粽子的传统，因而每年的中秋、端午都会出现对月饼和糯米的购买热潮。

（4）教育层次。现实社会中，人们所受教育的程度和层次是存在差异的，这些差异也会影响人们的消费行为。如一些群体在选择购买食品时，易流于对某一食物的盲目倾向性消费，并较多地受到味觉的驱使，而另外一些群体则依据科学、合理的营养组合原则来选购食品；一些家庭购买儿童玩具比较注重玩具对儿童智力的开发，而另一些家庭对玩具的选购则偏向满足儿童的直接玩耍要求。

（5）价值观念。价值观念是指人们对事物的是非与优劣的评判原则和评判标准。改革开放前，中国消费者认为富裕并非光荣之事，标新立异是不合群之举。这种观念反映到服装消费上，便是追求朴素、大众化的格调。而改革开放后，人们的价值观念发生了重大变化，在购买服装时更多地倾向式样、面料、色彩的新颖，注重服装与个性的协调，追求个性化。

（三）心理因素

消费者的购买行为还会受到很多心理因素的影响，包括动机与需要、学习、态度与信念等因素。

1）动机与需要

动机是推动个人进行各种活动的驱动力。动机是行为的直接原因，促使个人采取某种行动，规定行为的方向。

动机由需要而生。消费者的购买行为，是消费者解决他的需要问题的行为。不同的人有不同的需要，人们在生理上、精神上的需要也就具有广泛性与多样性。每个人的具体情况不同，解决需要问题轻重缓急的顺序自然各异，也就存在“需要层次”。急需满足的需要，会激发起强烈的购买动机。需要一旦满足，则失去了对行为的激励作用，即不会有引发行为的动机。

1943 年，马斯洛提出需求层次理论，他认为人有一系列复杂的需求，按其优先次序分成生理需求、安全需求、社交需求、尊重需求和自我实现需求 5 类，依次由较低层次到较高层次。

第一层次是生理需求，指能满足个体生存所必需的一切需要，如食物、衣服等。这类需求的级别最低，人们在转向较高层次的需求之前，总是尽力满足这类需求。

第二层次是安全需求，指能满足个体免于身与心理危害恐惧的一切需要，如收入稳定、强大的治安力量、福利条件好、法制健全等。与生理需求一样，在安全需求没有得到满足之前，人们唯一关心的就是这种需求。

第三层次是社交需求，指能满足个体与他人交往的一切需要，如友谊、爱情、归属感等。社交需求包括对友谊、爱情以及隶属关系的需求。当生理需求和安全需求得到满足后，社交需求就会凸显出来，进而产生激励作用。

第四层次是尊重需求，指能满足他人对自己的认可及自己对自己认可的一切需要，如名誉、地位、尊严、自信、自尊、自豪等。尊重需求既包括对成就或自我价值的个人感觉，也包括他人对自己的认可与尊重。

第五层次是自我实现需求。自我实现是人类最高层次的需求，指满足个体把各种潜能都发挥出来的一种需求，如不断地追求事业成功、技术精益求精等。

自我实现需求的目标是自我实现，或是发挥潜能。

其中前 3 种需求可称为缺乏型需求，只有在满足了这些需求后，个体才能感到基本上舒适。后 2 种需求可称为成长型需求，因为它们主要是为了个体的成长与发展。

马斯洛认为各层次需求之间有以下关系：一般来说，这 5 种需求像阶梯一样，从低到高；低一层次的需求获得满足后，就会向高一层次的需求发展；5 种需求不是每个人都能满足的，越是靠近顶部的成长型需求，满足的百分比越低；同一时期，个体可能同时存在多种需求，因为人的行为往往是受多种需求支配的，每一个时期总有一种需求占支配地位。

2）学习

学习指人会自觉、不自觉从很多渠道，经过各种方式获得后天经验。消费者的学习过程中，以下几点特别需要关注：

（1）加强：购后非常满意，会加强信念，因而会重复购买。

（2）保留：称心如意或非常不满，会念念不忘。

（3）概括：感到满意一般就会爱屋及乌，对有关的一切也产生好感；反之，则不会有好感。

（4）辨别：一旦形成偏好，需要时会百般寻求。

由于市场营销环境不断变化，新产品、新品牌不断涌现，消费者必须经过多方收集有关信息之后才能做出购买决策。这本身就是一个学习过程。企业为了扩大某种商品的需求，可以反复提供强化诱发购买该商品的提示物，尽量使消费者购买后感到满意，从而强化积极的反应。

3）态度

态度是指个体对某一事物所持有的评价和行为倾向，是认知、情感和意向的统一体。认知是人们对事物带有评价意义的认识，是态度的基础。情感是人们对事物持有的感情，如好与恶、肯定与否定等，它是伴随着认识过程而产生的，具有性质和程度的区别，是态度的核心。意向是人们对事物的行为倾向，是态度的外观。一般来说，在对一事物态度上的 3 种基本因素是一致的。态度具有稳定性，一旦形成往往很难改变；态度对人的行为有重要影响，会使人的行为呈现出一定的规律性。

消费者对某一品牌产品的态度一经形成，以后就倾向根据态度做出相同的购买决策，不愿再费心去比较、分析、判断。因此，对某种商品的肯定态度可以使它长期畅销，而否定态度则可以使它一蹶不振。从产品方面来看，企业通常通过改进产品及有关的市场营销组合因素去迎合人们现存的态度；从企业形象方面看，企业一般要通过有关的营销措施来改变人们对企业的不利态度。

4）信念

信念作为个性心理倾向对人的行为具有很大的影响。信念是人们确信的对某种事物的看法和评价，它对人们的行为具有总体导向及很强的驱动与支持作用。人们的信念是多方面的，同时从多个侧面直接或间接地影响着人们的购买行为。例如，某些人以俭朴为信念，这就不能不影响他们的需要、动机及有关的购买行为；再如，某些人在购买和使用商品的实践活动中，通过认识与学习，对某个品牌的产品形成了良好的信念，就会使他们成为这一品牌产品的坚定购买者。仅从后一种情况看，由于信念关系着企业及其产品的社会形象，影响着消费者的购买选择，所以企业的营销部门必须注意对这方面情况的了解，并通过有效的营销措施帮助人们确立起对本企业及产品的良好信念。

情境再现

不同年龄段消费观念的转变

不同时代的人的消费观念差异很大，生活的环境、社会阶段不同，人们形成的消费观念和生活态度也会明显不同，所以购买动机和需要也完全不同。

“60 后”态度：害怕和别人不一样；

“70 后”态度：可以和别人不一样；

“80 后”态度：希望和别人不一样；

“90 后”态度：一定和别人不一样；

“00 后”态度：注重自我满足，愿意为兴趣买单。

从这里的消费观念可以看出，人们不断解放思想，追求个性化定制化的特色产品。

思考：

同学们能总结一下你们的消费观念吗？

四、你知道顾客是怎样制定购买决策的吗

在购买时，消费者要经过一个决策过程，如图 3-1-2 所示，包括认识需求、收集信息、选择评价、购买决策和购后感受。营销者应该了解每一个阶段中的消费者行为，以及哪些因素

在起作用。这样就可以制定针对目标市场的行之有效的营销方案。

认识需求 → 收集信息 → 选择评价 → 购买决策 → 购后感受

图 3-1-2　消费者购买决策过程

（一）认识需求

消费者有需求，才可能有购买行为。需求可能由内部刺激引起，也可能由外部刺激引起。这时消费者可能会察觉到他目前的实际状况与理想状况的差异，会认识到需求。

（二）收集信息

消费者最终的购买行为一般需要相关信息的支持。认识到需要的消费者，如果目标清晰、动机强烈，购买对象符合要求，购买条件允许，又能买到，消费者一般会立即采取购买行动。

在许多场合，认识到的需求不能马上满足，只能留存在记忆当中。随后，消费者对这种需求或者不再进一步收集信息，或者积极主动收集信息。

在认识需求的基础上，顾客受满足需要的动机驱使，可能会搜寻更多的信息。信息来源主要有 4 个方面：第一，个人来源，如家庭、亲友、邻居、同事等；第二，商业来源，如广告、推销员、分销商等；第三，公共来源，如大众传播媒体、消费者组织等；第四，经验来源，如操作、实验和使用产品的经验等。

（三）选择评价

顾客得到的各种有关信息可能是重复的，甚至是互相矛盾的，因此还要进行分析、评估和选择，这是决策过程中的决定性环节。顾客会根据购买目标对商品内容进行评价，从各种可行方案中选择最适合自己的购买方案。

在顾客的评估选择过程中有以下几点值得营销者注意：

第一，产品性能是购买者所考虑的首要问题；第二，不同顾客对产品的各种性能给予的重视程度不同或评估标准不同；第三，多数顾客的评选过程是将实际产品同自己理想中的产品相比较。

（四）购买决策

对商品信息进行比较和评选后，已形成购买意愿，然而从购买意图到决定购买之间，还要受到两个因素的影响：第一，他人的态度。反对态度越强烈，或持反对态度者与购买者关系越密切，修改购买意图的可能性就越大。第二，意外的情况。如果发生了意外的情况（如失业、意外急需、涨价等），则很可能改变购买意图。

（五）购后感受

产品售出后，营销人员的工作并没有结束，消费者是否满意以及他们的购后行为也是营销人员应该关注的。顾客满意取决于产品预期与产品感知绩效之间的关系。预期绩效与实际感知绩效之间的差异越大，顾客越不满意，这说明营销人员应该如实介绍产品的真正绩效，以使消费者感到满意。

消费者每次购买都要依次经过 5 个阶段。但是，购买者完成整个购买过程的速度可能很快，也可能很慢。在经常性购买中，消费者常常跳过或颠倒某些阶段，主要取决于购买者特点、产品属性和购买情境。例如，一位购买常用牙膏品牌的女士在确认牙膏需要时，会越过信息搜索和选择评估阶段，直接进入购买决策阶段。

五、引导问题：你知道消费者具体的行为模式吗

现代营销学认为，消费者在购买行为中是存在着某种共性和规律的，如图 3-1-3 所示的购买者行为的“刺激—反应”模型表明，市场营销和其他刺激进入购买者的“黑箱”并产生某种反应。市场营销者的任务就是设法了解外部刺激和行为反应之间的关系，判断购买者“黑箱”中所发生的事情，以便采取更合理、有效的营销刺激，不断修正和完善营销工作。

从这个模型中可以看出，影响消费者购买决策过程的外部因素有两大方面：一是企业的可控因素，即企业的营销组合，包括产品、价格、渠道和促销等，需要企业精心策划；二是企业营销的不可控因素，即影响营销的各种宏观环境因素，包括政治、经济、技术、文化等。

中间的模块被看作是“黑箱”，所有这些刺激进入购买者的黑箱后，经过一系列的心理活动，形成不同的购买取向和购买反应。消费者一旦决定购买，其反应便通过其购买决策过程表现在购买选择上，如产品选择、品牌选择、经销商选择、购买时机与购买数量等。

在这一购买行为模型中，“外部刺激”和“购买者反应”即购买者最后的决策和选择是可以看得到的，但是购买者如何根据外部的刺激进行分析、判断、决策的过程却是看不见的。这就是心理学中的黑箱效应。

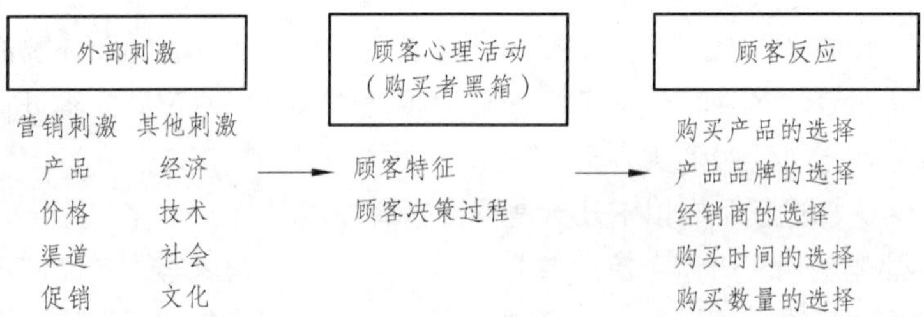

图 3-1-3 购买者行为模型

案例分析实例

阅读以下资料，利用本任务所学知识分析可口可乐新配方饮料失败的原因。

可口可乐新配方饮料失败

20 世纪 70 年代中期以前，可口可乐公司是美国饮料市场上的老大哥，占据了全美 80% 的市场份额，年销量增长速度高达 10%。然而好景不长，70 年代中后期，百事可乐的迅速崛起令可口可乐公司不得不着手应对这个饮料业“后起之秀”的挑战。

为了着手应战并且得出为什么可口可乐发展不如百事可乐的原因，可口可乐公司推出了一项代号为“堪萨斯工程”的市场调研活动。调研结果表明，顾客愿意尝试新口味的可乐。这一结果更加坚定了可口可乐公司决策者们的想法——秘不宜人，长达 99 年的可口可乐配方已不再适合今天消费者的需要了。于是，满怀信心的可口可乐开始着手开发新口味可乐。

之后，可口可乐公司倾资 400 万美元。在 13 个城市中，约 19.1 万人被邀请参加了对无标

签的新、老可乐进行口味测试的活动。结果60%的消费者认为新可乐比原来的好，52%的人认为新可乐比百事可乐好。随后，公司又投入巨资帮助瓶装商重新改装生产线。

在新可口可乐上市之初，可口可乐又大造了一番广告声势。1985年4月23日，在纽约城的林肯中心举办了盛大的记者招待会，邀请了200多家报纸、杂志和电视台记者出席。依靠传媒的巨大力量，可口可乐公司的这一举措引起了轰动效应。

起初，新可乐销路不错，有1.5亿人试用了新可乐。然而，新可口可乐配方并不是每个人都能接受的，而不接受的原因往往并非因为口味原因，而这种“变化”受到了原可口可乐消费者的排挤甚至是愤怒的抵制。

顾客之所以愤怒是认为99年秘不示人的可口可乐配方代表了一种传统的美国精神，而传统配方的可口可乐就是美国精神的体现，放弃传统配方的可口可乐意味着背叛。

在西雅图，一群忠诚于传统可乐的人组成“美国老可乐饮者”组织，准备发起全国范围内的“抵制新可乐运动”。在洛杉矶，有的顾客威胁说：“如果推出新可乐，将再也不买可口可乐。”

而当时，老口味的传统可口可乐则由于人们的预期会减少，而居为奇货，价格竟在不断上涨。每天，可乐公司都会收到来自愤怒的消费者的成袋信件和1 500多个电话。

为数众多的批评，使可口可乐迫于压力不得不开通83部热线电话，雇请大批公关人员安抚愤怒的顾客。最终新口味可乐以失败而告终。

资料来源：可口可乐新配方饮料的失败[OL]. https://wenku.so.com/d/0bef10d3c6fcce07078721eb63b6c6f9.

《可口可乐新配方饮料失败》案例分析视频

思政园地

在风口上飞翔——雷军

小米科技公司的问世，在雷军的感觉里，除了痛苦就是压力。他把小米手机当成最后一役：“我应该输不起，但输了，一辈子也就踏实了。”他的办公桌上一直摆放着20世纪80年代版本的乔布斯传记《硅谷之火》，他说：“为什么我非要做小米？就是因为这本我18岁时在大学图书馆偶然读到的书。”虽然雷军一开始就知道手机里有800多个元器件，技术难度相当大，而且特别烧钱。但他心里明白，他18岁时的梦想，从来不曾消失过，一直都在。

特殊的时代可以塑造特别的人物；反过来，特别的人物也可以创造崭新的时代。顺势而为需要有脚踏实地的素养，时刻感知变化，拥抱变化。虽然说，顺势而为只是成功的前提，不是成败的真谛，但可以肯定地说，顺势而为的人，已经拥有了创业成功的基石。怪不得雷军脱口而出的总是这样一句话：“一认命，一顺势，就可以风生水起。”

只要有足够强大的内推力，什么都不懂的人也能借力飞翔，顺势成功。在这个借势着力的时代，只要不随便复制别人的做法，只要善于整合自己的能力和资源，就有成功的机会。就算失败了，也还可以推倒重来，失败和挫折，只会让顺势而为的创业者变得更成熟、更睿智、更强大。

资料来源：成功创业故事_在风口上飞翔[OL]. http://www.sbkk8.com.

思考：

你认为雷军后来能开创小米公司并取得巨大成功的原因是什么？

任务考核

表 3-1-1　任务评价单

<table>
<tr><th colspan="6">项目三　顾客行为分析与顾客关系管理</th></tr>
<tr><td rowspan="2" colspan="2">任务一　顾客行为分析</td><td>姓名</td><td></td><td>组别</td><td></td></tr>
<tr><td>专业</td><td></td><td>学号</td><td></td></tr>
<tr><td>内容</td><td colspan="4">评分标准</td><td>得分</td></tr>
<tr><td>概念问题（20 分）</td><td colspan="4">共 5 题，每题 4 分</td><td></td></tr>
<tr><td rowspan="3">案例分析（60 分）</td><td colspan="4">云南白药牙膏的崛起：
1. 能够根据马斯洛的需求层次理论进行正确分析（10 分）；
2. 在网络上查询资料，从决策到营销宣传等方面说出具体做法（10 分）；
3. 能够说出不同收入时对牙膏的不同需求（10 分）</td><td></td></tr>
<tr><td colspan="4">可口可乐更换包装与标识：
能够从社会文化因素方面分析原因（10 分）</td><td></td></tr>
<tr><td colspan="4">三星 Note7 爆炸事件：
1. 能够顺利地查到资料并整理讲述（10 分）；
2. 能正确分析失败的原因（10 分）</td><td></td></tr>
<tr><td>思政园地（20 分）</td><td colspan="4">1. 能从雷军的经历去分析（10 分）；
2. 能够从他的价值观、人生观等方面进行正向分析（10 分）</td><td></td></tr>
</table>

任务二　顾客关系管理

<table>
<tr><th colspan="6">项目三　顾客行为分析与顾客关系管理</th></tr>
<tr><td colspan="2" rowspan="2">任务二
顾客关系管理</td><td>姓名</td><td></td><td>组别</td><td></td></tr>
<tr><td>专业</td><td></td><td>学号</td><td></td></tr>
<tr><td colspan="2">知识目标</td><td colspan="2">技能目标</td><td colspan="2">思政目标</td></tr>
<tr><td colspan="2">1. 了解顾客让渡价值的概念；
2. 了解顾客满意的内涵；
3. 了解顾客忠诚的内涵及营销因素；
4. 了解顾客关系管理的内涵、目的和功能</td><td colspan="2">1. 学会使顾客价值达到最大化的方法；
2. 学会使顾客满意及获取顾客忠诚的一般方法；
3. 学会建立顾客关系、维系顾客关系和增进顾客关系的基本方法</td><td colspan="2">1. 培养学生的爱国情怀；
2. 树立学生勇于担当的人生观；
3. 培养学生的社会责任感</td></tr>
<tr><td>学习重点</td><td colspan="5">1.顾客让渡价值的概念；
2.顾客忠诚的影响因素</td></tr>
<tr><td>学习难点</td><td colspan="5">运用所学知识正确分析判断企业通过何种途径使顾客价值最大化并保持顾客忠诚，分析企业采取的顾客关系管理方法</td></tr>
</table>

任务清单

一、概念问题

（一）判断题

1. 顾客让渡价值是指顾客总价值与顾客总成本之差。　（　）
2. 服务质量决定了顾客满意，但顾客满意却不一定必然导致顾客忠诚。　（　）

（二）不定项选择题

1. 若想实现顾客价值最大化，可以通过的战略途径有（　）。
   A. 质量优异　B. 成本领先　C. 快速反应　D. 良好的顾客关系
2. 顾客满意包括（　）。
   A. 产品满意　B. 服务满意　C. 社会满意　D. 包装满意
3. 下述哪些方面属于顾客忠诚的影响因素？（　）
   A. 顾客满意　B. 品牌形象　C. 价格水平
   D. 顾客服务和支持系统　E. 顾客情感因素

二、案例分析

案例 3-2-1　高岛屋购物经历

下面是一位游览日本的美国妇女描述的她在高岛屋购物时令人惊奇的经历：

我的丈夫和我上次去日本时在东京买了一件礼物——索尼 CD 机，在高岛屋商店整个的过程只花了 7 分钟，包括从找到电器柜台，等待售货员收款和填写两次发票在内，因为第一次写错了我丈夫姓名的第一个字母。

第二天早晨，我的公公——我们在日本的东道主，急于看他的儿子所买的商品，他便打开了包装，想听听效果，但是 CD 却不响，我们仔细一看，原来里面竟然没有机芯！我的丈夫为此愤愤不平，因为只有在 10 点钟高岛屋商店开门之后才能去更换。但就在还差 1 分钟就到 10 点的时候，电话铃响了。我婆婆接了电话，然后告诉我们，高岛屋的副总裁带着一部新的 CD 正在赶往我家的路上。50 分钟之后，出租汽车停在我家门口，副总裁与拿着包装盒和写字板的高级职员走了下来，然后是不停地鞠躬。

一个年轻职员带着歉疚的神情向我们解释他们为了纠正错误所做努力的记录：从昨天下午 4:32 开始，售货员请保安在商场各门口寻找我的丈夫但没有结果；售货员向柜组长报告，柜组长又向值班经理报告，一直到副总裁亲自处理这件事；而所有的线索仅仅只有我丈夫的姓名和一个美国运通卡号码；售货员记起他问过这部 CD 是要带回美国使用，职员们向东京的 32 家酒店查问是否有一位 Kitasel 先生入住他们酒店，但是没有结果。

高岛屋的一个职员接到命令，晚上 9 点钟一到（美国运通上班），马上与美国运通卡在纽约的总部联系，询问如何才能与我们联系。美国运通告诉了他们我们在纽约的电话号码，晚上 11 点，他们终于和我母亲联系上了，她告诉了我公公家在东京的电话号码。年轻职员将一张清单递给我们，除了一部价值 280 美元的 CD 机之外，还包括一个 CD 架、一盒巧克力、一张某歌星的 CD 唱片。经过 3 分钟的互相鞠躬告别之后，这场令人精疲力尽的会面总算结束，他们出了门口。但突然他们的副总裁又跑回来，原来他忘了为昨天售货员在开发票时写错我丈夫的姓名一事道歉，但他希望我们能够理解，因为这是这个售货员上班的第一天。

资料来源：2020 场营销管理哲学及其贯彻 PPT [OL]. https://max.book118.com/html/2020/1222/5021123210003044.shtm.

思考：

1. 顾客对这次购物经历最后是否满意？为此企业做了哪些努力？
2. 浅谈企业怎样做才能培养顾客忠诚？

知识获取

一、引导问题：你知道什么是顾客价值，怎样让顾客价值达到最大化吗

（一）顾客价值理论

1）劳特朋的顾客价值理论

美国市场营销专家劳特朋（Lauteborm）是较早就认识到顾客价值（Customer Value）的学者之一。传统的营销组合 4P 理论只是从企业角度出发来制定营销决策，忽视了顾客真正的价值需求这一问题，而劳特朋（1990）认为，企业在市场营销活动中应该首先注意的是 4C，即顾客（Customer）、成本（Cost）、便利（Convenience）和沟通（Communication）。他强调企业首先应该把追求顾客满意放在第一位，其次是努力降低顾客的购买成本，然后要充分注意

到顾客购买过程中的便利性，而不是从企业的角度来决定销售渠道策略，最后还应以消费者为中心实施有效的营销沟通。

2）菲利普·科特勒的顾客价值理论

菲利普·科特勒认为应从顾客让渡价值和顾客满意的角度来阐述顾客价值，其研究的前提是：顾客将从那些他们认为提供最高顾客让渡价值的公司购买产品。

顾客让渡价值，是指顾客总价值与顾客总成本之差（见图 3-2-1）。总顾客价值就是顾客从某一特定产品或服务中获得的一系列利益，包括产品价值、服务价值、人员价值和形象价值等。顾客总成本是指顾客为了购买产品或服务而付出的一系列成本，包括货币成本、时间成本、精神成本和体力成本。顾客是价值最大化的追求者，在购买产品时，总希望用最低的成本获得最大的收益，以使自己的需要得到最大限度的满足。

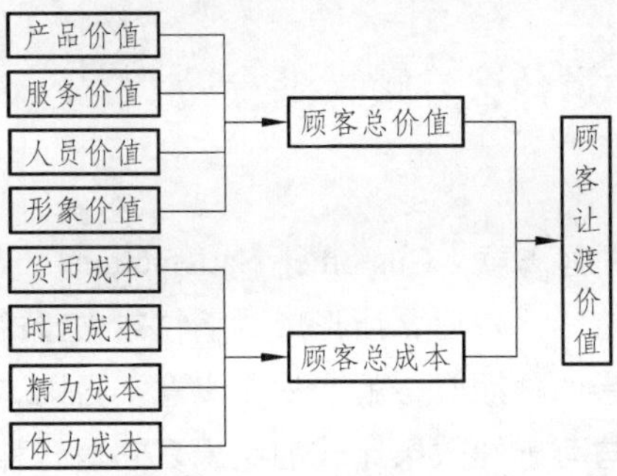

图 3-2-1　顾客让渡价值

（二）顾客价值最大化

传统时代的企业目标是企业价值最大化，而在当今时代，在以顾客需求为中心的营销导向下的企业目标应该转变为顾客价值最大化。顾客价值最大化并不是指为顾客创造最大的顾客价值，而是在保证利润的前提下，与竞争者比较而言，企业应该向顾客提供最多的价值。

根据科特勒的顾客让渡价值理论，若想实现顾客价值最大化，可以从两个方面出发：一是提高顾客总体价值；二是降低顾客总成本。实现这两个目标，可以采取以下 4 个战略途径。

1）质量优异

随着经济的发展和人们收入水平的提高，顾客对产品质量和服务质量的要求也越来越高。优质的产品是提升顾客价值的基础，优质的服务更是提升顾客价值不可缺少的部分。因为服务质量比产品质量、价格更加难以被竞争对手复制和超越。

2）成本领先

产品或服务的低成本可为企业对顾客让利创造更大的空间，无论产品或服务的质量多么优异，一旦其价格超过一定的界限，必然会抑制顾客对它的需求。同时，最低成本必将使企业获得优厚利润，形成对追求低成本努力的最好回报。

3）快速反应

当今时代是速度经济时代，对顾客价值来说，时间可能与质量同样重要。有些行业，企业对顾客要求的反应时间的快慢是决定其成功的关键因素，如快餐、快递和报业。

快速反应的企业除了可以获得丰厚的利润，还可以率先树立企业信誉，以低成本获得优异的顾客并赢得他们的忠诚，获得先入为主的市场地位，影响产业标准的制定等。

4）良好的顾客关系

良好的顾客关系能够极大地缓解变数极大的市场环境下企业的经营风险，并提高企业的盈利能力，增强企业的竞争力，是企业独特的优势。

顾客价值最大化的实现是企业赢得顾客进而取得市场领先地位的关键。企业只有把顾客看作一种资产，树立“以顾客为中心”的经营理念，快速响应并满足顾客个性化多变的需求，为顾客创造价值，才能在激烈的市场竞争中获得生存和发展。同时，企业应避免盲目追求顾客价值最大化，一定要根据自己的实力，在考虑成本的情况下实现顾客价值最大化，否则就会出现让顾客价值实现最大化，赢得顾客的满意和忠诚，但企业却面临亏损甚至倒闭的局面。

二、引导问题：你知道什么是顾客满意吗

（一）顾客满意的内涵

菲利普·科特勒认为，顾客满意（Customer Satisfaction，CS）是指一个人通过对一个产品的可感知效果与他的期望值相比较后，所形成的愉悦或失望的感觉状态。一般认为，当商品的实际消费效果达到消费者的预期时，就产生了满意，否则，则会导致顾客不满意。可以看出，顾客满意是一种期望与可感知效果比较的结果，它是一种顾客心理反应，而不是一种行为。顾客满意具有 4 方面的特性。

1）主观性

顾客的满意程度是建立在其对产品和服务的体验上，感受的对象是客观的，而结论是主观的。顾客满意的程度与顾客的自身条件如知识和经验、收入状况、生活习惯、价值观念等有关，还与媒体传闻等有关。

2）层次性

处于不同层次需求的人对产品和服务的评价标准不同，因而不同地区、不同阶层的人或一个人在不同条件下对某个产品或某项服务的评价不尽相同。

3）相对性

顾客对产品的技术指标和成本等经济指标通常不熟悉，他们习惯于把购买的产品和同类其他产品，或与以前的消费经验进行比较，由此得到的满意或不满意具有相对性。

4）阶段性

任何产品都具有寿命周期，服务也有时间性，顾客对产品和服务的满意程度来自过程的使用体验，是在过去多次购买和提供的服务中逐渐形成的，因而呈现出阶段性。

顾客满意包括产品满意、服务满意和社会满意 3 个层次的内容。

产品满意是指企业产品带给顾客的满足状态，包括产品的内在质量、价格、设计、包装、时效等方面的满意。产品的质量满意是构成顾客满意的基础因素。

服务满意是指产品售前、售中、售后以及产品生命周期的不同阶段采取的服务措施令顾

客满意。这主要是在服务过程的每一个环节上都能设身处地地为顾客着想，做到有利于顾客、方便顾客。

社会满意是指顾客在对企业产品和服务的消费过程中所体验到的对社会利益的维护，主要指顾客整体社会满意，它要求企业的经营活动要有利于社会文明进步。

（二）顾客满意与顾客忠诚之间的关系

对于企业来说，如果对企业的产品和服务感到满意，顾客也会将他们的消费感受通过口碑传播给其他顾客，扩大产品的知名度，提高企业的形象，为企业的长远发展不断注入新的动力。

顾客满意只是顾客信任的前提，顾客信任才是结果。顾客满意是对某一产品、某项服务的肯定评价，即使顾客对某企业满意也只是基于他们所接受的产品和服务令他满意。如果某一次的产品和服务不完善，他对该企业也就不满意了，也就是说，顾客满意是一个感性评价指标。顾客信任是顾客对该品牌产品以及拥有该品牌企业的信任感，他们可以理性地面对品牌企业的成功与不利。

顾客忠诚是顾客的一种行为，衡量忠诚的唯一尺度就是看顾客是否重复地购买企业的产品或服务。服务质量决定了顾客满意，但顾客满意却不一定必然导致顾客忠诚，即使顾客对商品和服务十分满意，也可能在下一次选择时转向其他产品和服务。

（三）顾客满意度研究

顾客满意度是企业用以评价和增强企业业绩，以顾客为导向的一整套指标，它代表了企业在其所服务的市场中的所有购买、消费经验的实际和预期的总体评价。顾客满意度研究的目的包括：确定影响满意度的关键决定因素、测定当前的顾客满意水平、发现提升产品或服务的机会、从顾客的意见和建议中寻找解决顾客不满的办法及为管理者提供建议等。

1）顾客满意度测评步骤

第一步，明确满意度测评的目的；第二步，进行调研设计，确定测评指标；第三步，进行顾客满意度调查；第四步，收集整理调研数据，并进行分析，撰写调研报告；第五步，根据结果对企业进行相应的改进。

2）顾客满意度的研究价值

一是了解顾客满意度、顾客忠诚度和企业利润率之间的关系；二是建立以顾客为中心的经营理念和价值观；三是确定影响顾客满意和顾客忠诚的关键驱动因素；四是分析顾客保留、顾客忠诚以及顾客流失的原因；五是从顾客评价的视角比较企业与其竞争者的绩效差异，并明确自身的优劣势；六是以顾客的观点定义产品或服务的标准，从整体流程的角度探寻顾客满意或流失的真正原因，制定产品或服务的解决方案。

三、引导问题：你知道什么是顾客忠诚吗

（一）顾客忠诚的内涵

顾客忠诚（Customer Loyalty，CL）是指顾客对企业的产品或服务的依恋或爱慕的感情，

它主要通过顾客的情感忠诚、行为忠诚和意识忠诚表现出来。其中，情感忠诚表现为顾客对企业的理念、行为、视觉形象的高度认同和满意；行为忠诚表现为顾客再次消费时对企业的产品和服务的重复购买行为；意识忠诚则表现为顾客做出的对企业的产品和服务的未来消费意向。

1）顾客忠诚的层次划分

可以将顾客忠诚划分成 4 个层次：最底层是顾客对企业没有丝毫忠诚感，他们对企业漠不关心，仅凭价格、方便性等因素购买。第二层是顾客对企业的产品或服务感到满意或是习惯，他们的购买行为受到习惯力量的驱使，一方面，他们怕没有时间和精力去选择其他企业的产品或服务；另一方面，转换企业可能会使他们付出转移成本。第三层是顾客对某一企业产生了偏好情绪，这种偏好是建立在与其他竞争企业相比较的基础之上的。这种偏好的产生与企业形象、企业产品和服务体现的高质量以及顾客的消费经验等因素相关，使顾客与企业之间有了感情联系。最上层是顾客忠诚的最高级阶段，顾客对企业的产品或服务忠贞不贰，并持有强烈的偏好与情感寄托，顾客对企业的这种高度忠诚，成为企业利润的真正源泉。

2）顾客忠诚的影响因素

很多因素都能对顾客忠诚造成影响。分析这些因素，对于企业理解顾客、更准确地满足以超越顾客需求，做好顾客关系管理具有十分重要的作用。

（1）顾客满意。顾客的满意程度越高，就会购买更多该产品，对公司及其品牌忠诚就会更持久。大量的有关顾客满意和顾客忠诚的研究证明：虽然在满意度与忠诚度之间并无强相关关系，但顾客满意是推动顾客忠诚的重要因素之一，顾客越满意，重复购买的可能性就越大。顾客忠诚会随着顾客满意度的提高而提高。

（2）品牌形象。面对日益繁荣的商品市场，顾客开始倾向商品的品牌选择，且具有偏好差异性。品牌偏好的形成，取决于企业在顾客心目中的形象，良好的形象会对企业的产品或服务产生巨大的支持作用，赋予产品较高的价值，从而带给顾客精神上和心理上的满足感、信任感，使顾客获得更高层次和最大限度的满足。这对提高顾客忠诚度是十分有利的。

（3）价格水平。顾客总是将价格与价值进行对比，以保证自己在一定的支出水平上得到最大的价值，在顾客所得到的产品和服务不变的条件下，低价格的承诺是很有吸引力的。企业应根据顾客的期望提供合理的价格，使顾客通过付出与所得的比较获得最大满足。这样他们才会重复购买，成为企业的忠诚顾客。

（4）顾客服务和支持系统。顾客服务和支持系统包括其外围和支持性的服务，这些服务有助于核心产品的提供，顾客服务质量是影响顾客忠诚度的一个重要因素，无论企业生产什么产品都需要为顾客提供优质的服务以及支持系统。服务质量和支持系统直接影响顾客对企业产品的印象。服务是顾客满意和愉悦的基础，但仅仅提供满意服务不一定必然形成忠诚，而超值的服务不仅产生满意并且产生愉悦，也会驱动顾客形成忠诚感。

（5）顾客情感因素。从顾客调查中获得的很多数据都说明，相当一部分顾客的满意度与核心产品或服务的质量并没有太大关系，顾客的情感也是影响顾客忠诚的重要因素。顾客可能对产品质量、服务水平以及性价比都很满意，但因为一些主观或客观的外在因素的影响，顾客会产生不好的体验，从而使企业失去该顾客。

（二）顾客忠诚的培养和提高

随着市场竞争的日益加剧，顾客忠诚已成为影响企业长期利润高低的决定性因素。以顾客忠诚为标志的市场份额，比以顾客多少来衡量的市场份额更有意义，企业管理者应将营销管理的重点转向提高顾客忠诚度方面来，以使企业在激烈的竞争中获得关键性的竞争优势。具体做法有以下几种：

1）建立顾客数据库

随着数字化的发展，顾客数据越来越受到企业的重视。顾客数据库应具备顾客管理和查询系统，记录顾客购买行为。企业运用顾客数据库，可以使每一个服务人员在为顾客提供产品和服务的时候，明晰顾客的偏好和习惯购买行为，从而提供更具针对性的个性化服务。

2）识别企业的核心顾客

企业的实践证明，企业利润的 80%来自其 20%的顾客。只有与核心顾客建立关系，企业稀缺的营销资源才会得到最有效的配置和利用，从而明显地提高企业的获利能力。

3）超越顾客期望，提高顾客满意度

顾客的期望是指顾客希望企业提供的产品和服务能满足其需要的水平，达到了这一期望，顾客会感到满意，否则，顾客就会不满意。

超越顾客期望，是指企业不仅能够达到顾客的期望，而且还能提供更完美、更关心顾客的产品和服务，超过顾客预期的要求，使之得到意想不到的，甚至感到惊喜的服务和好处，获得更高层次上的满足，从而对企业产生一种情感上的满意，发展成稳定的忠诚顾客群。

4）正确对待顾客投诉

要与顾客建立长期的相互信任的伙伴关系，就要善于处理顾客抱怨。有些企业的员工在顾客投诉时常常表现出不耐烦、不欢迎，甚至流露出一种反感。其实这是一种非常危险的做法，往往会使企业丧失宝贵的顾客资源。

5）提高内部服务质量，重视员工忠诚的培养

顾客保持率与员工保持率是相互促进的。这是因为企业为顾客提供的产品和服务都是由内部员工完成的，他们的行为及行为结果是顾客评价服务质量的直接来源。一个忠诚的员工会主动关心顾客，热心为顾客提供服务，并为顾客问题得到解决而感到高兴。

6）加强退出管理，减少顾客流失

退出指顾客不再购买企业的产品或服务，终止与企业的业务关系。正确的做法是及时做好顾客的退出管理工作，认真分析顾客退出的原因，总结经验教训，利用这些信息改进产品和服务，最终与这些顾客重新建立起正常的业务关系。分析顾客退出的原因，是一项非常复杂的工作，顾客退出可能是单一因素引起的，也可能是多种因素共同作用的结果。

7）塑造良好的品牌形象

品牌是成功企业赢得消费者忠诚的重要武器，顾客对品牌的忠诚度不仅出于对产品使用价值的需要，还带有强烈的感情色彩。只有塑造出良好的品牌形象，在顾客心中留下美好的形象，他们才会对该产品产生忠诚。

四、你知道怎样进行顾客关系管理吗

（一）顾客关系管理的含义

对顾客关系管理的定义，目前还没有一个统一的表述，但就其功能来看，顾客关系管理是通过采用信息技术使企业市场营销、销售管理、顾客服务和支持等经营流程信息化，实现顾客资源有效利用的管理系统，其核心思想是以顾客为中心，提高顾客满意度，改善顾客关系，提高企业竞争力。

情境再现

IBM 公司的顾客关系管理

IBM 公司把顾客关系管理分为 3 类：关系管理、流程管理和接入管理，涉及企业识别、挑选、获取、保留和发展顾客的整个商业过程。

关系管理使用数据挖掘技术或数据仓库分析顾客行为、期望、需要、历史，并具有全面的顾客观念、顾客忠诚度衡量标准和条件。

流程管理是与销售、服务、支持和市场相关的业务流程的自动化管理。

接入管理主要是用来管理顾客和企业进行交互的方式，如计算机电话集成、电子邮件响应管理系统等，包括行政管理、服务水平管理和资源分配功能。

顾客关系管理成功实施的关键是业务流程必须灵活，要能随着商业条件和竞争压力的变化做出相应的改变。

（二）顾客关系管理的目的和功能

作为企业发展战略，顾客关系管理的目的是提高企业核心竞争力，维持顾客忠诚度和终身价值，提高企业盈利能力，具体来看，顾客关系管理的目的主要体现在以下 3 个方面。

1）挖掘关键顾客

根据二八法则，一个企业 80%的业绩来自 20%的关键顾客，因此企业通过整理分析顾客的历次交易资料，找出那些关键顾客，然后通过各种营销手段提高顾客对企业的第一印象，强化企业与顾客的关系，以增加顾客再次光临的次数和购买数量，增加企业盈利。

2）留住现有顾客

根据研究，吸引一个新顾客所花费的成本大约是维持一个老顾客的 5 倍。而顾客关系管理可以利用信息技术，将生产、营销物流和客户服务等加以整合，以精确快速的方式回应顾客需求，为顾客提供量身定做的服务，提高原有顾客的忠诚度。

3）放弃回报低的顾客

当在顾客身上的投资得不到应有回报时，企业就应该把他列入放弃名单中并去开发新顾客，而放弃的顾客的数据必须从平时所做的顾客关系管理数据库中区分出来。例如，某顾客已经很长时间没有上门消费了，那么在寄发产品促销宣传单时，就可以考虑不再寄给他，以免浪费企业资源。

（三）顾客关系发展流程

企业开展关系营销并发展顾客关系管理的过程中，可以把企业与顾客建立顾客关系的过程简化为：建立关系、维系关系、增进关系。

1）建立关系——吸引顾客

企业要建立顾客关系，首先要端正对顾客关系的理解，然后要对顾客关系进行初步的确认，从哪里着手去建立顾客关系，也就是顾客关系定位。企业要端正对顾客关系的理解，就要明确企业的顾客关系涉及哪些因素。企业的顾客关系从对应的主体来讲，涉及企业的内部顾客和外部顾客。从对应的内容上讲，则涉及与顾客的接触、联络、交流、反馈、合作、评估和调整 7 个直接方面，以及测量统计、需求挖掘和联动顾客 3 个间接方面。

企业不仅要满足外部顾客的需求，而且还要满足内部顾客的需求，才能使企业的价值链顺畅。

白鲸公司提出了顾客关系定位的“四步法”，被视为开展顾客关系定位的一种有效方法。其步骤如下：

（1）准确识别客户。通过分析来自内部账目、顾客服务部门和顾客数据库的顾客记录来了解顾客群，获得顾客真实、具体、详细的身份，以便开展下一步的交流和互动。

（2）区分顾客群中不同的顾客。衡量顾客对企业的价值标准要看顾客对企业的价值，对企业价值最大的顾客被称为最具有价值的顾客，对企业的价值仅次于最具有价值的顾客被称为最具成长性的顾客，还有一类被称为低于零点的顾客，对企业来说存在负面价值。

（3）与有价值的顾客开展“一对一”的互动营销。企业对于不同的顾客要区别对待，通过让最有价值的顾客参与产品的开发和生产流程设计，让他们知道企业是按照他们的需要提供产品的。对于最具成长性的顾客，企业在一定范围内提供个性化的服务，促使其成长为最有价值的顾客。对于低于零点的顾客，企业提高价格，使这批顾客变为有价值的顾客，或者让其转向购买竞争对手的产品。

（4）提供个性化的产品和服务。企业采取措施，最快、最准确地发现顾客的真正需求，并致力于满足顾客的这种需求，提供个性化的服务，提高顾客的满意度，培育顾客对企业的忠诚度。

2）维系关系——留住顾客

真正的顾客关系可以用 CCPR（Convenient，便利；Care，亲切；Personalized，个性化；Real Time，立即反应）来描述。企业只有做到 CCPR，才能更好地维系顾客关系，才能留住顾客。

研究结果显示：企业获取一个新顾客的成本比留住一个老顾客的成本高很多。因此对于企业来说，留住老顾客，预防老顾客流失，无异于给企业带来了相当可观的收益。

顾客流失的原因是多种多样的，总结起来可以归纳为两个方面：企业原因和顾客原因。

企业原因主要包括 5 个方面：产品质量问题、服务质量欠佳、企业创新不足、市场监控欠缺及员工引起的顾客流失。市场监控是指企业对商品在流通领域的监管，如价格、营销等方面。企业因内部员工流失而引起顾客流失，这方面原因在中小企业中尤为突出，受到企业规模、管理方法等方面因素的影响，企业与顾客之间的忠诚关系往往容易变成企业员工与顾客之间的忠诚关系。顾客原因包括顾客遇到新的诱惑、顾客要求得不到满足以及顾客内在需求发生变化等。

找到顾客流失的原因只是有效处理顾客管理的第一步，企业还应结合自身状况对症下药。一般而言，企业在防止顾客流失策略方面主要有以下几个方面：

（1）实施全面质量管理，做好质量营销。实施全面质量管理，能有效地控制影响质量的各个环节、各个因素，是企业制造优良产品和服务的关键。

（2）树立“顾客至上”的服务意识。对于任何行业、任何经营销售者来说，树立“顾客至上”的服务意识是建立长期合作的前提，是企业服务于顾客的最基本动力。

（3）强化与顾客的沟通。只有加强与顾客间的沟通，企业才能了解顾客的真实需求，了解顾客对企业产品质量和服务质量的看法，了解顾客对企业有哪些意见，妥善解决顾客的投诉和抱怨。

（4）增加顾客的经营价值，降低顾客的经营成本。在市场竞争中，企业为战胜对手、吸引更多的顾客，必须向顾客提供比竞争对手具有更多顾客让渡价值的产品，这样才能提高顾客的满意度。

（5）做好创新。企业的产品一旦不能根据市场变化做出创新和调整，就会落后于同类产品，而顾客意见是企业创新的源泉。

（6）善于倾听顾客的意见和建议。企业与顾客之间是一种平等的交易关系，在双方获利的同时，企业还应该尊重顾客，认真对待顾客提出的各种意见及抱怨，并真正重视起来，从而有效地改进。

3）增进关系——升级顾客

企业通过市场细分，认识了与顾客在现阶段的关系之后，就要想办法提升顾客关系。提升顾客关系的过程，实际上是一个不断增加顾客价值的过程。企业的最终目标应该是通过持续改进顾客关系，促进顾客升级而建立长期的可盈利的双赢关系，实现顾客关系价值链的良性循环。

当今时代是个性化需求的时代，顾客关系管理强调的是关系营销、一对一营销，并使企业借助科学的管理方法促进顾客升级，与顾客保持长期的合作关系。

案例分析实例

阅读以下资料，利用本任务所学知识分析米商是如何做到让顾客满意的？

米商的做法

在南方的一个小镇上，有一位年轻的米店商人，名叫华明。他是该镇里10位米商之一，他总待在店内等候顾客，所以生意并不太好。

一天，华明认识到他应该更多地了解居民的需求和期望，而不是简单地为那些到店里来的顾客提供大米。他认为应该为居民提供更多的价值，而不能仅仅只是提供与其他米商一模一样的服务。他决定对顾客的饮食习惯以及购买周期建立记录档案，并且开始为顾客送货。

首先，华明开始绕着该城镇到处走，并且敲开每一位顾客的家门，询问家里有多少口人，每天需要煮多少碗米，家里的米罐有多大等。

之后，他决定为每个家庭提供免费的送货服务，并且每隔固定时间自动为每个家庭的米罐补满米。例如，某 4 口之家，平均每人每天大概需要 2 碗米，因此这个家庭每天需要 8 碗米。从他的记录里，华明知道该家庭的米罐能装 60 碗米或者说接近一袋米。

通过建立这些记录以及提供的全新服务，华明首先成功地与老年顾客沟通，进而与更多的其他居民建立起更为广泛、深入的联系。

他的业务也逐渐扩大，并且需要雇佣更多的员工，一个人负责接待到商场柜台买米的顾客，两个人负责送货。华明通过花时间拜访居民，处理好与供应商及其所熟识的居民之间的关系，生意日益兴隆。

《米商的做法》案例分析视频

思政园地

白象方便面

除了保证粮食安全、满足市场供给外，白象食品正在践行产品的高品质生产，将食品安全视为企业生存的根本。从原料的采购、生产流程的把控、产品质量的检验到售后服务等多个环节，白象食品正在以严格的标准全面保障食品安全，也因此在为广大消费者提供放心、安全食品的同时，获得了全社会的信任与青睐。

一、精选优质原料，坚持采购标准化原则

为绝对确保原料的食品安全和品质稳定，白象食品不仅配备了强大的专业采购团队和品研团队，更有非常严格的采购流程和质检环节保驾护航。秉承着“源头化、集中化、信息化、开放化、战略化”五大采购原则，从面向国际化的原料寻源，到严苛的供应商的资质审查、全方位的安全评审，再到原料到货的每批必检，白象食品切实把好供应链的第一道关口，全面确保从原料源头到终端产品的安全与健康。

二、注重质量管理，严格把控食品检验关

秉持“优于行业标准，提升行业水平”的产品质量原则，白象食品以严格的检验标准管控产品的质量。目前，白象食品已构建完备的质量与食品安全管理体系，涵盖 ISO 22000 食品安全体系认证、HACCP 体系认证，并于 2020 年通过食品企业诚信体系认证，在品质提升的基础上更注重质量与食品安全管理体系的落地。此外，白象食品还建立了独立检验室，并配备先进的检测仪器，满足各项食品安全项目的检测，全面保证食品安全。

三、售后服务完善，以顾客满意为最高准则

白象食品在严抓产品质量、加强流程控制的同时，也非常重视产品的售后服务。每一产品进入市场后，都配有严格的产品质量跟踪机制。除配备强大的品质保障人员全程服务外，白象食品还专门建立了完善的产品售后服务系统，配备专人受理产品流通过程中反馈的各种信息，从而确保各种产品质量问题、售后服务问题能得到及时有效处理，使消费者的权益得到最大限度的保护，因而极大地提升了白象食品在消费者心目中的好感度。此外，白象食品也在经销商层面给予重支持、严要求，不仅在业务方面给予支持与培养，还对产品的管理、运输等方面提出严格要求，提高他们对于商品质量管理的能力，全方位提升顾客满意度。

资料来源：白象食品：精于食品品质，重于售后服务，忠于顾客满意[OL]. https://baijiahao.baidu.com/s? id=1689286297140061531.

思考：

你认为白象集团从哪些方面努力使顾客满意？他们有哪些企业文化值得我们学习？为什么？

任务考核

表 3-2-1　任务评价单

<table>
<tr><th colspan="6">项目三　顾客行为分析与顾客关系管理</th></tr>
<tr><td colspan="2" rowspan="2">任务二　顾客关系管理</td><td>姓名</td><td></td><td>组别</td><td></td></tr>
<tr><td>专业</td><td></td><td>学号</td><td></td></tr>
<tr><td>内容</td><td colspan="4">评分标准</td><td>得分</td></tr>
<tr><td>概念问题（20 分）</td><td colspan="4">共 5 题，每题 4 分</td><td></td></tr>
<tr><td>案例分析（60 分）</td><td colspan="4">高岛屋购物经历：
1. 观点正确（10 分），从本次课的理论入手去正确分析（20 分）；
2. 可展开分析，有条理地叙述（30 分）</td><td></td></tr>
<tr><td>思政园地（20 分）</td><td colspan="4">1. 能从顾客满意方面去分析（10 分）；
2. 能够从企业的社会责任、员工培养等方面进行正向分析（10 分）</td><td></td></tr>
</table>

项目四 04

进行 STP 分析

任务一　市场细分与营销策划

<table>
<tr><th colspan="6">项目四　进行 STP 分析</th></tr>
<tr><td colspan="2" rowspan="2">任务一
市场细分与营销策划</td><td>姓名</td><td></td><td>组别</td><td></td></tr>
<tr><td>专业</td><td></td><td>学号</td><td></td></tr>
<tr><td colspan="2">知识目标</td><td colspan="2">技能目标</td><td colspan="2">思政目标</td></tr>
<tr><td colspan="2">1. 理解市场细分的概念及作用；
2. 掌握市场细分的原则、依据和程序</td><td colspan="2">1. 能用市场细分的原理分析企业行为；
2. 能够运用所学知识，对企业所面对的市场进行细分</td><td colspan="2">1. 坚持文化自信，弘扬传统文化；
2. 培养社会责任的职业素养</td></tr>
<tr><td>学习重点</td><td colspan="5">1. 市场细分的依据；
2. 市场细分的步骤</td></tr>
<tr><td>学习难点</td><td colspan="5">运用所学知识对企业所面对的市场进行细分</td></tr>
</table>

任务清单

一、概念问题

（一）判断题

1. 细分市场是对企业的产品进行细分。　（　）
2. 市场细分的基础是消费需求的差异性。　（　）

（二）不定项选择题

1.（　　）差异的存在是市场细分的客观依据。

A. 产品　　B. 价格　　C. 需求偏好　　D. 细分

2. 把具有一种或多种共同的特征，并具有非常相似的产品需求的一组人群称为（　　）。

A. 社会市场营销　　B. 一个细分市场　　C. 市场份额　　D. 一个顾客基础

3.（　　）因素不是市场细分的依据。

A. 地理　　B. 行业　　C. 人口

D. 心理　　E. 行为

二、案例分析

案例 4-1-1　网红小家电怎么这么红

迷你电饭煲、“一人食”养生壶、小型洗衣机、酸奶机、空气炸锅……近年来，一些高颜值、强功能、强社交属性的网红小家电通过线上营销逐步走俏。无论是美的、九阳、苏泊尔等传统家电企业，还是小熊、摩飞、自然元素、北鼎等小家电新品牌，都将目光投向互联网。搭乘网络“快车”成为家电行业的共同选择。

早餐机、榨汁机、养生壶……相对于传统的冰箱、空调、洗衣机等人们生活中必需的大家电，这些功能细化的小家电近年来受到越来越多的消费群体青睐。它们主要针对一些细分的生活场景，满足特定人群的使用需求。特别是随着疫情带火了“宅经济”，这些小家电在网络社交、直播与短视频平台上迎来颇高的“出镜率”，掀起一股“网红小家电”风潮。

网红小家电为何这么火？业内专家认为，网红小家电的流行更好地满足了当代人们生活中出现的新需求、新变化。

快捷、专业——产品针对特定使用场景和受众。比如多功能料理锅，集合了煎、煮、烤、炒、蒸等功能，容量满足 1 ~ 2 人，十分适合无明火、厨房空间小的消费者；比如熨烫机，很多商家推出了便携款、无线款，还能除螨、杀菌消毒，适合差旅场景；比如“一人份”电热饭盒，插电即可加热，小巧便携，适合上班族；比如迷你洗衣机，占用空间小、功能全，适合租房独居的年轻人。

产品种类更为细化。以厨房电器为例，从传统电饭煲、电热水壶扩展到三明治机、电热杯、豆浆机、破壁机、咖啡机，几乎覆盖了厨房电器的全部品类。天猫厨房电器行业运营人员表示，这表明人们对厨房用品的需求不再局限于最简单基础的功能，而是向着专业化、多元化方向发展。

业内专家认为，新兴小家电品牌应着眼于消费升级、科技创新和品质提升，继续扎根互联网成长至今掌握的数据优势，并借此实现小家电产品人性化与智能化设计上的创新突破，加强生态化、平台化开发等，打造出品牌的硬实力。

资料来源：网红小家电怎么这么红[OL]. 人民政协网，http://www.rmzxb.com.cn/c/2020-09-07/2661895.shtml.

思考：

1. 这些小家电为何走红？企业营销活动为什么要进行市场细分？
2. 如果你是一家小家电公司营销活动负责人，你将如何进行市场细分？

案例 4-1-2 左撇子工具

人有左、右手，有人习惯用右手，有人习惯用左手，且用右手的人比左手的人数多。于是，一般工具公司、工具商店经营的多是右手使用的工具。虽然大多数工具左、右手通用，如榔头、钳子等。但也有部分工具左撇子就不方便使用，如镰刀、斧子、高尔夫球棒等。一个德国人看到了这一现象，并深入调查研究，认识到：

（1）大多数工具左右手可以通用，但有方向性的工具，左右手不能通用。

（2）当年德国人口有 7 000 万，其中 11%是左撇子。

（3）左撇子希望能买到称心的左撇子工具。

于是，这个德国人专门开设了左撇子工具公司，专门生产销售左撇子所需要的工具，让左撇子在该公司能一次性买齐各种各样的工具，深得左撇子人群的喜爱。最后这家公司成为第一家也是全世界最大的左撇子工具公司。

思考：

1. 这个德国人是从什么角度对顾客进行分类的？
2. 该公司的目标市场（服务对象）是什么？
3. 该公司是怎样进行市场定位的？

知识获取

通常情况下，企业不可能为市场的全体顾客服务，因为顾客人数太多，而他们的购买要求又各不相同。杰克·韦尔奇曾说："不管你的生意有多大，资金有多雄厚，你也不可能满足所有人的所有需求。"因此，许多公司正在从事目标营销。在营销理论中，市场细分（Market Segmentation）、目标市场选择（Market Targeting）与市场定位（Market Positioning）是营销战略的 3 个基本要素，简称 STP 战略（见图 4-1-1）。

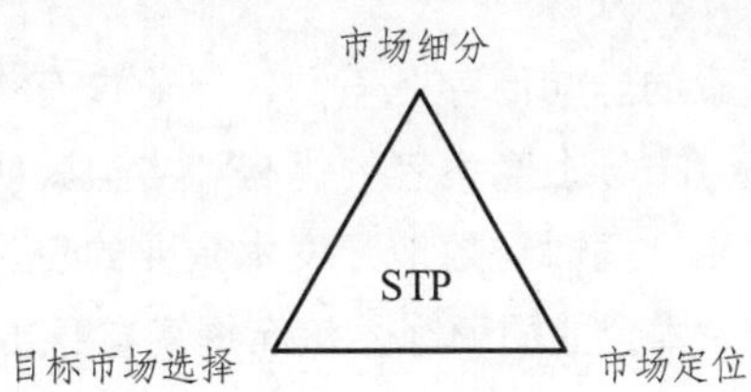

图 4-1-1 STP 战略

一、引导问题：你知道企业为什么要进行市场细分吗

（一）市场细分的概念

市场细分的概念是美国市场学家温德尔·史密斯于 20 世纪 50 年代中期提出来的。所谓市场细分就是指按照消费者欲望与需求把一个总体市场划分成若干个具有共同特征的子市场的过程。属于同一细分市场的消费者，他们的需要和欲望极为相似；而属于不同细分市场的消费者对同一产品的需要和欲望存在着明显的差别。

（二）市场细分的作用

市场细分概念的提出是现代市场营销观念的伟大进步，代表着企业市场营销观念的真正贯彻实施。市场细分无疑对企业是有益的，主要作用有以下几点。

1）有利于企业发现最佳的市场机会

企业只有在市场调研的基础上，将市场细分成各种子市场，才能发现哪类消费者的需求已经得到满足，哪类需求还没有得到满足，哪类需求尚无适销对路的产品去满足，哪些市场竞争激烈，哪些市场竞争较小或尚待开发，同时结合自身资源从中选择出适合自己的目标市场。

市场细分对中小企业尤为重要，与实力雄厚的大企业相比，中小企业的资源能力有限，技术水平相对较低，缺乏竞争能力。中小企业通过市场细分，可以根据自身的经营优势，选择一些大企业不愿顾及、相对市场需求量较小的细分市场，集中力量满足该特定市场的需求，在整体竞争激烈的市场条件下，在某一局部市场取得较好的经济效益，求得生存和发展。

2）有利于企业发展新产品，开拓新市场

市场永远有未开发的空间。在市场细分的基础上，企业可增强市场调查的针对性，准确地预测各类消费者需求的变化情况，挖掘潜在需求，从而找到既能适合自身生产水平，又能满足消费者需求的特定市场。只有抓住这样的市场机会，企业才能针对消费者的现实需要，以需定产；才能根据潜在需要发展新产品，开拓新市场，以满足消费者不断变化的新需要。

3）有利于制定市场营销组合策略

市场营销组合是企业综合考虑产品、价格、促销形式和销售渠道等各种因素而制定的市场营销方案。每一特定市场只有一种最佳的组合形式，这种最佳组合只能是市场细分的结果。市场细分后，某个细分市场的消费者需求基本相似，企业能有针对性地制定和调整市场营销组合策略，优化营销组合，以最少的费用获得最大的经济效益，顺利实现企业市场营销战略目标。

4）有利于提高企业竞争力和效益

企业的竞争能力受客观因素的影响而存在差别，但通过有效的市场细分战略可以改变这种差异。细分市场后，每一细分市场上竞争者的优势和劣势就明显地暴露出来。企业只要看准市场机会，利用竞争者的弱点，同时有效地开发本企业的资源优势，就能用较少的资源把竞争者的顾客和潜在的顾客变为本企业的顾客，从而提高自身市场占有率，增强竞争能力。

综上所述，企业进行市场细分，有利于发现市场机会，确定目标市场，制定适宜的市场营销策略，从而增强企业竞争力，提高经济效益。

（三）市场细分的原则

从企业市场营销的角度看，无论消费者市场还是产业市场，并非所有的细分市场都有意义。在细分市场时，必须认真分析、测定是否具备从事有效经营的条件。选择市场细分时，应遵循以下原则。

1）可衡量性原则

可衡量性原则即说明该细分市场的规模和购买力是可以被衡量的，能够通过市场调研和预测确定市场的规模大小、开发程度及估计产品的销量。如细分市场中消费者的年龄、性别、文化、职业、收入水平等都是可以衡量的，而要测量细分市场中有多少具有“依赖心理”的消费者，则相当困难，以此为依据细分市场，则会因无法识别、衡量而难以描述，市场细分也就失去了实际操作的意义。

2）可进入性原则

企业要认清本身的生产实力和财务状况，选择的目标市场要与企业实际资源相匹配，主要从以下 3 个方面来考虑：一是企业具有进入某个细分市场的资源条件的竞争实力；二是企业有关产品的信息能够通过一定传播途径顺利传递给细分市场的大多数消费者；三是企业在一定时期内能将产品通过一定的分销渠道送达细分市场。只有在适合自身的市场上，才能发挥企业的优势和获得竞争力。所以企业应当整合自身的资源，选择合适的目标市场，从而确保企业产品顺利进入该市场并占据竞争优势。比如，生产冰激凌的企业，如果将我国中西部农村作为一个细分市场，恐怕在一个较长时期内都难以进入。

3）可营利性原则

企业是营利性组织，该原则指企业所选择的目标市场，在规模和购买力上都能维持企业的利润水平，企业进入市场后能有利可图。如果细分市场的市场容量太小，生产成本耗费大，回报低，就不值得去细分。

4）明显区分原则

不同的细分市场购买者的需求应明显区别于其他的细分市场，该市场是企业的经营特色，而不是泛泛存在。例如，对运动鞋的市场细分，中老年运动鞋市场在款式、颜色、防滑耐磨程度、保暖性方面跟其他细分市场都有区别。

5）长期性原则

企业选择的细分市场应该具备一定潜力，在将来有可能发展成大市场。而如果该细分市场变化过快或已经衰退，那么短期的利益后企业很可能会有潜在的经营风险。因此，选择细分市场不是任意的，必须顺应时代发展，符合企业的长期战略。

情境再现

日本劳特公司口香糖的市场细分

日本泡泡糖市场年销售约 740 亿日元，其中大部分为劳特所垄断，其他企业想挤进泡泡糖市场谈何容易。但江崎糖业公司对此却并不畏惧。公司成立了市场开发团队，专门研究霸主劳特产品的不足和短处，寻找市场缝隙。经过周密的调查分析，终于发现劳特的 4 个不足：第一，以成年人为对象的泡泡糖市场在扩大，而劳特却仍旧把重点放在儿童泡泡糖市场上；第二，劳特的产品主要是果味型泡泡糖，而现在的消费者的需求正在多样化；第三，劳特多年来一直生产单调的条板状的泡泡糖，缺乏新型式样；第四，劳特产品价格是 110 日元，顾客购买时需多掏 10 日元的硬币，往往感到不便。

通过分析，江崎糖业公司决定以成人泡泡糖市场为目标市场，并制定了相应的市场营销策略。不久，它便推出功能性泡泡糖 4 大产品：司机用泡泡糖，使用了高浓度薄荷和天然牛黄，以强烈的刺激消除司机的困倦；交际用泡泡糖，可清洁口腔，祛除口臭；体育用泡泡糖，内含多种维生素，有益于消除疲劳；轻松性泡泡糖，通过添加叶绿素，可以改变人的不良情绪。它还精心设计了产品的包装。江崎公司不仅挤进了由劳特独霸的泡泡糖市场，而且占领了一定的市场份额，从零猛升至 25%，当年销售额达到 175 亿日元。

思考：

根据以上资料，你认为江崎公司成功的原因是什么？

二、引导问题：你知道企业进行市场细分的依据及步骤吗

（一）市场细分的依据

市场细分没有固定的方法和绝对标准。购买者的需求各异，影响因素又十分复杂，依据一定的细分变量，主要从 4 个方面来进行市场细分。市场细分的一般标准如表 4-1-1 所示。

表 4-1-1　市场细分的一般标准

细分标准	主要因素
地理因素	国家、地区、气候、城市/乡村、交通条件、城市/乡村规模
人口因素	年龄、性别、收入、家庭生命周期、民族、教育、职业、社会阶层
心理因素	生活方式、价值取向、性格
行为因素	品牌忠诚度、购买频率、使用频率、对分销的信赖度、追求利益

1）地理因素

地理因素即根据不同地理位置或不同地理变量来细分消费者市场，如细分为国家、南方与北方、城市与乡村市场等（见表 4-1-2）。由于每个消费者所处的地理条件、所在地自然气候、人口密度、文化传统、经济发展水平等因素不同，所以他们的喜好与消费习惯也有区别，企业的营销战略、产品价格、营销策略、广告宣传也应有所不同。

表 4-1-2　地理因素细分标准

划分标准	典型细分
地理区域	东北、华北、西北、华南、东南等
城市规模（人口）	特大城市、大城市、中等城市、小城市等；或 0.5 万人以下，0.5 万人 ~ 10 万人，10 万人 ~ 50 万人，50 万人 ~ 100 万人，100 万人以上
人口密度	城市、郊区、乡村、边远地区等
气　候	南方、北方、亚热带、热带、温带、潮湿、寒冷等

情境再现

蚝油市场的地理细分

中国香港地区一家公司在亚洲食品商店推销它生产的蚝油时采用这样的包装装潢画：一位亚洲妇女和一个男孩坐在一条渔船上，船里装满了大蚝，效果很好。可是，这家公司将这种东方食品调料销往美国，仍用原来的包装装潢，却没有取得成功。因为美国消费者不能理解这样的包装装潢设计的含义。后来，这家公司在旧金山一家经销商和装潢设计咨询公司的帮助下，改换了商品名称，并重新设计了包装装潢画：一个放有一块牛肉和一个褐色蚝的盘

子，这样才引起了美国消费者的兴趣。经过一年的努力，这家公司在美国推出的蚝油的新包装装潢吸引了越来越多的消费者，超级市场也愿意经销蚝油，终于在美国打开了蚝油的销路。

2）人口因素

人口因素对消费者市场细分有着重要作用，是影响购买者行为的一个很直接的因素，在消费行为上的差异表现得尤为明显。因为它不是静止的，较其他因素容易衡量。因而人口因素是消费品市场中最主要、最常用的细分标准（见表 4-1-3）。

（1）年龄。消费者对某些商品的欲望和需求往往会随着年龄的变化而变化，不同年龄对产品的需求显然是不同的，这就给了企业按照年龄细分市场提供了机会。

（2）性别。依据性别细分消费者市场，对美容美发、化妆品、服装饰品等某些商品的市场具有很强的可操作性，在细分市场中发挥着重要的作用。因为性别不同可导致人们在购买行为、购买动机等方面有较大差异。女性是服装、化妆品、居家用品、食品等的主要购买者；男性则是香烟、饮料、体育运动用品的主要购买者。

（3）收入。消费者的需求在一定程度上是由经济收入决定的，经济收入的高低不同，在很大程度上会影响人们对某一商品在质量、档次等方面的需求差异，进而影响消费者的购买行为。

（4）家庭生命周期。家庭结构不同，将直接影响家庭支出与消费模式，而家庭结构又随着家庭生命周期所处阶段的不同而有差别，因此，家庭生命周期也是细分市场的一种有效方法。例如，新婚家庭对住房、家具、电器等产品需求较大；有孩子的家庭，在孩子长大成人之前，相当一部分支出都用在孩子的生活和教育经费中。

表 4-1-3 人口因素细分标准

划分标准	典型细分
年　龄	婴儿、幼儿、儿童、少年、青年、中年、老年等
性　别	男、女
民　族	汉、满、回、维、藏、瑶、土家、白族等
职　业	各类专业、技术人员；国家机关、党群组织、企事业单位的负责人；办事人员和有关人员；商业工作人员；服务性工作人员；农林牧渔劳动者；生产工作、运输工作和部分体力劳动者；不便分类的其他劳动者
家庭收入（年）	小于 2 万元、2 万元～3 万元、3 万元～4 万元、4 万元～5 万元、5 万元～10 万元、10 万元以上
家庭规模	1～2 人、3～4 人、5 人以上等
家庭生命周期	单身阶段，新婚阶段，满巢Ⅰ、Ⅱ、Ⅲ期，空巢阶段，孤独阶段
教育程度	小学或小学以下、初中、高中、大专、本科、硕士、博士等
宗　教	天主教、伊斯兰教、佛教、道教等
种　族	白色人种、黑色人种、黄色人种、棕色人种等
国　籍	中国、美国、日本、英国、法国、德国、意大利等

3）心理因素

心理因素是根据生活方式、个性、购买动机等心理变量对消费者购买行为、欲望、需要进行的划分，特别是对于非生活必需品的购买，具体内容如下（见表 4-1-4）。

表 4-1-4　心理因素细分标准

划分标准	典型细分
社会阶层	国家与社会管理者、经理人员、私营企业主、专业技术人员、办事人员、个体工商户、商业服务业员工、产业工人、农业劳动者和城乡无业失业半失业者
生活方式	文化导向型、运动导向型、户外导向型等
个　　性	外向型或内向型、理智型或冲动型、积极型或保守型、独立型或依赖型等；胆汁质、多血质、黏液质、抑郁质等
购买动机	求美动机、求廉动机、求实动机、求新动机、求名动机、求便动机、炫耀动机、好胜动机、嗜好动机、惠顾动机等
消费态度	热爱、肯定、不感兴趣、否定、敌对等

（1）生活方式细分。生活方式是指人们在一定社会条件下形成的，满足自身生理和心理需求的特定生活习惯，如消费、工作、娱乐的习惯和倾向。人们形成和追求的生活方式不同，对商品的需要也不同。如果消费者的生活方式发生了改变，那么他就会产生新的需求和偏好。服装、饮品、房地产、家装等企业十分重视将生活方式作为市场细分标准，也会将具有某种特定生活方式的消费者作为目标市场，从而设计出不同的产品和制定营销组合策略。

（2）个性细分。消费者个性在一定条件下可以作为细分市场的标准，这是消费者所特有的、区别于其他人的特征。因此，企业应该更好地赋予品牌特点，按照消费者不一样的个性特点进行营销宣传，吸引消费者眼球，迎合追求个性的顾客。

（3）购买动机。购买动机是指推动消费者购买的内心动力，喜欢、厌恶、爱好等心理因素。在消费者购买时，会增加或削弱购买动机，在购买动机上就会形成消费者的求实心理、求新心理、求美心理、求名牌心理、求成就感心理、求安全心理、求时髦心理等，从而产生不同的消费需求和消费偏好。

（4）消费者态度细分。消费者态度也是企业细分市场的因素，消费者对企业产品的态度有 5 种：热爱、肯定、不感兴趣、否定和敌对。企业对不同态度的消费者采用不同的营销策略，持热爱和肯定态度的消费者是企业应该巩固的，对于持无所谓态度的消费者，企业应该通过广告策划等大力宣传产品，使消费者加深印象、改变认知。

4）行为因素

行为因素就是企业根据购买者购买或使用的时机、购买者所寻求的利益、使用状况、消费者对某个产品的使用频率、购买者对品牌的忠诚程度等行为变量来进行细分的（见表 4-1-5）。营销人员普遍认为，行为因素是进行市场细分的最佳依据，主要包括以下几种。

（1）购买时机细分。购买时机可以分为普通时机和特殊时机，即消费者认为某种产品或服务在该时机下是最有购买想法、最适合消费的。消费者在不同时机所需要购买和使用的产品是不同的，因此企业根据时机来细分市场能精准地了解消费者需求，如妇女节、儿童节、端午节、中秋节或者是寒暑假等。许多企业往往根据购买时机，推销适合这一时机的产品和服务，满足特殊时机消费者的需求。

表 4-1-5　行为因素细分标准

划分标准	典型细分
购买时机	日常购买、特别购买、节日购买、规则购买、不规则购买等
寻求的利益	廉价、时髦、安全、刺激、新奇、豪华、健康等
使用者情况	从未使用者、曾经使用者、潜在使用者、首次使用者和经常使用者等
使用频率	大量用户、中量用户、少量用户、非用户等
忠诚程度	完全忠诚者、适度忠诚者、低度忠诚者、无品牌忠诚者等

（2）购买者寻求的利益细分。企业根据购买者求美、求便宜、求环保、求安全等心理将整体市场进行细分。消费者往往因为所追求的利益不同而做出不同的选择，如在家装方面，有些消费者喜欢实木家具，因为有质感、环保；有些消费者喜欢板材家具，因为物美价廉。企业可选择其中追求某种利益的购买者群为目标市场，为满足他们的需求设计和生产出适合目标市场需要的产品，并采用合适的促销手段，通过广告宣传等将追求这种利益的购买者吸引过来。

（3）使用者情况细分。按照使用者情况，如从未使用者、曾经使用者、意图使用者、初次使用者和经常使用者等来细分。此时需要企业根据自己的实力和资源来选择目标市场。若企业资金流多、实力雄厚，市场占有率高，选择未使用的或者准备使用的购买者群为目标市场；若企业资金短缺、实力弱小，则目标应为保住现有市场占有率，可选择经常使用者作为目标市场。企业对意图使用者和经常使用者要依情况运用不同的营销组合，采取不同的营销策略。

（4）使用频率细分。按购买者对自身产品的使用量不同分为少量使用者、中量使用者、大量使用者。大量使用者往往在消费者总数中所占比重不大，但他们所消费的商品数量在同一商品消费总量中所占比重很大。因此，企业应调查和分析大量使用者的人格特征、心理状态、收入情况等对商品运用符合行为特征的宣传、定价等营销方式。

（5）忠诚程度细分。企业还可以按照购买者对品牌的忠诚程度来细分市场。所谓品牌忠诚，是指由于价格、质量等诸多因素的吸引力，使消费者对某一品牌的产品情有独钟，形成偏爱并长期购买这一品牌产品的行为。

按照消费者对品牌的忠诚程度这种行为变量来细分，可以把所有的消费者细分为 4 类不同的购买者群。首先是单一品牌忠诚者，即他们只认可一个品牌，购买者始终只购买该企业的商品。例如，有的消费者只认可一个品牌的牛奶，无论市场上如何更新换代，都不愿去尝试其他品牌。其次是喜好多样的忠诚者。这些购买者同时对几个品牌的商品感兴趣，会交替使用这几个品牌，而不会选择其他品牌的商品。例如，有的顾客选用洗发水，可能只认可几个品牌并固定使用。再次是转移的忠诚者。这些购买者不会有固定偏好，经常改变自己的选择。从忠诚于某一企业或某一品牌商品转移到忠诚于另一企业或另一品牌的商品。最后是经常转变者，不忠实于任何企业或品牌的商品。这类顾客不考虑品牌，只为追求多样化或者价格低廉。

（二）市场细分的程序

美国市场营销学家麦卡锡提出市场细分的整套程序，这一程序包括以下 7 个步骤：

1）选定产品市场范围

每一个企业，都有自己追求的目标，作为制定发展战略的依据。一旦决定进入哪一个行业，接着便要考虑选定可能的产品市场范围，即确定进入什么行业，生产什么产品。

2）列举潜在消费者的基本需求

选定产品市场范围后，从地理、行为和心理变量等方面，大致估算一下潜在的顾客有哪些需求，这一步能掌握的情况有可能不那么全面，但能为以后的深入分析提供基本资料。

3）了解不同潜在消费者的不同需求

公司依据人口变量做抽样调查，向不同的潜在顾客了解，哪些需求对他们更为重要。

4）移去潜在消费者的共同需求

现在公司需要移去各分市场或顾客群的共同需求。这些共同需求固然重要，但只能作为设计市场营销组合的参考，不能作为市场细分的基础。

5）为分市场暂时取名

根据潜在消费者基本需求的差异，划分为不同的细分市场，并赋予每一个细分市场一定的名称。

6）进一步认识各分市场的特点

分析每一细分市场需求与购买行为特点，并分析其原因，以便在此基础上决定是否可以对这些细分出来的市场进行合并，或做进一步细分。

7）测量各细分市场的大小

在调查基础上，估计每一细分市场的消费者数量、购买能力、购买动机、平均每次的购买数量等，并对细分市场上产品竞争状况及发展趋势做出分析。

案例分析实例

阅读以下资料，利用本任务所学知识分析。

统一“鲜橙多”

统一“鲜橙多”，通过深度市场细分的方法，选择了追求健康、美丽、个性的年轻时尚女性作为目标市场，首先选择的是 500 mL、300 mL 等外观精制适合随身携带的 PET 瓶，而卖点则直接指向消费者的心理需求：“统一鲜橙多，多喝多漂亮。”其所有的广告、公关活动及推广宣传也都围绕这一主题展开，如在一些城市开展的“统一鲜橙多 TV-GIRL 选拔赛”“统一鲜橙多阳光女孩”及“阳光频率统一鲜橙多闪亮 DJ 大挑战”等，无一不是直接针对以上群体，从而极大地提高了产品在主要消费人群中的知名度与美誉度。

思考：

案例中采用了哪些市场细分的标准和具体变量?

《统一“鲜橙多”》案例分析视频

思政园地

用户关注度与忠诚度的提高

苹果曾经是中国手机市场的服务标杆，对华为来说，则希望用户忠诚度、口碑推荐值皆超越苹果之后，再次打造中国手机市场的服务标杆，让高品质、有温度的服务触及每一个终端消费者。

为了让用户送修更方便，华为自 2015 年年底开始提供“快递双向免费”的寄修服务，并在 2018 年起在各省建立寄修中心。寄修过程中会有工作人员致电用户告知维修进展，在提供“省心服务”的同时做到“放心维修”。自 2018 年 9 月活动推出至今，已经有多款机型保外更换原装电池费用下调为 99 元、129 元、359 元，大幅降低了用户换电池的成本。华为增值服务产品支持线上和线下的多渠道随新机购买或补购，多样化的增值服务产品让消费者选购更方便。

在服务力度与消费者关怀体验不断升级的同时，深耕面向用户的服务触达能力。第一，服务渠道与网络全面触达。第二，积极主动地识别“山寨”门店，维护消费者权益。第三，重视培训赋能，打造有温度的服务团队，建立用户服务体系，提升专业团队的服务意识和素质。

用户每一次购买手机，都是一个服务周期的全新开始。在这个过程中，唯有获得持续的使用满意度，甚至在服务过程中获得“惊喜”，才能有机会转化为这家品牌的忠实用户，并通过口碑与社交媒体影响更多用户群体。基于对用户需求的持续洞察，通过建设更多服务交互的渠道、打造更专业的客服团队、推出更实惠的维修方案、实行更温馨的关怀计划，华为服务已经成为终端服务行业的“标杆”。所以说，在竞争最惨烈的中国手机市场，华为持续创新和体验提升的背后，是综合实力的比拼。但最根本的原因，是来自用户的信任与托付。

资料来源：华为手机品牌忠诚度为何高居第一？服务成为重要引擎（二）[OL]. 壹观察宿艺华为手机.

思考：

华为手机如何提升用户忠诚度与关注度?

任务考核

表 4-1-6 任务评价单

<table>
<tr><th colspan="5">项目四 进行 STP 分析</th></tr>
<tr><td rowspan="2" colspan="2">任务一 市场细分与营销策划</td><td>姓名</td><td></td><td>组别</td><td></td></tr>
<tr><td>专业</td><td></td><td>学号</td><td></td></tr>
<tr><td>内容</td><td colspan="4">评分标准</td><td>得分</td></tr>
<tr><td>概念问题（20 分）</td><td colspan="4">共 5 题，每题 4 分</td><td></td></tr>
<tr><td rowspan="2">案例分析（60 分）</td><td colspan="4">网红小家电怎么这么红：
1. 依据市场细分的重要性进行分析（10 分）;
2. 依据市场细分的依据进行分析（20 分）</td><td></td></tr>
<tr><td colspan="4">左撇子工具：
1. 从市场细分的内涵进行分析（10 分）;
2. 从目标市场选择的内涵进行分析（10 分）;
3. 从市场营销的角度进行分析（10 分）</td><td></td></tr>
<tr><td>思政园地（20 分）</td><td colspan="4">通过案例，总结收获，学会表达心中的想法（20 分）</td><td></td></tr>
</table>

任务二　目标市场选择与市场定位

<table>
<tr><th colspan="6">项目四　进行 STP 分析</th></tr>
<tr><td colspan="2" rowspan="2">任务二
目标市场选择与市场定位</td><td>姓名</td><td></td><td>组别</td><td></td></tr>
<tr><td>专业</td><td></td><td>学号</td><td></td></tr>
<tr><td colspan="2">知识目标</td><td colspan="2">技能目标</td><td colspan="2">思政目标</td></tr>
<tr><td colspan="2">1. 掌握影响目标市场选择的因素及目标市场策略选择的主要类型；
2. 熟悉目标市场定位的方法及策略</td><td colspan="2">1. 能够运用所学知识，为企业选定恰当的目标市场；
2. 能够根据选定的目标市场，对产品进行合适的市场定位</td><td colspan="2">1. 具备信息素养，发现信息时代的市场机会；
2. 坚持文化自信，弘扬传统文化</td></tr>
<tr><td>学习重点</td><td colspan="5">1. 目标市场选择策略；
2. 市场定位策略</td></tr>
<tr><td>学习难点</td><td colspan="5">运用所学知识对产品进行市场定位</td></tr>
</table>

任务清单

一、概念问题

（一）判断题

1. 如果竞争对手已采用无差异目标市场营销战略，企业应以无差异目标市场营销战略与其竞争。（　　）

2. 一对一营销、定制营销属于集中性营销战略。（　　）

（二）不定项选择题

1. 企业选择一个细分市场，集中力量为之服务的目标市场选择策略是（　　）。

A. 市场集中化　　B. 产品专门化

C. 市场专门化　　D. 有选择的专门化

2. 企业设计一种产品，施行一种营销组合计划来迎合大多数的购买者的目标市场营销策略是（　　）。

A. 差异性营销策略　　B. 无差异性营销策略

C. 集中性营销策略　　D. 完全市场覆盖

3. 处在引入期和成长期的产品，市场营销的重点是启发和巩固消费者的偏好，最好实行（　　）。

A. 差异性营销策略　　B. 集中性营销策略

C. 无差异性营销策略　　D. 针对性营销策略

二、案例分析

案例 4-2-1　太太药业的定位营销

太太药业（现已更名为健康元药业集团）旗下的太太口服液 1993 年 3 月 8 日面市以来，连续畅销十余年。静心口服液上市后销售也一直保持着快速的增长态势，在 2001 年度销售势头更是迅猛。

健康元药业集团的每个新产品上市都有准确的市场定位，品牌宣传时也紧紧围绕品牌的核心价值进行传播，给人们留下了深刻的印象，从而在高利润、高风险的保健品行业取得了巨大的成功。

在企业创建之初，创始人朱保国仔细研究国内的保健品市场，进行市场调研，发现国内市场保健品虽多，却没有一家是准确定位于女性美容保健的。当时太阳神虽没说是专为男性，但包装和广告形象都突出了男性气质；娃哈哈是针对孩子的。女性保健市场在当时实际上是一个空白点。据调查，占人口一半的女性市场庞大，而且最爱美、爱花钱，越来越注重自己的“面子”。朱保国以他敏锐的眼光找到了这块“蛋糕”——女性美容保健。

朱保国发现这个市场空白点后，把自己的潜在顾客群定位在了 25 ~ 35 岁的时尚白领女性人群。定位于需要治疗黄褐斑、气血虚，月收入 1 500 元以上的年轻女性，这部分人群是女性保健品的消费主力。经过一些市场分析后，朱保国决定抢先占领女性保健品领导品牌的地位。1993 年太太口服液推向市场，取得了巨大的成功。

产品有了自己独特的定位后，在随后的产品宣传上要紧紧围绕这一定位进行传播，使核心理念保持一贯性和一致性，从而保持清晰的品牌形象，切忌“打一枪换一个地方”的游击战法。

太太口服液在各个阶段的传播，从包装到广告，都围绕着努力引领当时的时尚和流行，从最初的治疗黄褐斑，到含 F.L.A，调理内分泌，再到承诺肌肤健康、滋润肌肤。虽然产品功效不变，但每个阶段的功能诉求都正好满足了当时女性的内心需求，同时以紧贴女性内心、充满情感的广告语“做女人真好”“十足女人味”等来打动目标消费者。

资料来源：百度文库，https://wenku.baidu.com/view/f93ade7a5ff7ba0d4a7302768e9951e79a89696f.html.

思考：

1. 太太口服液的目标市场是什么？依据是什么？
2. 太太口服液的市场定位方法是什么？

知识获取

一、引导问题：你知道企业目标市场如何选择吗

（一）目标市场的含义

目标市场与市场细分是两个既有区别又有联系的概念。确定目标市场则是企业根据自身条件和特点，选择某一个或几个细分市场作为营销对象的过程。市场细分是选择目标市场的前提和条件；目标市场的选择是在市场细分的基础上进行的，是市场细分的目的和归宿。

目标市场就是企业决定要进入的市场，企业在对整体市场进行细分之后，要对各细分市

场进行评估，然后根据细分市场的市场潜力、竞争状况、本企业资源条件等多种因素决定把哪一个或哪几个细分市场作为目标市场。

在企业营销活动中，必须首先选择和确定目标市场。只有选择和确定目标市场，才能明确企业的具体服务对象。这是企业制定营销战略的首要内容和基本出发点。并非所有细分市场对企业都具有同等吸引力，只有那些和企业资源条件相适应的细分市场对企业才具有较强的吸引力，才是企业的最佳目标市场。

（二）目标市场选择依据

企业寻找最佳细分市场的过程就是选择目标市场。这样选择有利于提高营销宣传的精准度，满足不同需求的消费者，从而能够使企业扩大市场占有率，稳定市场地位。企业在选择目标市场时，可以依据以下标准。

（1）有尚未满足的需求；

（2）有一定的规模和发展潜力；

（3）竞争对手实力；

（4）符合企业目标和能力。

（三）目标市场选择模式

企业通过市场细分和对细分市场的综合评价，就能决定进入哪个或哪几个细分市场。在选择涵盖市场的决策时，根据产品和市场两大指标划分，企业有 5 种目标市场模式可以选择。

1）市场集中化

市场集中化指企业的目标市场无论是从市场（客户）角度，还是从产品角度，都是集中在一个细分市场上。这种策略意味着企业只生产一种标准化产品，只供应某一个客户群。这种模式一般适合于中、小型企业或初次进入新市场的企业，往往可以获得良好的市场业绩。如某汽车制造企业只集中生产经营小汽车，某服装厂只生产儿童冬季服装就是产品市场集中化模式。市场集中化示意图如图 4-2-1 所示。

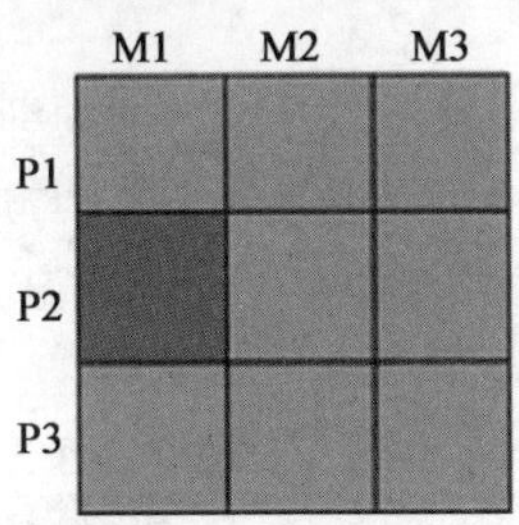

注：P 表示产品，M 表示细分市场

图 4-2-1　市场集中化示意图

2）产品专业化

产品专业化指企业专门生产一类产品，满足各种消费者的需要。由于面对不同的客户群，产品在档次、质量或款式等方面会有所不同。这种模式适合于小型企业或有特色资源的企业。例如，一个制鞋企业，在皮鞋、布鞋、运动鞋、塑料鞋 4 种产品中，选择生产老年人、中年人、年轻人甚至是儿童所需的皮鞋。产品专业化示意图如图 4-2-2 所示。

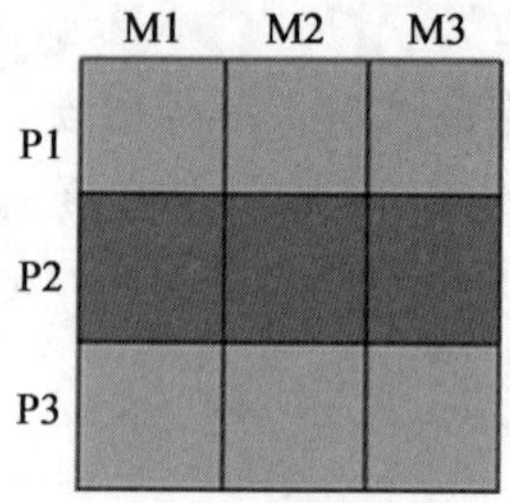

注：P 表示产品，M 表示细分市场

图 4-2-2　产品专业化示意图

3）市场专业化

市场专业化指企业选择某一类市场（客户群）为目标市场，并为这一市场提供性能有所区别的各种产品。如某公司为大学实验室提供系列商品，包括显微镜、示波器、酒精灯、化学烧瓶等，该公司专为这个客户群服务，成为这个客户群需要的新商品销售代理商。再如，针对老年市场，企业不仅生产老年服装，而且生产鞋、帽、袜子等老年人需要的衣着产品。市场专业化示意图如图 4-2-3 所示。

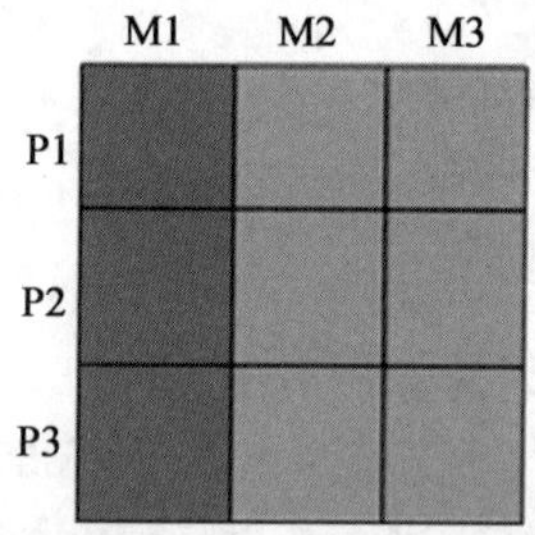

注：P 表示产品，M 表示细分市场

图 4-2-3　市场专业化示意图

4）选择性专业化

选择性专业化指企业决定有选择地进入几个不同的细分市场，并为各个市场分别提供不同性能的产品。其中每个细分市场都可提供有吸引力的市场机会，使彼此之间很少或根本没有任何联系，如企业选择青年胶鞋、中年皮鞋、老年布鞋生产，一般适合于实力较强的企业。选择性专业化示意图如图 4-2-4 所示。

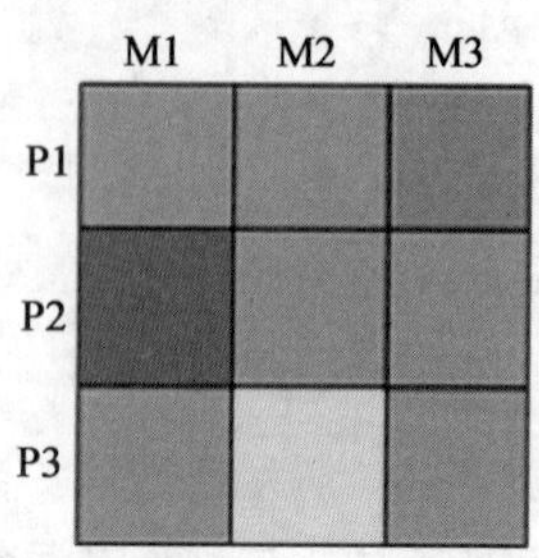

注：P 表示产品，M 表示细分市场

图 4-2-4　选择性专业化示意图

5）市场全面化

市场全面化指企业全方位进入各个细分市场，为所有顾客群提供他们各自需要的有差异的产品。这是大型的、资源雄厚的企业和大公司，或者在市场竞争中处于绝对优势的企业和公司，为在市场上占据领导地位，甚至力图垄断全部市场时所采用的方法。市场全面化示意图如图 4-2-5 所示。

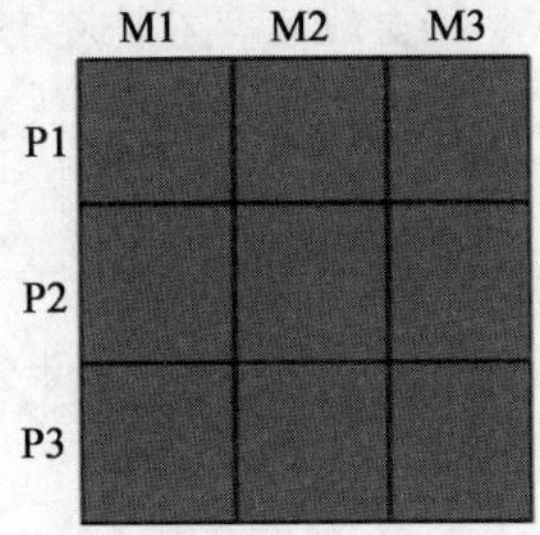

注：P 表示产品，M 表示细分市场

图 4-2-5　市场全面化示意图

（四）目标市场营销策略

目标市场营销策略是企业制定营销策略的基础。企业根据选择的目标市场进行营销活动。因此，目标市场营销策略选择对企业的生存与发展有重要的意义。一般可供企业选择的目标市场策略有如下 3 种。

1）无差异目标市场营销策略

无差异目标市场营销策略指企业将整个市场的全部细分市场作为自己的目标市场，对所有的消费者只提供一种产品、采用单一的市场营销组合的目标市场营销策略。这种策略下，企业认为市场是同质的，消费者需求是相同的或无差异的。企业不考虑消费者需求的差异性，针对消费者的共性，生产单一的产品，使用一种市场营销组合，来满足市场上的所有消费者。可口可乐公司在 20 世纪 60 年代以前，曾以单一口味的品种、统一的价格和包装、同一广告主题面向所有顾客，采取的就是这种策略。

无差异目标市场营销策略最显著的优点是经济性：大批量产销和运输标准化产品，形成规模经济，有助于降低生产成本；无差异广告和宣传，可以降低促销费用；不需要进行市场细分，节约了市场调研、新产品研发等费用开支，在产品定价上还具有价格优势。同时，企业集中所有资源去生产和宣传一种产品，会在消费者心目中树立专业化产品形象，稳固企业市场地位。

但是，这种策略对大多数产品并不适用，对于一个企业来说，一般也不宜长期采用。第一，企业过于理想化，整个市场消费者具有同样需求的想法不切合实际。这样做会导致企业忽视细分市场，因为消费需求是多样性的，尤其当今社会个人需求在不断变化，单一产品、单一营销方式根本无法满足市场。第二，企业如果都采用这种策略，必然会导致市场竞争激烈，企业只能通过降低价格来保证市场地位。这样又降低了市场盈利率，或导致市场竞争者间的“价格战”这种恶性结果。

情境再现

不变的可口可乐

国际上运用无差异性市场策略最成功的是可口可乐公司。它在世界各地都用这种品牌，用相同的策略。可口可乐公司从1886年问世以来，一直采用无差异性市场策略，生产一种口味、一种配方、一种包装的产品满足世界150多个国家和地区的需求，称作“世界性的清凉饮料”。1985年，可口可乐公司宣布要改变配方，不料成千上万个电话打到公司，对公司改变可口可乐的配方表示不满和反对。该公司不得不继续大批量生产传统配方的可口可乐。

思考：

（1）该策略的优点和缺点是什么？

（2）与可口可乐竞争的企业有哪些？他们采取的是什么策略？

2）差异性目标市场营销策略

差异性目标市场营销策略指企业针对各个市场细分的不同特征、不同需求去生产产品，为每个选定的细分市场设计不同的营销方案，开展有针对性的营销活动，从而满足不同消费者的需求。

差异性目标市场营销策略适用于大多数异质的产品。采用这一策略的企业一般是大企业，有一部分企业，尤其是小企业无力采用。因为采用差异性营销策略必然受到企业资源和条件的限制。较为雄厚的财力、较强的技术力量和素质较高的管理人员，是实行差异性目标市场策略的必要条件，而且随着产品品种的增加、分销渠道的多样化，以及市场调研和广告宣传活动的扩大与复杂化，生产成本和各种费用必然大幅增加，需大量资源作为保障。

采用这种营销策略的最大优点是能够用丰富的产品满足多种顾客的多样化需求，提高市场繁荣度、活跃性。此外，企业同时进军多个细分市场，能扩大产品销售量，提高企业知名度。这样既能降低企业经营风险，又可以增加整体市场占有率，从而提高企业的竞争力。

差异性营销策略的不足之处主要体现在两个方面：一是增加营销成本。由于产品品种多，管理和存货成本将增加；由于公司必须针对不同的细分市场发展独立的营销计划，会增加企业在市场调研、促销和渠道管理等方面的营销成本。二是可能使企业的资源配置不能有效集中，顾此失彼，甚至在企业内部出现争夺资源的现象，使拳头产品难以形成优势。

情境再现

宝洁的差异性营销

宝洁公司是世界上最大的日用消费品公司之一，公司全球雇员超过10万人，在全球80多个国家和地区设有工厂及分公司，所经营的300多个品牌的产品畅销160多个国家和地区，其中包括洗发、护发、护肤用品、化妆品、婴儿护理产品、妇女卫生用品、医药、食品、饮料、织物、家居护理及个人清洁用品。

宝洁公司是实行差异化营销的典型，它的洗衣粉就有11个品牌，洗发水则有6个品牌。此外，它还有8个品牌的香皂，4个品牌的洗涤液，4个品牌的牙膏，3个品牌的清洁剂，3个品牌的卫生纸。

3）集中性目标市场营销策略

集中性目标市场营销策略指企业通过市场细分选择其中一个或几个细分市场作为目标市

场，制定营销策略，集中企业的现有资源及优势，运用企业的营销资源，以最大力量获得较强竞争力，得以在较小的目标市场中占有较大的市场份额。这种战略主要适用于实力有限、资源不多的中小企业。

这种策略的优点主要有：第一，因为企业只关注少数几个市场，因此产品会更专业，可以更好地满足消费者的需求。第二，企业将自己的资源优势全部集中起来，服务于目标市场，从而使企业在该市场上往往具有较强的竞争力。

当然，这种策略也存在缺点：因为企业集中生产资源在个别市场，如果市场环境发生变化，企业自身的市场应变能力会很差。如流行趋势改变，强势竞争对手出现、购买力下降等，对企业的影响就会非常大，存在很大的风险。因此，企业应当在实力壮大后多开发几个目标市场，分散风险。

情境再现

把功夫下在“小处”

20 世纪八九十年代，宁波一家工厂效益不好，厂长组织几个人到上海找生路，他们在市区租下一家十几平方米的门面房，卖什么呢？经理苦苦思索，有人建议卖彩电。经理偶尔走过南京西路上一个仅有 3 平方米的小小店，门口人头拥挤，生意兴隆。一打听，这家店从新中国成立初期一直到今天，专卖小小的“女人头饰”，品种达 400 多种，不仅养活了家里几代人，而且收益相当可观，老板还准备拿出钱来再开几家连锁店。受到启示，经理决定：公司专卖小机子“沃克曼”。

一时间，十几平方米的公司成了上海滩“沃克曼发烧友”心中的圣地。几年间，一共卖掉了 90 多万台小小的机子。在小机子上，公司做足了文章，他们分别在市百一店、华联商厦、大中华交电家电商店、上海文化用品商店等大店名店设立信誉连锁专柜；在市中心繁华地段——大世界附近设特约维修点；给消费者“信誉卡”凭卡延长保修期并终身享受免费修理。就这样，公司成功了，在小小的沃克曼机上赢得了信誉，树立了形象，当然也赚到了相当可观的利润。

思考：

该公司运用了什么市场经营策略？该策略运用成功给我们什么启示？

（五）影响目标市场选择的因素

1）企业的资源或实力

如果企业规模较大、实力雄厚、技术条件一流，则可以选择无差异目标市场营销策略或者差异性目标市场营销策略；如果企业的能力有限，可采用集中性目标市场营销策略。当然企业也可以根据自身情况实行多种策略。

2）产品的同质化

有些生活必需品，产品同质化高，如面粉、食盐等，这些企业应该选择无差异性目标市场营销策略。但是，如汽车、鞋服等差异度比较高的产品，应选择差异性或集中性目标市场营销策略。

3）市场的同质化

如果市场上购买者的需求相同、喜好相似、购买行为和习惯无差异，即市场的同质性较高，企业可以采用无差异性营销策略。反之，若企业面临的市场需求各异，差别巨大，则应采取差异性或集中性目标市场营销策略。

4）产品的生命周期

当产品处在导入期或者成长期时，竞争对手很少，企业可以采用无差异性目标市场营销策略或者对某一有潜力的市场开展集中性目标市场营销；当产品进入成熟期时，竞争对手越来越多，企业就应该选择差异性目标市场营销策略，从不同角度满足消费者的需求，延长产品的生命周期。

5）竞争对手情况

企业既要考虑目标市场的竞争数量，又要考虑竞争者采用的策略。如果市场竞争对手多，或者竞争对手具有明显的竞争优势，则企业可采取差异性或集中性目标市场营销策略；反之，若市场上不存在竞争或只有少数竞争者，企业无须集中精力开发新产品，采用无差异性目标市场营销策略即可。

6）市场营销环境

一般来说，在供不应求的卖方市场，可采用无差异性目标市场策略；而在供过于求的买方市场，应采用差异性目标市场策略或集中性目标市场策略。

二、引导问题：你知道企业如何让消费者从众多品牌中选择自己吗

（一）市场定位的概念

选定目标市场之后，企业必须为自己的产品或品牌在市场上树立某种形象，塑造特定的形象，并将此特色、形象传递给目标客户，以期获得认同，这就是市场定位。企业通过市场定位向目标客户说明：本企业的产品与竞争对手的产品有什么区别？本企业的产品为什么更值得购买？

市场定位是由美国的两位广告经理艾尔·前斯和东克·特劳特提出来的，近年来得到了广泛的重视和发展。市场定位是根据竞争者现有产品在市场所处的地位和客户对产品某些属性的重视程度，为产品设计和塑造一定的个性或形象，并通过一系列营销努力，把这种个性或形象强有力地传达给客户，从而确定该产品在市场上的位置。

市场定位直接关系到产品在消费者心目中的形象和地位，是在消费者心目中为公司的品牌选择一个希望占据的位置，其核心内容就是设计和塑造产品的特色及个性。市场定位通过为自己的产品创立鲜明的特色或个性，从而塑造出独特的市场形象。产品的特色或个性，有的可以从产品实体上表现出来，如形状、成分、构造、性能等；有的能从消费心理上反映出来，如豪华、朴素、时尚、典雅等；有的表现为价格水平；有的表现为质量水准等。

情境再现

云南白药牙膏的“非传统牙膏”定位

云南白药集团通过对牙膏市场进行调研有两大发现：其一，随着国人饮食习惯的改变（麻、辣、烫）和工作压力的增大，成年人大多有口腔溃疡以及牙龈肿痛、出血、萎缩等口腔问题。而这些口腔“小问题”虽然不必去医院，却是极大的困扰，人们有快速解决这些问题的心理

和生理需求。其二，传统牙膏解决的大多是牙齿的问题，是防蛀、美白和清洁的问题。这些问题主要聚焦在牙齿上，着重于清洁。但科学表明，清洁是牙膏必备的基础功能，防蛀主要是儿童期需要解决的，成年人口腔问题大多表现为牙龈和口腔内的综合问题。这些传统牙膏所不能解决的，而消费群体又存在巨大潜在需求的“空白点”，恰恰是云南白药牙膏能填补的优势点。以牙膏为载体，将云南白药用于口腔保健，使白药的功效在牙龈、口腔等软组织上发挥其独特功效，开启了中国“非传统牙膏”功能护口的新时代。

非传统牙膏的战略定位，使云南白药牙膏自上市之初便具备两大优势：一是非传统牙膏的定位将医药科技背景与日化产品有力嫁接，巧妙地将劣势转化成优势，凸显了牙膏的医药科技含量和功能品质保证。二是对普通清洁牙膏而言，10 元是消费者接受的价格分水岭，而把一支牙膏作为解决口腔问题的功能性产品时，定价 20 多元的也容易被消费者接受。因此，从 2004 年试销到 2008 年，短短 5 年间，云南白药牙膏的销售总额就突破了 11 亿元。

资料来源：凯纳咨询. 云南白药牙膏 600 亿突破[OL]. https://zhuanlan.zhihu.com/p/551096191.

（二）市场定位的方法

1）产品定位

产品定位侧重产品实体定位，如质量、成本、特征、性能、可靠性、实用性、款式等。

2）企业定位

企业定位即企业形象塑造，如品牌、员工能力、知识、言表、可信度等。

3）竞争定位

竞争定位确定企业相对于竞争者的市场位置，如七喜汽水广告中自称是“非可乐”饮料，暗示其他可乐饮料中含有咖啡因，对消费者身体健康有害。

4）消费者定位

消费者定位确定企业的目标客户群。

（三）市场定位的作用

1）有助于树立企业品牌和产品的形象

通过市场定位，企业可以确定产品或品牌的竞争优势，着重推出与竞争产品和品牌不同的产品以满足消费者利益，更有效地吸引该细分市场中的消费者，尤其是有利于他们迅速做出购买决策，重复购买本公司的产品。

在当今信息爆炸的社会中，因为消费者大多被过量的产品和服务信息所困惑，他们不可能在做每个购买决策时都对产品重新进行评价。为了简化购买决策，消费者往往会将产品加以归类，即将产品和公司在自己的心目中“定个位置”。这种产品位置是消费者将某种产品与竞争产品相比较而得出的一种复杂的感觉、印象和感想。对产品进行了有效的定位，就可使消费者产生深刻、独特的印象和好感，对该产品和品牌形成习惯性购买，从而使公司的市场不断得到巩固和发展。

2）市场定位是市场营销组合的基础

营销组合是产品、价格、渠道和促销各种手段的协调运用，是市场定位战略实施的具体战术。定位为各种营销手段的运用指明了方向，即营销组合只向目标市场传达同一的产品诉求，这有利于强化产品特质，使目标客户准确地辨认企业及其产品。例如，企业选择“高档”“优质”这一定位，则必须推出高质量的产品，制定较高的价格，通过高档的中间商分销，采用高品位的促销方式。

（四）市场定位的策略

市场定位的策略实际上是一种竞争战略，即根据产品的特点及消费者对产品的知觉，确定本企业产品与竞争者之间的竞争关系。

1）迎头定位策略

迎头定位策略是一种与竞争者并存或对峙的策略，即与在市场上占据支配地位的、最强的竞争对手“对着干”的市场定位方式。当企业发现目标市场已完全被竞争者占领，市场需求潜力还非常大时，企业应善于寻找竞争者的不足之处，与竞争者共占一席之地。显然，这种定位方式的风险较大，有时会是一种危险的战术，但不少企业认为这是一种更能激励自己奋发前进的可行的定位尝试，一旦成功就会获得巨大的市场优势。

因此，迎头定位策略对某些实力较强的企业有较大的吸引力。例如，可口可乐与百事可乐之间持续不断的争斗，麦当劳与肯德基之间激烈的竞争都是迎头定位非常典型的例子。实行迎头定位的企业，一方面，要知己知彼，尤其应清醒地估计自己的实力，不一定试图压垮对方，只要能够平分秋色就已是巨大的成功；另一方面，要求市场有较大的容量。

情境再现

步步高 VCD

在 20 世纪 90 年代初期，我国的 VCD 产业十分红火，造就了大批明星企业，步步高就是其中之一。在步步高进入这一市场时，VCD 业界极其兴旺的是“爱多”公司。该公司聘请电影明星演绎产品广告。一时间，“爱多，好功夫！”的广告词家喻户晓，爱多 VCD 红极一时。但是，“爱多”公司也是一个新企业，底子并不厚。因此，步步高一出来，就紧紧盯住“爱多”，聘请了另一位电影明星演绎了一段步步高产品广告，台词是“步步高，真功夫”，并和“爱多”的广告一起在中央电视台播出。步步高 VCD 也因此一炮走红，大获成功！

思考：

步步高公司采取的是哪种市场定位策略?

2）避强定位策略

避强定位策略是一种避开强有力的竞争对手的市场定位策略。这种市场定位方式的优点是，能避开与强大竞争对手的直接冲突，迅速在市场上站稳脚跟，并能在消费者心目中树立起自己的形象。由于风险相对较小，成功率较高，所以避强定位策略常常被很多企业采用。

3）市场空当定位策略

市场空当定位策略是企业通过寻找市场上无人重视或未被竞争对手控制的位置，使自己推出的产品能适应这一潜在目标市场需要的策略，又称填空补缺式定位策略。企业寻找新的尚未被占领但有潜在市场需求的位置，填补市场空缺，生产市场上没有的、具备某种特色的产品。例如，金利来进入我国市场就填补了男士高档服饰的空缺。在采用市场空当定位策略时，企业应明确空当定位所需的产品在技术上、经济上是否可行，有无足够的市场容量。

4）重新定位策略

重新定位策略是企业变动产品特色，改变目标客户对其原有的印象，使目标客户对其产品和新形象有一个重新的认识过程。通常情况下，企业会对销路少、市场反应差的产品进行重新定位。企业产品在市场上的定位即使很恰当，但在出现下列两种情况时也需考虑重新定位：一是竞争者推出的产品定位于本企业产品的附近，侵占了本企业品牌的部分市场，使本企业品牌的市场占有率有所下降；二是消费者偏好发生变化，从喜爱本企业某品牌转移到喜爱竞争对手的某品牌。

（五）市场定位的步骤

市场定位的关键是企业要设法在自己的产品上，找出比竞争者更具有竞争优势的特性。市场定位通过明确潜在的竞争对手、企业核心竞争优势定位和制定发挥核心竞争优势的战略 3 个步骤实现。

1）明确潜在的竞争对手

明确潜在的竞争对手是市场定位的基础。通常企业的竞争优势表现在两个方面：成本优势和产品差异化优势。成本优势是企业能够以比竞争者低廉的价格销售相同质量的产品，或以相同的价格水平销售更高一级质量水平的产品。产品差异化优势指产品独具特色的功能和利益与客户需求相适应的优势，即企业能向市场提供的在质量、功能、品种、规格、外观等方面比竞争者更好的产品。

这一步骤的中心任务是要回答以下 3 个问题：一是竞争对手的产品定位如何？二是目标市场上客户欲望满足程度如何？三是针对竞争者的市场定位和潜在客户的真正的利益要求，企业应该及能够做什么？要回答这 3 个问题，企业市场营销人员必须通过多种调研手段，系统地进行设计、搜索、分析，并报告有关上述问题的资料和研究结果。

2）企业核心竞争优势定位

核心竞争优势是与主要竞争对手相比，企业在产品开发、服务质量、销售渠道、品牌知名度等方面具有的可获取明显差别利益的优势。企业应把全部营销活动加以分类，并将主要环节与竞争者相应环节进行比较分析，以识别和形成核心竞争优势。

3）制定发挥核心竞争优势的战略

企业在市场营销方面的核心能力与优势，不会自动地在市场上得到充分的表现，必须制定明确的市场战略得以体现。这一步骤的主要任务是企业要通过一系列的宣传促销活动，将其独特的竞争优势准确传播给潜在客户，并在客户心目中留下深刻印象。

案例分析实例

阅读以下资料，利用本任务所学知识分析。

从创新品牌江小白看中国新品牌崛起的机会

江小白 CMO 叶明认为，真正的定位应该立足 3 个方面：一是品类；二是产品；三是品牌。

一、品类：在红海市场里寻找蓝海

江小白背靠重庆的地缘优势，将品类定位为轻口味（小曲清香）休闲型小包装高粱酒。创始人陶石泉公开表示，这种品类的方向，是江小白在未来 5～10 年坚持去做的。

二、产品：注重内在的本质的差异化，为消费场景提供解决方案

很多人认为白酒就是白酒，并没有去关注它的香型划分、品类划分、产地划分。实际上，中国的白酒多以粮型为主，是多种粮食在一起混合酿造的。而重庆的高粱酒是单一高粱酿造的，这是原料上的区别。

从口味上来看，人们对白酒的认知几乎都是重口味的，很多人认为喝白酒就是上战场打仗，心理负担很重。而重庆的高粱酒口味很轻，这种口味得不到老消费者的青睐，但是却受到了年轻一代消费者的喜欢。

江小白思考，是否可以做得再简单一点？是否可以适应当下年轻人的需求？

江小白的产品上主要归类于 4 种消费场景：小聚、小饮、小时刻、小心情。针对以上 4 种消费场景，江小白都有对应的产品战略。

比如，江小白经典的小瓶装产品，就是为三五个同学、朋友小聚所打造的，满足这种小型的社交需求。江小白的表达瓶，就是去满足用户情绪表达方面的需求。中国的消费群体其实是有很大的表达欲望的。借助于表达瓶，消费者可以找到一种情绪宣泄的出口。

资料来源：公众号，营创实验室. 从创新品牌江小白看中国新品牌崛起的机会[OL]. 2019-08-13，https://zhuanlan.zhihu.com/p/77870866.

思考：

1. 江小白市场定位的依据和方式是什么？
2. 江小白选择的目标市场战略类型是什么？

《从创新品牌江小白看中国新品牌崛起的机会》案例分析视频

思政园地

王老吉的重新定位

王老吉诞生于 1828 年，比可口可乐的历史还早 58 年，原本是广东地方性凉茶品牌。近代随海外广东人传播至东南亚、欧美等地，是颇有影响的华人品牌。

然而在国内，由于广东凉茶是地方性药饮产品，王老吉始终未能走出广东、浙南市场，而屈居为一个地域性极强的地方品牌。但是，在 2003 年王老吉出现了战略转折点，在两年内从 1 亿多跻身于超 10 亿的品牌行列，从一个地区品牌迅速成长为一个全国知名品牌。为什么会出现这么大的转变呢？2002 年以前，王老吉是定位于凉茶的一种广东地方新药饮产品，这

样的概念只有广东人和浙江南部人能够接受，无法走向全国。

王老吉在 2003 年的成功转型源自对品牌的重新定位。它将凉茶重新定位为“预防上火的饮料”，借助“上火”这样一个全国都能理解的中医概念，绕过了凉茶是广东药饮的观念，迅速在全国被广泛认知和接受，从而一举兴起。目前凉茶已开始被国人所普遍认同，王老吉作为代表性品牌更是受到热烈追捧，百年品牌得以大放异彩。

王老吉作为凉茶的代表性品牌，如果仅仅把战力指向凉茶业的内部竞争，其绩效是非常有限的。所以王老吉跳出自己所在的凉茶品种，以“预防上火的饮料”定位引领凉茶纳入饮料行列。这样的细分区别于可乐、果汁和水，成为并列的大品种。这就是王老吉短短两年时间就从 1 亿多超越 10 亿的核心原因。

思考：

王老吉品牌定位成功的原因是什么？你有哪些感想与收获？

任务考核

表 4-2-1　任务评价单

<table>
<tr><th colspan="5">项目四 进行 STP 分析</th></tr>
<tr><td rowspan="2">任务二
目标市场选择与市场定位</td><td>姓名</td><td></td><td>组别</td><td></td></tr>
<tr><td>专业</td><td></td><td>学号</td><td></td></tr>
<tr><td>内容</td><td colspan="3">评分标准</td><td>得分</td></tr>
<tr><td>概念问题（20 分）</td><td colspan="3">共 5 题，每题 4 分</td><td></td></tr>
<tr><td>案例分析（60 分）</td><td colspan="3">太太药业的定位营销：
1. 能够从目标市场选择依据进行分析（30 分）；
2. 能够依据不同市场定位方法的特点进行判断（30 分）</td><td></td></tr>
<tr><td>思政园地（20 分）</td><td colspan="3">分析案例，总结成功经验，学会表达自己的感受（20 分）</td><td></td></tr>
</table>

05 项目五

产品策略

任务一　产品整体及产品组合

<table>
<tr><td colspan="6">项目五 产品策略</td></tr>
<tr><td rowspan="2" colspan="2">任务一
产品整体及产品组合</td><td>姓名</td><td></td><td>组别</td><td></td></tr>
<tr><td>专业</td><td></td><td>学号</td><td></td></tr>
<tr><td colspan="2">知识目标</td><td colspan="2">技能目标</td><td colspan="2">思政目标</td></tr>
<tr><td colspan="2">1. 全面理解产品以及整体产品的概念并把握产品 5 个层次的内涵；
2. 掌握产品组合的相关概念以及产品组合策略</td><td colspan="2">1. 能运用产品整体概念进行企业营销案例分析；
2. 运用优化调整的策略来评估企业的未来趋势</td><td colspan="2">1. 提升职业素养，增强产品策略选择方面的法律意识；
2. 注重能力培养，培养发现问题、解决问题的能力</td></tr>
<tr><td>学习重点</td><td colspan="5">1. 产品的分类；
2. 产品组合策略</td></tr>
<tr><td>学习难点</td><td colspan="5">产品组合策略的实施</td></tr>
</table>

任务清单

一、概念问题

（一）判断题

1. 整体产品包含 3 个层次，其中最基本的层次是形式产品。（　）

2. 消费者在购买商品时只能从实体产品中获得利益。（　）

（二）不定项选择题

1. 产品组合的广度是指企业所拥有的（　　）数量。

A. 产品品种　　B. 产品品牌　　C. 产品项目　　D. 产品线

2. 产品组合的长度是指企业所拥有的（　　）数量。

A. 产品品种　　B. 产品项目　　C. 产品线　　D. 产品品牌

3. 产品是一个整体概念，它的内容有（　　）。

A. 核心产品　　B. 形式产品　　C. 期望产品　　D. 延伸产品和潜在产品

二、案例分析

案例 5-1-1　农夫山泉的产品整体概念分析

农夫山泉是海南养生堂公司于 1997 年推出的瓶装纯净水产品。当时，中国水市场已经经过了 10 多年的发展历程，生产企业有近千家之多，市场竞争相当激烈。娃哈哈和乐百氏自 1995 年开始，先后由儿童饮品延伸到纯净水，并在较短时间内逐步确立了领导者的地位。面对潜力巨大、竞争激烈、领导者品牌强势占领的瓶装水市场，农夫山泉为了尽快切入市场，并占有一席之地，采取了整体产品的差异化战略，在产品的口感、类别、水源、包装、品牌、价格等方面都与娃哈哈和乐百氏形成明显的差异，一举获得成功，有效地完成了企业的营销目标。

在口感上，一句“农夫山泉有点甜”的广告词就明确点出了水的甘甜清冽，一下子就区别于乐百氏的“27 层过滤”的品质定位和娃哈哈“我的眼中只有你”所营造的浪漫气息，与当年七喜作为“非可乐”推出有异曲同工之妙，给消费者留下深刻的印象，占据了消费者的心理空间。

在水源上，农夫山泉强调“千岛湖的源头活水”水源的优良。同时利用千岛湖作为华东著名的山水旅游景区和国家一级水资源保护区所拥有的极高的公众认同度，提高其产品质量的认同度和品牌知名度。

在品牌上，“农夫”二字给人们以淳朴、敦厚、实在的感觉，“农”相对于“工”远离了工业污染，“山泉”则给人以回归自然的感觉，迎合了人们返璞归真的心理需求。比起某些小儿用品痕迹十分明显的名称，其品牌适应性更强、覆盖面更广，品牌形象更为鲜明。

在包装上，农夫山泉选用运动瓶盖，并且同率先推出运动瓶盖的上海老牌饮料正广和更棋高一着地进行广告宣传，突出运动瓶盖的特点。在广告中，农夫山泉把运动盖解释为一种独特的带有动作特点和声音特点的时尚情趣，选择中学生这一消费群体作为一个切入点。

资料来源：养生堂公司的市场演进策略[J]. 市场营销导刊，2001（2）.

思考：

1. 农夫山泉是在哪些产品策略上下功夫的？
2. 农夫山泉的成功之道源自何方？

知识获取

一、引导问题：什么是产品整体概念，有何营销意义

（一）产品的整体概念

按照传统的观念，产品（Product）是指通过劳动而创造的有形物品。这是狭义的产品概

念。市场营销学认为，广义的产品是指能提供给市场，用于满足人们某种需要和欲望的任何事物，包括实物、服务、场所、组织、个人、财产权、思想、主意等。市场营销学的产品概念通常被称为产品整体概念，即满足消费者一定欲望和需求，能给消费者带来有形利益和无形利益的有形实体、无形服务、功能属性等的组合整体。

随着科学技术的快速发展和社会的不断进步，消费者的需求越来越个性化，市场竞争愈加激烈。此时，产品的形式显得并不重要，关键是它必须具备满足顾客需要的特性。

（二）产品整体的层次

以菲利普·科特勒为代表的北美学者提出整体产品概念，包括核心产品、形式产品、期望产品、延伸产品和潜在产品 5 个层次（见图 5-1-1）。这样分层能够更深刻而有逻辑地表达产品整体概念的含义。

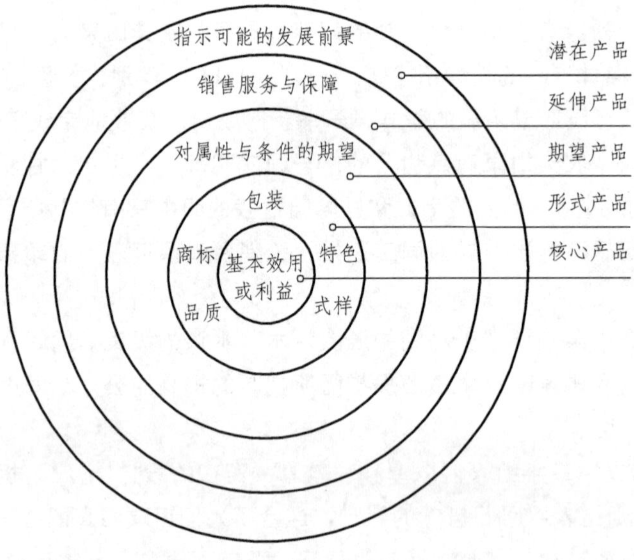

图 5-1-1　科特勒五层产品模型

1）核心产品

核心产品是指产品提供给顾客或顾客所追求的基本效用或利益。核心产品是消费者最为重视的，也就是核心价值，是消费者真正的需求和购买目的。比如手机的核心是满足通信的需要，电冰箱的核心是满足制冷、储存食品的需要，洗衣机的核心是为了洗衣服。

2）形式产品

形式产品是指产品的具体实体和外观，是核心产品的外在表现形式。消费者通过自己的眼、耳、鼻、舌、身等感觉器官可以接触到、感觉到的有形部分。一般由产品的质量、款式、特色、品牌和包装 5 个要素构成。形式产品是依据核心产品设计的实际产品，是核心产品借以实现的形式。比如，一些果园利用光照遮盖法，给生长中的苹果晒上“福”“禄”“寿”“喜”等字，形成具有喜庆文化特色的喜庆苹果，其市场价格比普通苹果贵一倍，却依然畅销。酒店给顾客提供的浴室、卫生间、拖鞋、毛巾、床等产品，都是核心产品的载体。

3）期望产品

期望产品是指消费者在购买产品时通常希望、默认的属性和条件，如在购买空调时希望所买的空调操作简单、无噪声、省电等。住宿的旅客期望得到清洁的床铺、肥皂、浴巾、电视机、衣柜等。

4）延伸产品

延伸产品是指顾客在购买产品时所得到的附加利益和附加服务的总和，是指提供超过顾客期望的服务和利益，以便把公司的产品和竞争者的产品进行区别。企业只有向消费者提供具有更多实际利益、能更好满足其需要的附加产品，才能在日益激烈的竞争中取悦顾客，赢得胜利。延伸产品主要包括提供信贷、免费送货、保证、安装、售后服务、调试、维修、配件、培训、咨询、广告等。例如，酒店为顾客提供上网的网络接口、网线、叫醒服务，还可以自助结账，有用餐的餐厅、热情洋溢的服务人员等。

5）潜在产品

潜在产品是指现有产品可能发展成未来状态的一种趋势与前景。潜在产品包括现有产品的延伸和演进部分在内的，最终可能发展成为未来实质产品的产品。例如，手机可能发展成个人上网终端，彩色电视机可发展为电脑终端机，家庭式酒店的运营指出了酒店未来的发展方向。

（三）产品整体概念的作用

产品整体概念的提出，为企业的营销活动带来了十分重要的启示。

1）只有通过产品层次的最佳组合才能确立产品的市场地位

企业在产品上可以从多个层次展开，不同的行业，因其成熟度不同，竞争的焦点也不同。营销人员要把对消费者提供的各种服务看作是产品实体的统一体。以往企业认为，只有产品价格上的差异才能决定消费者的最终购买行为。但由于科学技术在今天的社会中能以更快的速度扩散，也由于消费者对切身利益关切度的提高，营销者的产品以价格战的形式出现越来越困难，消费者也就越来越以企业生产产品的整体结果来确认哪个企业、哪种品牌的产品是自己喜爱和满意的。

2）把握产品的核心内容可以衍生出一系列有形产品

一般来说，有形产品是核心产品的载体，也是核心产品的转化形式。这两者的关系给我们这样的启示：把握产品的核心产品层次，产品的款式、包装、特色等完全可以突破原有的框架，由此开发出一系列新产品。

3）企业必须特别重视产品的无形方面

消费者对产品利益的追求包括功能性和非功能性两个方面，消费者对前者的要求是出于实际使用的需要，而对后者的要求则往往是出于社会心理动机。随着社会经济的发展和人们收入水平的提高，消费者对产品非功能性利益越来越重视，这就要求企业摆脱传统的产品观念，重视产品非功能性利益的开发，以更好地满足消费者的需求。事实上，不断拓展产品的外延部分已成为现代企业产品竞争的焦点。越来越多的企业开始重视在服务、企业人员素质、品牌价值、企业形象等方面下功夫，以此来更快、更多、更好地满足消费者的需求，从而拥有更多的消费者，占据更多市场份额，获得竞争优势。例如，星巴克的消费者对咖啡豆的选择、冲泡、烘焙等有任何问题，咖啡师傅都会耐心细致地向他讲解，使消费者在找到最适合自己口味的咖啡的同时，体会到星巴克所宣扬的咖啡文化。

4）明确消费者所追求的核心利益十分重要

例如，同样是购买手机，不同消费群体所追求的利益是不同的。对成功的商业人士来说，质量过硬、信号稳定、造型大方是其最重要的需求；对学生来说，则可能更多地需要拍照、上网、娱乐游戏等附加价值；而上了年龄的老人可能仅仅需要最基本的通话功能和较低的价格。又如，女性购买化妆品，往往并非为了占有具体的物品，而是实现其爱美的愿望或体现自己的身份和品位。所以，企业只要在广告主题中以此为诉求点，就能获得成功。相反，如果企业抓不住这些核心利益和诉求点，顾客需求就不可能真正地被满足，企业也难以获得成功。

情境再现

芭比的成功

芭比诞生于第二次世界大战后的美国。1959 年 3 月 9 日，世界上第一个金发美女娃娃正式问世，它的创造者美泰公司创办人露丝·汉德勒见女儿喜欢玩当时流行的纸娃娃，兴致盎然地帮它们换衣服、换皮包，便想到应该设计一款立体娃娃。而一次在德国度假时，露丝无意间发现了身高 11.5 寸（1 寸≈3.333 厘米），三围 39-18-33（寸）的德国娃娃“莉莉”。正是这个娃娃激发了露丝的灵感。回到美国后，露丝立刻对莉莉的形象加以改造，让她看上去像玛丽莲·梦露一般性感迷人。1959 年 3 月 9 日，世界上第一个金发美女娃娃正式问世，露丝用小女儿芭芭拉的昵称给她命名，从此这位金发美女就叫“芭比”。目前，芭比的足迹遍布全球 150 多个国家和地区，平均每一秒钟在世界上就有 3 个芭比娃娃被售出。

几十年来，芭比始终保持着青春、靓丽的形象，曲线玲珑、光彩照人。美泰公司平均每年要推出 90 组芭比系列娃娃。为使芭比更加人性化，美泰专门为她设计了朋友、家人，还有一个名叫肯尼的男友；芭比从事的职业也各种各样，她当过明星、教师、工程师，甚至兽医；而最让孩子们着迷的是，芭比有数不清的漂亮衣服。据统计，自问世以来，芭比和她的朋友们一共穿过近 10 亿件衣服，芭比以其迷人的形象征服了全世界。

从 1959 年至今，芭比从一名摇滚明星到战地护士，有无数种身份；经专家精心设计的三围和五官，拥有达 10 亿套时装及 10 亿双鞋，共穿过 40 多个国家或民族的服装；是所有女性的梦想。芭比的出现，将女人关于美的理想，从 3 岁一直延续到 80 岁。风靡了 50 年的芭比，见证了 50 年来时尚的各种风潮。

所以，芭比娃娃卖的不只是玩具还有梦想。

（四）产品分类

产品可从不同角度进行分类，与营销策略有关的产品分类方法通常有以下几种。

1）按产品的有形性和消费的耐久性分类

（1）非耐用品。非耐用品一般指有一种或多种消费用途的低值易耗品，如啤酒、肥皂和盐等。售价中的加成要低，还应加强广告以吸引客户试用并形成偏好。

（2）耐用品。耐用品一般指使用年限较长、价值较高的有形产品，通常有多种用途，如冰箱、彩电、机械设备等。耐用品会有较多的人员进行推销和服务。

（3）服务。服务是为出售而提供的活动、利益或满意，如理发和修理。服务的特点是无形的、不可分的、易变的和不可储存的。它通常需要更多的质量控制、供应商信用及适用性。

2）按消费者购买习惯不同分类

（1）便利品。便利品指消费者频繁购买或需要随时购买的产品，如烟草制品、肥皂和报纸等。便利品可以进一步分成常用品、冲动品及救急品。其中，常用品是消费者经常购买的商品。例如，某消费者也许经常要购买可口可乐、佳洁士牙膏；冲动品是消费者没有经过计划搜寻而顺便购买的商品；救急品是当消费者的需求十分紧迫时购买的商品。救急品的地点效用也很重要，一旦消费者有需要，就能够迅速实现购买。

（2）选购品。选购品指消费者在选购过程中，对适用性、质量、价格和式样等基本方面要做认真权衡比较的商品，如家具、服装、汽车和大的器械等，可以分成同质品和异质品。购买者认为同质选购品的质量相似，但价格却明显不同，所以有选购的必要。销售员必须与购买者“商谈价格”。但对购买者而言，在选购服装、家具和其他异质选购品时，产品特色通常比价格更重要。经营异质选购品的经营者必须备有大量的品种花色，以满足顾客不同的爱好；另外还必须有受过良好训练的推销人员，为客户提供信息和咨询。

（3）特殊品。特殊品指具备独有特征（或）品牌标记的商品，对这些商品，有相当多的购买者一般都愿意做出特殊的购买努力。例如，特殊品牌和特殊式样的花色商品、小汽车、立体音响、摄影器材以及男式西服。

（4）非渴求品。非渴求品指消费者不了解或即便了解也不想购买的商品。传统的非渴求品有寿衣、墓地、墓碑等。对非渴求品需付出诸如广告和人员推销等大量营销努力，一些最复杂的人员推销技巧就是在推销非渴求品的竞争中发展起来的。

二、引导问题：企业可以怎样调整产品组合以争取竞争优势

（一）产品组合的有关概念

在现实生活中，没有哪一家企业生产的产品是绝对单一的。企业为了满足目标市场的需要，扩大销售，分散风险和增加利润，往往需要经营多种产品。如果产品组合不当，就可能造成产品滞销积压，致使企业亏损。因而要优化现有供给结构来调整现有产品供给结构，提高产品和服务质量，从深层次上解决供给需求错位问题，满足现有产品和服务需求。

1）产品组合

产品组合指某一企业所生产和销售的全部产品大类，包括全部产品线和产品项目，即企业生产经营全部产品的有机结合方式。

2）产品线

产品线又称产品系列或产品大类，是指在技术和结构上密切相关，具有相同使用功能但

型号规格不同的一组产品，如汽车制造厂生产的小轿车、大客车和运输卡车。

3）产品项目

产品项目指产品线中各种不同规格、型号、款式、价格及用其他属性来区别的具体产品。例如，某电视机厂生产的 72 寸液晶电视即为该厂的一个产品项目。

4）产品组合的宽度、深度、长度和关联性

一个企业的产品组合取决于 4 个因素，即宽度、深度、长度和关联性。这 4 个因素的不同组合便构成不同的产品组合。

（1）宽度。宽度是指一个企业所拥有的产品线的数量。企业经营的产品线越多则产品组合越宽；反之，则产品组合的宽度越窄。例如，某一个品牌企业拥有厨房制品产品线、电视机产品线、空调产品线等。一般情况下，大型产品线较多，产品组合的宽度就较宽；小型企业或专业化企业产品线较少，产品组合的宽度就较窄。

（2）深度。深度是指一个企业产品线中的每一产品系列有多少个品种（如大小、口味等）。加深产品组合的深度，可适应市场需求，满足不同顾客的需要，但也会带来加大生产经营成本的问题，企业应权衡利弊，合理决策。

（3）长度。长度是指企业产品组合中产品项目总数的多少，多则长，少则短。例如，一个产品组合中有 10 个产品品种（总长度），那么产品组合的长度就是 10。

（4）关联性。关联性是指各条产品线在最终用途、生产条件、分销渠道或其他方面相关联的程度。一般来说，产品组合关联度大，有利于创立产品优势，能够充分利用原材料和现有技术装备，创造名牌产品。假设某公司同时生产精密仪器和化妆品，这两条产品线的关联性就比较小。反之，同样是上述公司，但是两条产品线都是通过类似分销渠道销售的非耐用品，这两条产品线的关联性就比较大。

情境再现

华龙面产品组合策略

2003 年，在中国市场上，位于河北省邢台市隆尧县的华龙集团以超过 60 亿包的方便面产销量排在方便面行业第二位，仅次于康师傅。

一、发展初期

1994 年，华龙在创业之初便把产品准确定位在 8 亿农民和 3 亿工薪阶层的消费群上。将一袋方便面的零售价定在 0.6 元以下。2000 年以前，主推的大众面如“108”“甲一麦”“华龙小仔”；中档面有“小康家庭”“大众三代”；高档面有“红红红”“煮着吃”。凭借正确的目标市场定位策略，华龙一下在北方广大的农村打开市场。

二、发展中期

作为一个后起挑战者，从 2001 年开始推行区域品牌战略，针对不同地域的消费者推出不同口味和不同品牌的系列新品。

三、华龙方便面组合策略分析

截至 2007 年，华龙拥有方便面、调味品、饼业、面粉、彩页、纸品等 6 大产品线，也就是其产品组合的宽度为 6。它共有 17 种产品系列，十几种产品口味，上百种产品规格。

（二）产品组合的优化调整

由于社会环境和市场需求在不断变化，企业的产品组合自然也应随之变化。要减少无效和低端供给，扩大有效和中高端供给，增强供给结构进而增加变化的适应性和灵活性，因此，每家企业都应经常分析自己产品组合的状况和结构，评估其发展潜力和趋势，不断对原有的产品组合进行优化和调整，寻求和保持产品组合的最优化。优化调整产品组合，可依据不同情况采取以下策略。

1）扩大产品组合策略

扩大产品组合又可称多种经营，包括拓展产品组合的宽度和加强产品组合的深度。前者指在原产品组合中增加产品线，扩大经营范围；后者指在原有产品线内增加新的产品项目。当企业预测现有产品线的销售额和盈利率在未来可能下降时，就须考虑在现有产品组合中增加新产品线，或加强其中有发展潜力的产品线。该策略存在投入成本大、见效时间慢的不足。

扩大产品组合受到以下 3 个条件的限制：一是受企业所拥有的资源条件的限制。一个企业所拥有的资源是有限的，而且企业有自己的薄弱环节，因此，并不是经营任何产品都是可能的或者有利的。二是受市场需求情况的限制。企业只能扩展或加深具有良好成长机会的产品线。三是受竞争环境的限制。如果扩大的产品线遇到强大的竞争对手，利润的不确定性将很大，那么与其扩充产品线还不如加强原有的产品线。

扩大产品组合决策时应注意以下问题：

（1）产品线中的项目不可过多，否则会使线上的产品相互冲突，使消费者无所适从。

（2）切实了解顾客需求，不能为增加产品线而增加。

（3）对新增产品项目进行合理定价，适应市场情况。

2）缩减产品组合策略

市场繁荣时期，较长较宽的产品组合会为企业带来更多的盈利机会。但是在市场不景气或原料、能源供应紧张时期，缩减产品线反而能使总利润上升。因为剔除那些获利小甚至亏损的产品线或产品项目，企业可集中力量发展获利多的产品线和产品项目。但采用这种策略有可能会失去许多市场机会，如果产品目标选择不当，往往会造成较大损失。

缩减产品组合策略时应注意以下问题：

（1）当市场不景气或原料、能源供应紧张时，取消一些需求疲软或营销能力不足的产品线与产品项目。

（2）处于衰退期的产品，销售额和利润会大幅下降，甚至亏损，此时应果断予以剔除，使企业利润保持长期稳定。

（3）企业生产能力不足时，应取消一些关联性小的产品线或产品项目，把工艺简单、质量要求低的产品放给附属企业，集中精力抓盈利能力高的产品。

3）产品线延伸策略

总体来看，每一企业的产品线只占所属行业整体范围的一部分，每一产品都有特定的市场定位。例如，宝马汽车公司所生产的汽车在整个汽车市场上属于中高档价格范围。当一个企业把自己的产品线长度延伸超过现有范围时，就称为产品线延伸，具体有向下延伸、向上延伸和双向延伸 3 种实现方式。

（1）向下延伸。向下延伸是在高档产品线中增加低档产品项目。企业采取这种策略的原因在于：企业发现其高档产品的销售增长缓慢，因此不得不将其产品大类向下延伸；企业的高档产品受到激烈的竞争，必须用侵入低档产品市场的方式来反击竞争者，企业最初进入高档产品市场的目的是建立厂牌信誉，然后再进入中、低档市场，以扩大市场占有率和销售增长率来补充企业的产品线空白；企业增加低档产品是为了填补市场上低档产品的空隙，不让竞争者有机可乘。虽然新的低档产品项目可能会蚕食比较高档的产品项目，但某些公司的重大失误之一就是始终不愿意填补市场上低档产品的空隙。

企业采取向下延伸策略时，应注意以下风险：

① 企业原来生产高档产品，后来增加低档产品，有可能使品牌的形象受到损害。所以，低档产品最好用新的商标，不要用高档产品的商标。

② 企业增加低档产品，有可能会刺激生产低档产品的企业，导致其向高档产品市场发起反攻。

③ 企业的经销商可能不愿意经营低档产品，因为经营低档产品所得利润较少。

（2）向上延伸。向上延伸是在原有的产品线内增加高档产品项目。企业采取这种策略的原因在于：高档产品市场具有较大的潜在增长率和较高利润率的吸引；企业的技术设备和营销能力已具备加入高档产品市场的条件；企业要重新进行产品线定位。采用这一策略也要承担一定的风险，要改变产品在顾客心目中的地位是相当困难的，处理不慎还会影响原有产品的市场声誉。

企业采取向上延伸策略时，应注意以下风险：

① 可能引起高档产品生产企业的强烈反攻。

② 改变原有低档次定位的形象较为困难，潜在的顾客可能不相信其高档产品的质量。

③ 企业原有经销人员、销售代理商和经销商可能没有经营高档产品的技能和经验，需要培养和物色新的营销人员。

（3）双向延伸。双向延伸即原定位于中档产品市场的企业掌握了市场优势以后，向产品线的上下两个方向延伸。一方面增加高档产品，另一方面增加低档产品，扩大市场阵地。这种策略能给企业带来更多的市场机会，但也会受到来自各方面的压力，对企业的综合能力是极大的考验。

案例分析实例

阅读以下资料，利用本任务所学知识分析。

派克的失败与丰田的成功

美国派克公司创立于 1888 年，并一直致力于制造“更好的笔”，并以其质优价昂闻名于世，被英国皇室授权，成为皇室御用物品的品牌。

20 世纪 80 年代，世界钢笔市场竞争激烈，日本新颖便宜的一次性笔进入美国市场，另外一家钢笔制造厂克罗斯公司也开始在高端笔市场占据一席之地。1982 年，派克公司新任总经理詹姆斯·彼特森为了应对竞争决定去争夺低档笔市场，大力生产经营每支 3 美元以下的大众化钢笔。由于较晚进入低端钢笔市场，派克公司的低端笔销量令人失望。与此同时，高档笔市场也被对手克罗斯公司冲击，市场占有率下降到 17%，而克罗斯公司轻而易举地获得了 50%的高档笔市场占有率。可见，低档产品有可能破坏品牌的原有形象。

相比之下，日本丰田汽车公司的产品线延伸策略则取得了成功。丰田公司创立于 1933 年，早期一直坚守一个信条——模仿比创造更简单。因此一直生产安全、牢固、经济、传统的汽车，而不是生产创新性的产品。所有的丰田车都具有这样的特点，这使丰田品牌在消费者心目中树立了“低档、省油、廉价车”的形象。20 世纪 80 年代，丰田公司准备争夺高档豪华车市场，为了不受原有丰田低端品牌形象的影响，丰田专为高档车推出一个全新品牌凌志（后更名为雷克萨斯）。品牌标志采用全新的图案，车身上没有任何丰田的标志，切断了消费者对丰田公司传统品牌与新品牌之间的任何联系，该策略使丰田成功打入高端汽车市场。如果高端的凌志车上标着中低端品牌丰田的标志，能跟高端品牌车一决高下吗？

思考：

1. 产品线延伸策略包括哪几种？
2. 派克新任总经理采取的是哪种产品线延伸策略？这种策略会使企业面临什么风险？
3. 派克调整其产品组合的策略为什么会失败？

《派克的失败与丰田的成功》案例分析视频

思政园地

银鹭的品牌故事

厦门银鹭集团有限公司位于首批全国乡镇企业科技园区——厦门银鹭高科技园区，现占地面积 80 万平方米，建筑面积近 40 万平方米，是福建省乃至全国最大的罐头、饮料生产基地之一，福建省重点扶持成长型企业，中国罐头工业十强，中国食品工业突出贡献企业，农业产业化国家重点龙头企业，年可生产各类食品饮料 100 万吨，产销量位居全国同类行业前列。

一、生产领域

厦门银鹭集团以食品饮料生产为支柱，涉及果蔬保鲜、进出口贸易、包装材料制造、农产品深加工科研开发、电子科技、房地产开发、实业投资等多种产业领域。

二、生产能力

集团设备先进，技术力量雄厚，拥有当今国内外食品饮料行业先进水平的现代化生产线 30 多条（套），具有较强的专业化、集约化、规模化生产能力，年可生产各类食品饮料罐头 80 万吨，位居全国同行业前列。

三、战略理念

集团积极实施“人才、科技、名牌”三大战略，内强管理，外拓市场，取得了可喜的经营业绩，跻身中国民营企业 500 强，中国最具品牌价值 500 强；“银鹭”产品荣获“中国名牌产品”“中国放心食品信誉品牌”“福建省名牌产品”等荣誉。“银鹭”商标被授予“中国驰名商标”“全国重点保护商标”“中国十大公众喜爱商标”。

四、市场拓展

在发展与巩固以食品饮料生产为主业的同时，集团实施二次创业，进军电子科技、房地产开发等领域，适度介入资本市场，实施跨行业多元化发展，着力打造“百年银鹭”。

资料来源：银鹭的品牌故事[OL]. https://baijiahao.baidu.com/s?id=1658706286200192327.

思考：

1. 银鹭是如何做产品的？

2. 为什么企业要将产品打造成品牌？人在社会上生存，是否也要努力塑造自己的形象，树立自己的品牌？为什么？

任务考核

表 5-1-1　任务评价单

<table>
<tr><th colspan="6">项目五　产品策略</th></tr>
<tr><td colspan="2" rowspan="2">任务一　产品整体及产品组合</td><td>姓名</td><td></td><td>组别</td><td></td></tr>
<tr><td>专业</td><td></td><td>学号</td><td></td></tr>
<tr><td>内容</td><td colspan="4">评分标准</td><td>得分</td></tr>
<tr><td>概念问题（20 分）</td><td colspan="4">共 5 题，每题 4 分</td><td></td></tr>
<tr><td>案例分析（60 分）</td><td colspan="4">农夫山泉的产品整体概念分析：
1. 能够从产品的整体概念进行分析（30 分）;
2. 能够从产品整体的层次等角度进行分析（30 分）</td><td></td></tr>
<tr><td>思政园地（20 分）</td><td colspan="4">分析案例，总结成功经验，学会表达心中的想法（20 分）</td><td></td></tr>
</table>

任务二　产品生命周期与新产品开发

<table>
<tr><th colspan="6">项目五　产品策略</th></tr>
<tr><td colspan="2" rowspan="2">任务二
产品生命周期与新产品开发</td><td>姓名</td><td></td><td>组别</td><td></td></tr>
<tr><td>专业</td><td></td><td>学号</td><td></td></tr>
<tr><td colspan="2">知识目标</td><td colspan="2">技能目标</td><td colspan="2">思政目标</td></tr>
<tr><td colspan="2">1. 了解产品生命周期的概念；
2. 掌握产品生命周期不同阶段的特征及其营销策略；
3. 理解新产品的内涵及开发原则；
4. 掌握新产品开发的科学程序</td><td colspan="2">1. 能够判断具体产品的生命周期阶段；
2. 具备结合产品生命周期各阶段提出营销对策的能力；
3. 具备新产品开发阶段的推广能力；
4. 具备创新产品的能力</td><td colspan="2">1. 培养学生的营销职业素质，加深职业情感；
2. 注重培养学生的创新精神；
3. 帮助学生树立“产品质量是企业生存和发展的生命线”的思想理念，宣扬工匠精神</td></tr>
<tr><td>学习重点</td><td colspan="5">1. 产品生命周期 4 个阶段的市场特点；
2. 新产品开发程序</td></tr>
<tr><td>学习难点</td><td colspan="5">1. 产品生命周期各阶段的营销策略；
2. 新产品开发程序</td></tr>
</table>

任务清单

一、概念问题

（一）判断题

1. 市场是买卖双方进行商品交换的场所。（　）

2. 产品生命周期的长短，主要取决于企业的人才、资金、技术等实力。（　）

（二）不定项选择题

1. 在产品生命周期的（　　），企业应积极主动地扩大分销渠道，为日后产品的销售奠定良好的网络基础。

A. 投入期　B. 成熟期　C. 衰退期　D. 成长期

2. 当产品处于（　　）时，市场竞争最为激烈。

A. 成长期　B. 投入期　C. 成熟期　D. 衰退期

3. 高价格、高促销的决策叫（　　）。

A. 快速撇脂　B. 快速渗透　C. 缓慢撇脂　D. 缓慢渗透

二、案例分析

案例 5-2-1　小绵羊电热毯长期热销

小绵羊电热毯长期热销已成为市场营销学者的研究课题。小绵羊电热毯的销售为什么经久不衰？这是因为小绵羊公司认真研究产品生命周期理论，在不同时期采取相应的对策。

导入期：小绵羊电热毯公司考虑到我国当时相当多的家庭没有暖气系统、空调设备，率先推出了早期的电热毯，插上电源，电热毯就发热，帮助人们取暖。因是新产品，公司定价较高于成本。小绵羊电热毯一问世，就引起人们的关注，尤其在没有暖气装置的湿冷地区如长江南北的沿线城市的老百姓纷纷购买，掀起了购买热潮。“小绵羊”因是首批生产、经营企业，很快获得了第一桶金。

成长期：小绵羊电热毯的热销引发众多同行加入。“小绵羊”针对竞争形势，研究产品质量，针对部分顾客害怕漏电伤人的心理状态，改进产品设计，运用新材料，保证绝缘性能，提出了小孩尿床也不怕的电热毯，在质量上狠下功夫。产品质量好了，销售量不断上升。行家说，小绵羊早期是“人无我有”，现在是“人有我好”。

成熟期：几年过去了，电热毯早已成为多数家庭的必备品，销量稳定增长，但增幅很小，显然电热毯销售进入成熟期。小绵羊开展深入的调查，了解到消费者的新需求，进一步改进产品，如把单档热度改为高、中、低多种热度。老百姓临睡前用高热度，钻入被窝后不久改为中热度，正式入睡后改为维持性的低温度。顾客反映有时睡着了，忘了调节开关，小绵羊就设计出延时开关，设定时间后自动调档。还有顾客反映半夜或清晨睡醒了嫌冷，小绵羊就设计了自动调温装置，保证提供适宜的温度区间。还有顾客说两人同床，对温度要求不一样，或者有时一人出差只有一人睡，小绵羊特地设计出双人双控电热毯，完全满足了顾客需求。同时，在价格上不断调整，该升的升，该降的降，让顾客买到性价比高的商品。另外，小绵羊还调整市场，在占领大、中城市市场的同时，向小城镇、农村地区发展，用户越来越多，生意越做越大。

衰退期：有的老产品销售疲软了，小绵羊就寻找原因，根据市场需求改进产品结构，不断推出新产品；同时及时处理滞销产品，或打折，或发往边远贫困地区，有的甚至送给受灾地区老百姓免费使用。

正因为小绵羊按照生命周期理论开展营销活动，不断改变营销策略，小绵羊电热毯的销售才经久不衰。

思考：

1. 何为产品生命周期？产品生命周期各阶段有何特征？
2. 小绵羊电热毯公司在产品生命周期各阶段是怎样开展营销活动的？

知识获取

一、引导问题：你知道什么是产品的生命周期吗

（一）产品生命周期原理

产品的生命周期指产品的市场生命周期，即产品从研制成功进入市场，到不再被采用，最后被迫退出市场的全过程。

产品生命周期是以产品销售额和利润额随着时间的变化进行设定和衡量的。如果以时间

为横坐标，以销售额和利润额为纵坐标，典型的产品生命周期可以表示为一条倒“S”形曲线。公司的市场营销活动可以改变产品生命周期曲线，因而企业应该有意识地从自身的角度控制产品的生命周期，从而有效开展市场营销活动。

一般而言，产品生命周期可以分为导入期、成长期、成熟期、衰退期 4 个阶段，如图 5-2-1 所示。

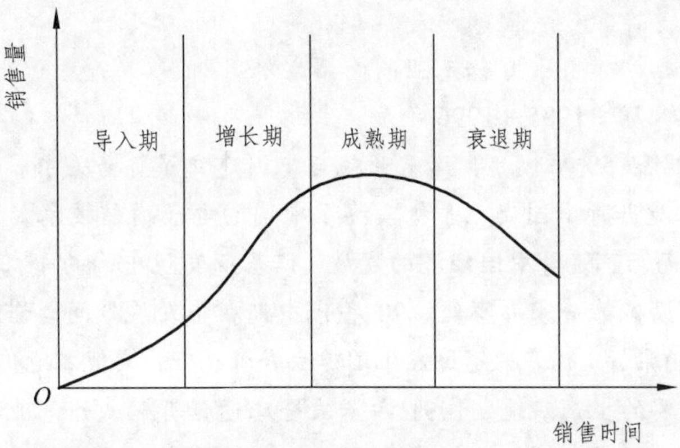

图 5-2-1　产品生命周期曲线图

典型的产品生命周期概念和曲线说明如下。

（1）销售额曲线和利润额曲线的变化趋势是相同的，但变化的具体时间有所不同。例如，在导入期，销售额曲线为正数，利润额曲线则为负数；进入成熟期后，销售额曲线还在缓慢上升，而利润额的曲线却已经开始下降，这是因为市场竞争激烈，企业被迫压低了产品销售价格、增加服务和推销费用等。

（2）在实际的市场营销活动中，严格界定某一产品生命周期各个阶段的转折点是很困难的。这些转折点的设定具有一定的主观性，并且它只是表示产品生命周期基本上要经过这样几个有区别的阶段而已。

（3）对产品生命周期的观察是从产品销售额和获利能力的变化上着眼进行的。在衰退期，销售额持续下降，利润额剧减，甚至出现负数，如果其他条件正常（如分销渠道畅通、产品质量稳定等），就意味着产品的生命周期即将结束。

（4）以上所介绍的典型的产品生命周期概念和曲线，作为一种理论抽象，只反映了大多数产品所要经历的生命过程，但并不是所有产品的生命过程都符合这条曲线描述的形态。由于企业营销、市场需求、市场竞争及其他因素的影响，一种品牌产品的生命周期往往会出现很不规则的变化。有些产品的生命周期非常短，上市后就持续处于销售不佳的低迷状态，从导入期直接进入衰退期；有些产品几乎没有经过投入期，一上市销售额就迅速增长，直接进入成长期；还有的产品很畅销，在成熟期或衰退期又重新进入新的成长期。因此，实际生活中的产品生命周期曲线的形状是多种多样、较为复杂的。

从以上分析，可以得到以下 3 点启示。

第一，既然产品种类的生命周期很长、总体市场需求也会出现周期性波动，那么企业为了减少经营的风险性，就应考虑多生产一些产品种类，实行多元化经营。

第二，既然产品形式的生命周期依次经过几个阶段后要退出市场，那么企业就应该针对其生命周期不同阶段的特点，采取不同的市场营销策略，并根据市场需要的变化不断推出新的产品形式。

第三，虽然品牌的生命周期较短，但有的品牌长期受到人们的欢迎，就要求企业在一个品牌投入市场后，特别是一个品牌在市场上确立了信誉后，要特别注意加以维护，以充分发挥其作用。

情境再现

诺基亚的产品生命周期

一、诺基亚的投入期（1985—1996 年）

据了解，从 20 世纪 50 年代起，诺基亚就与中国建立了贸易关系。而诺基亚一开始并没有在中国推广，原因是当时中国尚无手机。鉴于中国的电子通信技术起步较晚，诺基亚并未首先占领中国市场。而后，随着中国经济的发展，诺基亚发现中国的手机市场潜力巨大，1985 年，诺基亚在北京开设了第一家办事处。90 年代中期在华发展期间，诺基亚建立并秉承“携手通行、开创未来”的宗旨。诺基亚通过在中国建立合资企业，实现本地化生产，并逐步将其发展成为诺基亚全球主要的生产基地。1991 年首次全球通话开始，诺基亚就一直是全球通技术的主要开发商。此后，在摩托罗拉于 1993 年抢先进入中国手机市场后，诺基亚很快便跟进。

二、诺基亚的成长期（1996—2004 年）

手机市场报告显示，2004 年诺基亚成功超越摩托罗拉成为全球第一大手机厂商。在拥有了大量的消费群体的同时，诺基亚牢牢把控了 Symbian 系统 S60 平台，并且迅速成为产品线，最终让 S60 平台成为 Symbian 系统的头牌。2007 年在中国，消费者对摩托罗拉还停留在刀锋 V3 上，诺基亚 6600、7610、n73、5700、E53 等一系列产品已经成为中国消费者耳熟能详的产品。这充分证明此时的诺基亚正处于成长期。

三、诺基亚的成熟期（1996—2004 年）

根据调研机构数据统计，诺基亚 2007 年第四季度占领全球市场的 40.4%，位居第一。其对手摩托罗拉则只以 11.9%缩减至第三。这表明 2007 年诺基亚已经达到了巅峰时期，即诺基亚进入产品生命周期的成熟期。

四、诺基亚的衰退期（2007—2012 年）

自 2007 年苹果推出 iPhone 以来，诺基亚的市场份额急剧下降。2010 年，在全球品牌排行中，诺基亚在 12 个月内下降了 30 位，仅仅排到了 43 位。2011 年第二季度全球手机市场份额第一、第二位已被苹果、三星所取代，诺基亚连续占有 15 年第一的全球手机市场份额开始急速下降。数据表明，无论是从其市场份额或是公司利润分析，诺基亚此时均处于衰退期。

资料来源：余爱云，刘列转. 市场营销理论与实务[M]. 北京：北京理工大学出版社，2021.

（二）产品生命周期各阶段策略

下面简要分析产品生命周期各阶段的特点，以及企业可采取的营销策略。

1）导入期的特点与营销策略

1. 特点。

（1）利润最小、费用高。由于新产品刚刚上市，消费者和经销者对它缺乏了解，所以产品销售量增长较为缓慢，加上产品生产批量小、生产成本较高、广告宣传费用开支较大，企业有可能出现亏损。

（2）风险比较大。由于产品处于初期发展阶段，销售额增长缓慢且不稳定，各种资源投入比较高，因而新产品淘汰的风险、企业新产品开发投入难以收回的风险都比较大。

（3）竞争对手较少。一个产品初次进入市场，特别是那些新研制开发出来的品种，往往很少或没有竞争对手。

2. 营销策略。

企业在确定营销策略时，一方面要充分认识到新产品的发展前景，明白短暂的高投入是为了今后的发展；另一方面要考虑风险性，采取一定的防范措施。在这一时期，企业最重要的是做出正确的判断，抓住时机采用有效的营销策略占领市场，形成批量规模，以便较快地进入成长期。在导入期中可供企业选择的营销策略主要有如下 4 种。

（1）快速撇脂策略。快速撇脂策略即企业以高价格、高促销费用将新产品推向市场，以求尽快打开市场，提高市场占有率，迅速补偿开发投资费用并取得较高的利润。企业实施这种策略应具备 3 个条件：① 具有一定的经济实力，可以支付高额的促销费用；② 新产品确实有较大的潜在市场需求，而且可以抓住消费者，使其愿意出高价去购买；③ 面临潜在竞争者的威胁，需要尽快形成产品偏好群并建立品牌声誉。

（2）慢速撇脂策略。慢速撇脂策略即企业以较高的价格、较低的促销费用将新产品推向市场，以期获得较多的利润。企业实施这种策略的条件是，新产品有效地填补了市场空白，没有现实竞争者和潜在竞争威胁市场，购买者迫切需要并且愿意出高价购买。

（3）快速渗透策略。快速渗透策略即企业以低价格、高促销费用将新产品推上市场，以迅速占领市场，获得尽可能高的市场占有率。企业实施这种策略的条件是，新产品的市场潜力很大，消费者对它不了解但对价格比较敏感，面临潜在竞争对手的较大威胁，随着生产规模的扩大，可以有效地降低企业生产成本。

（4）缓慢渗透策略。缓慢渗透策略即企业以较低的价格、较低的促销费用将新产品推上市场。企业采取这种策略，可以用较低的价格提高产品的竞争能力、扩大市场占有率，依靠较低的促销费用减少经营成本、获得较多的盈利。企业实施这种策略的条件是，新产品的市场容量较大，消费者已经十分了解这种产品并且对价格非常敏感，还存在着潜在的竞争者的威胁。

情境再现

小米手机的渗透策略

小米最初进入市场采取的就是渗透定价策略，通过低价使产品快速被市场接受，并借助较高的销售量实现规模经济效益，从而有效地降低产品单位成本，为企业赢得长期稳定的市场地位；另外，低价也在市场上形成了一定的行业壁垒，微利阻止了竞争者的进入，大大提升了自身的产品竞争力。

小米在后来的行业发展中，沿用了渗透定价策略，从小米最初的简单机型到后面的各款手机，其价格在当时的智能手机市场都属于中低水平。而消费者大多青睐于低价高配的智能手机，高性价比的品牌特性也使消费者对小米的品牌产生了品牌忠诚，大大提高了小米手机的市场占有率。

渗透定价策略的好处是标签明显。在低端市场里，小米能够一直保持着其“性价比”的鲜明烙印，从而获得大量价格敏感型用户的喜爱。但我们还需意识到，此策略在给小米带来无限利益的同时，也埋下了隐患的种子。随着时间的推移，小米低端的烙印越发深刻，在消费者的脑海中越难以消除，它给人们的感觉更多的是“还不错，但不够高端大气”。低端赢得的是辉煌的当下，但固守低端又给未来带来了太多的不确定性，企业未来的发展还是一个大大的问号，所以从某种程度上来说，如何处理自己与低端的关系是小米公司当下需要考虑的重中之重。

资料来源：张玉荣. 浅析小米手机的渗透定价策略[D]. 合肥：安徽财经大学，2018.

2）成长期的特点与营销策略

1. 特点。

（1）新产品已经被消费者接受，因而需求量持续上升，分销渠道的建立推动了销售量迅速增长，产品已经在市场上站稳脚跟，使市场占有率不断扩大。

（2）随着新产品基本定型，并进入批量生产，规模效益开始呈现。随着新产品市场声誉不断提高，促销压力有所减缓。随着生产和销售成本的下降，利润率持续上升，逐步达到最高峰。

（3）竞争者逐渐增多，竞争程度日趋激烈，有时还会出现假冒仿造者。

2. 营销策略。

在这一时期，企业营销工作的重点是维持市场增长率，延长成长期，提高市场占有率，延续获取最大利润的时间。

为了达到这些目标，企业可以采取如下 5 个方面的营销策略。

（1）促销改进。将广告宣传的重心从介绍产品转向树立产品形象，在不断提高产品知名度的同时，提高产品的美育度，树立产品在消费者心目中的良好形象，以便形成稳固的品牌偏好群。

（2）产品改进。在改善产品质量的同时，根据消费者的需要努力开发新款式、新型号，提供良好的销售服务，以吸引更多的购买者。

（3）市场开发。通过市场细分，寻找新的尚未满足的市场空间，根据其需要安排好营销组合因素，迅速开辟和进入新的市场。

（4）分销改进。在巩固原有分销渠道的同时，增加新的分销渠道，与分销渠道上的成员建立更为协调的关系，促进产品的销售。

（5）价格调整。选准时机采取降价策略，以激发那些对价格比较敏感的消费者形成购买动机，并采取购买行动。

上述 5 个策略本质上都属于扩张型策略。从近期看，采用这些策略会相应地加大产品的营销成本，降低盈利水平；但是从长远看，由于企业加强了市场地位，提高了竞争能力，巩固和提高了市场占有率，规模经济降低了单位成本，所以企业会获得更多的利润。

3）成熟期的特点与营销策略

1. 特点。

（1）新产品已经被广大消费者接受，产品产量和销量都达到了顶峰。

（2）市场潜力逐渐变小并趋于饱和，需求放缓了，增长速度出现了下滑的迹象，进一步扩大市场份额的空间已经很小。

（3）市场竞争异常激烈，为了应对竞争对手、维护市场地位，企业的营销成本有所增加，利润达到顶峰后逐渐下滑。

2. 营销策略。

在这一时期，企业营销工作的重点是稳定市场占有率，维持已有市场地位，通过各种改进措施尽量延长成熟期，以获得尽可能高的收益率。

为了实现这些目标，企业可以采取如下 3 个方面的营销策略。

（1）市场改进策略，指企业通过发展产品新的用途、改进营销方式和开辟新的市场等途径扩大产品的销售量。

（2）产品改进策略，指企业通过改进产品适应市场需求的能力，增强产品的市场竞争能力，扩大产品的销售量。这一策略可以通过对产品整体概念所包括的任何一个层次内容的改进来实现。

（3）市场营销组合改进策略，指企业通过对营销组合因素的综合调整和改进，提高企业适应需求的能力，增强市场竞争能力，扩大产品的销售量。

4）衰退期的特点与营销策略

1. 特点。

（1）消费者的消费习惯已发生改变，购买兴趣迅速转向新产品。

（2）产品销量迅速下降，企业被迫压缩生产规模。

（3）价格降到了最低水平，各种促销手段已经不起作用，多数企业无利可图，大量的竞争者走出市场另谋他路，留下的企业处于维持状态。

2. 营销策略。

这一时期，企业的决策者应该头脑冷静，既不要在新产品还未跟上来时，就抛弃老产品，以致完全失去已有的市场和客户，也不要死抱住老产品不放而错过机会，使企业陷入困境。

为了实现这些目标，企业可以采取如下 3 个方面的营销策略。

（1）维持策略，指企业继续沿用过去的营销策略，尽量把老产品的销售额稳定在一个水平上，或者把经营资源集中在最有利的细分市场的分销渠道上，以便减缓老产品退出市场的速度。这样既可以为新产品研发上市创造一定的时间条件，又能从忠实于老产品的客户中获得利润。

（2）收缩策略，指企业缩小生产规模，削减分销渠道，大幅度降低促销水平，尽量减少营销费用，以增加目前的利润，直到该产品完全退出市场。

（3）放弃策略，指企业对于衰落比较迅速的产品，或当机立断完全放弃经营，或将其占用的资源逐渐转向其他产品，进而逐步放弃经营。

二、引导问题：你知道企业为什么要开发新产品吗

（一）新产品的概念及类型

市场营销学中的新产品含义广泛，对企业而言，只要是产品整体概念中任何一部分的创

新、变革或变动，都可以理解为一种新产品。市场营销中的新产品不同于一般意义上的新产品，它是一个相对的概念，是相对于企业而言的新产品，而不一定是整个市场上最新发明或出现的产品。换句话说，凡是企业向市场提供的过去没有生产过的产品都称为新产品。这里所指的新产品，显然不是指新旧的新，而是创新的新。基于这一原则，新产品可分为以下 5 类。

1）全新产品

全新产品指采用新的科学原理、新材料、新技术制成前所未有的新产品。一项科技成果从科学发明到研发出产品，需要花费巨大的人力、财力、物力和较长的时间，这种新产品是不常见的，它的普及和使用将极大地改善人们的生活，如计算机的出现、电话的出现等。这就要求消费者必须进行相关知识的学习，彻底改变原有的消费模式。所以，全新产品的推出十分困难，绝大多数企业很难开发全新产品。

2）换代型新产品

换代型新产品指采用新材料、新技术、新元件，在原有产品的基础上进行较大的革新。与原有产品相比，换代产品往往在外观、性能或者功能等方面有较大的改进，从而为消费者带来了新的体验。新技术革命促使产品更新换代速度加快，如电视经历了从黑白电视到彩电，平面直角彩电、等离子彩电、液晶彩电等多次换代，普通按键操作的手机革新为触屏式的智能机。

3）改进型新产品

改进型新产品又称派生产品，指对现有产品在结构、材料、款式、花色等方面做出改进的产品。这类产品与原产品的差别不大，是在原有产品的基础上派生出来的变形产品，如 GPS 导航手机等。改进型新产品与换代型新产品是市场上大量出现的新产品的主要来源，都是企业开发新产品的重点。但改进新产品的研发更为容易，也比较容易被消费者接受，因而行业内竞争也比较激烈。

4）仿制新产品

仿制新产品指市场上已有，本企业加以模仿或稍加改变而生产的产品，并将其作为本企业的新产品。从市场竞争和企业经营上看，仿制在新产品发展中是不可避免的，但仿制必须注意专利权问题，避免侵权违法行为。

5）降低成本型新产品

降低成本型新产品是以较低的成本提供同样性能的新产品，主要是指企业利用新科技来改进生产工艺或提高生产效率，削减原产品的成本，但需保持原有功能不变的新产品。

（二）新产品开发的优势

1）消费需求的变化需要不断开发新产品

随着生产的发展和人们生活水平的提高，消费需求发生了很大的变化。一方面，给企业带来了威胁，使之不得不淘汰难以适应消费需求的老产品；另一方面，任何产品都有生命周期，并且随着科技的发展，产品生命周期日益缩短。企业如果仅仅依靠原有产品的生产，其寿命也会随着产品进入衰退期，最终退出市场。

2）开发新产品是提高企业竞争力的重要手段

在市场竞争日趋激烈的今天，企业要想在市场上保持优势，必须不断创新，开发新产品。企业源源不断地推出领先产品，不仅可以提高市场份额，还可以获得超越竞争者的优势，迫使竞争者因产品过时而淡出市场。

3）科技发展推动企业新产品的研发

科学技术一旦与生产密切结合起来，加快了产品更新换代的速度，伴随而来的就是新兴产业的出现、传统产业的被改造和落后产业的被淘汰，从而使企业面临新的机会和挑战，如纳米能源、光导纤维。

（三）新产品的开发程序

新产品的开发是一项极其复杂的工作，要按照一定的科学程序来进行。对独立研制方式来说，从产生创意到研发成功并投放市场要经历一个相当漫长的过程。新产品开发的全过程包括产品构思、构思筛选、新产品的概念形成与测试、拟定营销策略、商业分析、产品开发、市场试销和正式批量上市 8 个阶段。

1）产品构思

产品构思指新产品的开发是一种创新活动，开发新产品的创意与设想，是新产品开发的关键。在这一阶段，企业要根据市场前期调查掌握市场需求情况及企业本身条件，充分考虑用户的使用需求和竞争对手的走向，有针对性地提出开发新产品的创意和设想。虽然并不是所有的创意与设想都能变成产品，但是，寻求尽可能多的创意与设想，却能为成功开发新产品提供较多的机会。新产品的构思来源主要有以下几个途径。

1. 本企业的员工。

本企业的员工包括设计开发人员、销售人员、生产人员及其他部门的职工。内部渠道收集来的构思比较符合企业实际情况，可行性较强。特别强调的是，要重视销售人员和技术服务人员提出的建议，他们经常接触顾客，更清楚顾客对于老产品的改进意见和需求变化。

2. 顾客。

顾客是新产品开发的源泉和动力，也是征集新产品开发构思的主要来源。市场专家调查，新产品有 60%～80%来自用户的建议。例如，通用电气公司负责电视产品的部门就是通过与顾客的会谈方式来得到新的家用电器产品创意的。

3. 竞争者。

企业在开发新产品时，应密切注视竞争者动向。据统计，企业有 27%的产品开发构思是在对竞争对手的产品加以分析后萌发的。例如，美国的七喜公司就是针对“可口可乐”和“百事可乐”等强大对手，反其道而行之，开发出非可乐的“七喜”汽水，从而成为美国饮料业的三巨头之一。

4. 经销商。

经销商处于市场前沿，最了解市场需求及其变化和顾客的反应，能够快速传递顾客问题及新产品可能的信息，征询他们的意见，对开发新产品的构思形成具有指导意义。

2）构思筛选

创意形成阶段创造了大量的新产品开发的构思，并非所有的产品构思都能发展成为新产品。构思筛选就是要从众多的构思方案中，通过评审，挑选出几个确有价值和切实可行的构思，放弃没有价值的构思。在构思筛选工作中应避免犯两种错误：一是把有价值的构思草率舍弃；二是把坏的构思误以为好。这个阶段很重要，由于在后面的产品开发阶段企业的成本将会快速涨高，因此，企业必须采用能转变成营利性产品的构思。

3）新产品的概念形成与测试

1. 概念形成。

经过筛选后的构思仅仅是设计人员或者管理者头脑中的概念，离实际产品还有相当一段距离，还需要形成能够为顾客接受的、具体的产品概念。一个构思可以产生多个产品概念。例如，生产营养液是一种构思，由此可以形成多个产品概念，诸如适于老年人饮用的补钙强身的保健品、有助儿童增强记忆帮助学习的营养品、易于病人吸收加快康复的滋补品等，对于每一个产品概念都需要从价格和属性上的竞争能力上进行定位。

2. 概念测试。

产品概念形成后，还要进行产品概念的测试，即企业将各种产品概念用文字或图示描述出来，拿到某一消费者群中进行评价，以观察并了解潜在顾客的不同反应，从中选择最佳的产品概念。

4）拟定营销策略

拟定营销策略主要包括 3 个部分：第一部分描述目标市场，包括市场规模、结构、行为，新产品的价值主张和定位以及开始几年内的销售额、利润目标和市场占有率等。价值主张是指对顾客真实需求的深入描述和对企业产品优势、价值、利益的充分彰显。第二部分概述新产品第一年的价格策略、分销策略和营销预算。第三部分描述预计今后的长期销售额、利润目标以及不同时期的营销组合策略等。

5）商业分析

商业分析实际上就是经济效益分析，具体对新产品未来的销售量、成本和利润以及投资回报率进行详细估算、综合分析，预计该产品是否能达到企业的经营目标，包括预测销售额和推算成本与利润两个具体步骤。常用的分析方法有盈亏平衡分析、投资回收期分析、资金利润率分析等。

6）产品开发

产品概念通过了商业测试，就可以进入产品的开发阶段。产品开发是指将产品概念转化为实际产品，将产品创意转化为可行的市场供给品的过程。这就需要产品研究和开发部门开发并测试一个或多个产品概念实体形式，主要包括设计、试制和检测鉴定等环节。

7）市场试销

产品研制出来后，为检验产品是否真正能受到消费者的欢迎，可将少量产品投放到有代表性的小范围市场上进行试销。试销可以实地检测新产品投放市场以后这种产品的市场效应，看消费者是否愿意购买，然后再决定是否大批量生产。根据不同地区进行不同销售因素组合的比较，根据市场变化趋势，选择最佳的组合模式或销售策略。

8）正式批量上市

试销成功后，即可将新产品正式投放市场。由于新产品开发的巨大投入和风险，为确保新产品顺利进入市场，企业应在以下方面慎重决策。

1. 时机决策。

新产品投入市场要选择适当的时机，季节性产品要在旺季投入，替代性新产品要在老产品销售完后投入。

2. 地点决策。

企业根据市场潜力、公司在当地的信誉、供货成本以及地区的了解程度、影响力和竞争状况等指标，选取最具吸引力的地方占领市场。能够将新产品投放到全国市场的企业是不多见的，因此，企业特别是中小企业需要制订一个市场投放计划。

在制订市场投放计划时，应当找出最有吸引力的市场先投放。选择市场时需要考察市场潜力、企业在该地区的声誉、投放成本、该地区调查资料的质量、对其他地区的影响力和竞争渗透能力。

3. 目标市场决策。

目标市场决策指选取最有希望的购买群体以迅速获取高销售量，吸引其他顾客。最理想的目标市场通常具备以下特征：最早采用新产品的市场，大量购买新产品的市场；该市场的购买者具有一定的传播影响力；该目标市场的购买者对价格比较敏感。

4. 营销组合决策。

企业将新产品纳入其他正常商品渠道，分摊营销预算到各个营销组合的因素之中，根据主次轻重有计划地安排各种营销活动。

情境再现

FANCL 化妆品的创意设计

FANCL 公司在 4 500 名 60 岁以上的女性消费者中调查发现，大多数 60 岁以上的女性比较关心健康和美貌。FANCL 公司根据市场调查结果于 2016 年开发、设计套装化妆品 Beauty BOUQUET，成功开拓老年女性消费者市场。Beauty BOUQUET 在核心产品设计方面，使用无添加的发芽米发酵液，在化妆品的美容功能上增加了健康功能。这两种功能的结合不仅满足了老年女性消费者对美的需求，也满足了她们保持身体健康的生理需求，从而成功开拓了化妆品的新领域。在包装设计方面，考虑到随着年龄的增长而出现的握力和视力的弱化，设计防滑的盖子，容易挤压的泵头，应用视觉冲击较强的深红色。系列化包装设计采用统一的色彩，给人视觉上的统一性和协调性。图形设计简洁明了，突出 FANCL 的“无添加”特色，自然健康。Beauty BOUQUET 的包装设计在 2017 年日本包装设计大赛上获得了 Ac-cessible Design 包装奖。

资料来源：白金龙，王浩. 基于顾客价值的日本企业产品创意设计思路研究[J]. 设计，2020（33）.

案例分析实例

阅读以下资料，利用本任务所学知识进行分析。

健力宝运动饮料，与中国体育共同成长

健力宝是中国人自己的第一罐易拉罐饮料，是首款由国人自主研制成功的含碱性电解质运动饮料，是见证新中国体育发展的“中国魔水”。健力宝作为一个民族品牌，它不仅有着深厚的历史底蕴，还承担着传承中国体育精神的重任。

健力宝与体育的缘分可以追溯到它的诞生。早在 20 世纪 60 年代国外就开始了研制和生产运动饮料，用于缓解运动员训练及赛后的缺水、疲劳等问题，但是我国在这方面一直没有研究，属于空白领域。应国家体委邀请，健力宝研制生产了健力宝运动饮料。它添加了碱性电解质，可以帮助中国运动员及时补充因大量排汗而失去的钾、钠、钙、镁等无机盐。

健力宝一经推出就获得诸多殊荣，比如 1984 年，健力宝作为中国第一款运动饮料，被国家体委选定为第 23 届洛杉矶奥运会中国体育代表团首选饮料；1990 年，健力宝被选为第 11 届北京亚运会中国体育代表团专用运动饮料；1992 年，健力宝出资组建的健力宝少年足球队赴巴西留学，成就了一批中国足坛的风云人物；2018 年，健力宝在全国设立 10 个足球训练营；2018 年，首届“健力宝杯”U12 少年足球锦标赛正式启动。

健力宝虽获得了诸多荣誉，但是它没有停下进取的脚步，通过持续的创新，不断为运动人士研发健力宝运动饮料。比如，健力宝爱运动系列，分为西柚味和柠檬味两种口味。除了富含碱性电解质，能够满足运动后人体补充水分的需求，健力宝爱运动还助力运动人士脂肪燃烧、减少肌肉疲劳，让消费者充分享受运动带来的愉悦。健力宝爱运动外包装的设计也是满满的运动风格，商标由品牌名“爱运动”三字及一个向右上方冲击的箭头符号组成。符号化的设计便于消费者形成品牌印象的同时，也易形成运动的联想。

健力宝运动饮料见证了中国体育的发展。相信未来，健力宝依旧会秉持诚信、创新、团结、担当、共赢的初心，继续书写民族饮料的传奇画卷。

思考：

1. 请对健力宝饮品的商标与包装进行评价。
2. 健力宝早期获得成功的产品因素具体有哪些？对企业开发新产品有什么启示？

《健力宝运动饮料，与中国体育共同成长》案例分析视频

思政园地

创新驱动发展战略

2015 年 5 月 27 日，习近平总书记在华东七省市党委主要负责同志座谈会上的讲话指出：“要深入实施创新驱动发展战略，推动科技创新、产业创新、企业创新、市场创新、产品创新、业态创新、管理创新等，加快形成以创新为主要引领和支撑的经济体系和发展模式。”

思考：

习近平总书记为什么把创新摆在如此重要的位置？

任务考核

表 5-2-1　任务评价单

<table>
<tr><th colspan="6">项目五　产品策略</th></tr>
<tr><td colspan="2" rowspan="2">任务二
产品生命周期与新产品开发</td><td>姓名</td><td></td><td>组别</td><td></td></tr>
<tr><td>专业</td><td></td><td>学号</td><td></td></tr>
<tr><td>内容</td><td colspan="4">评分标准</td><td>得分</td></tr>
<tr><td>概念问题（20 分）</td><td colspan="4">共 5 题，每题 4 分</td><td></td></tr>
<tr><td>案例分析（60 分）</td><td colspan="4">小绵羊电热毯长期热销：
1. 能够总结出产品生命周期的定义及各阶段的特征（20 分）;
2. 能够分析产品生命周期不同阶段采取的营销策略（40 分）</td><td></td></tr>
<tr><td>思政园地（20 分）</td><td colspan="4">分析案例，总结成功经验，学会总结和表达想法（20 分）</td><td></td></tr>
</table>

任务三　品牌与包装策略

<table>
<tr><th colspan="6">项目五 产品策略</th></tr>
<tr><td colspan="2" rowspan="2">任务三
品牌与包装策略</td><td>姓名</td><td></td><td>组别</td><td></td></tr>
<tr><td>专业</td><td></td><td>学号</td><td></td></tr>
<tr><td colspan="2">知识目标</td><td colspan="2">技能目标</td><td colspan="2">思政目标</td></tr>
<tr><td colspan="2">1. 理解品牌的基本概念及作用；
2. 了解包装的概念及作用；
3. 了解包装设计的原则，并掌握包装策略的主要内容</td><td colspan="2">1. 具备品牌定位、品牌策略的初步能力；
2. 能够针对不同类型的产品，运用不同包装策略</td><td colspan="2">1. 通过相关案例培养学生树立远大理想和人生抱负；
2. 结合“中国品牌日”的创建历史和发展历程，强调品牌建设对企业发展、社会进步的重要价值和现实意义</td></tr>
<tr><td>学习重点</td><td colspan="5">1. 品牌策略；
2. 包装策略</td></tr>
<tr><td>学习难点</td><td colspan="5">运用所学知识对不同类型产品，运用不同包装策略</td></tr>
</table>

任务清单

一、概念问题

（一）判断题

1. 品牌名称是指品牌中可以用文字表述的部分。（　）
2. 多品牌策略是指企业对同一类产品使用两个或两个以上的品牌名称。（　）

（二）不定项选择题

1. 把木梳卖给和尚属于下列哪个营销观念？（　　）
   A. 生产观念　B. 产品观念　C. 推销观念　D. 市场营销观念
2. 产品包装的作用包括（　　）。
   A. 增加产品功能　B. 增进产品销售　C. 增加产品利润
   D. 广告宣传　E. 保护商品
3. 产品包装分类包括（　　）。
   A. 系列包装　B. 成套包装　C. 再使用包装
   D. 附赠品包装　E. 改装包装

二、案例分析

案例 5-3-1　“米粉”是怎样炼成的

小米以线上社区的前瞻形式，适时拥抱品牌营销转型趋势，通过将用户的实时沟通融入产品研发迭代，不断突出用户的极致话语权，将品牌价值与不断变化的用户需求深度绑定，催生出了第一批忠诚跟随品牌成长的“米粉”群体。

而在海外的小米粉丝，也为小米的成功出海奠定了基础。2019 年 5 月 4 日，小米国际参谋长 Alvin 发微博称：“条条大路通罗马！小米欧洲今天在罗马的顶尖商场 Porta di Roma 开了罗马第一家小米之家，虽然今天天气不佳下着雨，但米粉们非常给力，开幕剪彩实现了超过 300 位米粉一起剪彩的盛况！因为米粉，所以小米！五一假期在罗马度假的朋友们欢迎过来参观。”

不仅如此，一路攻入欧洲成熟市场的小米至今已是捷报频传。据《财经》近日报道：除印度外，目前海外市场的主要增量来自欧洲，并已成为小米第二大海外市场，占总销量的三成。据第三方机构 Canalys 数据，今年第二季度小米是欧洲市场增长最迅猛的公司，同比增长 48%，卖出智能手机接近 450 万台。

小米欧洲开业伊始至今能够顺利斩获一连串业绩，归因离不开米粉群体“前行一步”的自发式口碑传播，因为小米手机的众多海外版本也是各国米粉自发参与制作和推广的。海外市场米粉开花的背后，展现了小米粉丝运营模式的全球复制能力和营销理念的输出能力：在深度理解当地用户需求的基础上，将自己定位成用户身边富有亲和力的朋友，而非高高在上的传统科技品牌，这样的理念成为小米品牌全球成功的共性。

除了吸引“参数控”，更要做人见人爱的品牌。

性价比一直是小米的王牌武器：除了“感动人心，价格厚道”这句如雷贯耳的口号，一路高喊“为发烧而生”的小米，也在这些年的全球深耕中，以高光亮眼的表现，让高质量智能产品的价格门槛一路降低，让科技走向普惠。

产品造就口碑。在产品力的不断加持下，品牌进军海外市场的征途迎来一路凯歌；而各类五花八门自下而上的米粉故事与自上而下的米粉文化运营传播，也形成了不容忽视的营销助攻，加固了小米海外市场的声誉，在产品力之上构建起强大的品牌力和生态力。

尽管“米粉”群体最初从“技术控”起步，然而基于“便宜买好货”的本能消费追求，至今“米粉”群体早已扩展至全年龄层与各行各业，形成了更加广阔的用户网络基础与流量入口。

深入沟通，共情共振，让品牌营销围绕人的互动展开，这是米粉文化得以全球成功扩张的本质。全球化日益深入的今天，技术突破疆界，渗入不同人群的日常生活，反过来推动全球化继续纵深发展。而品牌故事则为技术赋予温度，如同多元文化的传播，连接世界，打破偏见，实现交流融合。在米粉的世界里，这样的“连接”故事还在继续。

资料来源：小米出海的“超级武器”：米粉效应凭什么席卷全球[OL]. 小米手机_网易订阅.

思考：

1. “米粉经济”如何帮助小米成为全球品牌？
2. 品牌建设对企业发展有什么作用？

知识获取

一、引导问题：品牌对消费者和生产者各有什么作用？如何保护自己的品牌

（一）品牌的概念、构成及作用

品牌是构成产品整体的一个重要组成部分，在现代市场营销中的作用越来越大，品牌既

为顾客提供了识别产品的手段与方法，又是企业赢得竞争的重要营销工具。品牌策略成为企业市场营销策略的重要内容，实施名牌战略也成为众多企业的战略选择。

1）品牌概念

品牌（Brand）就是产品的牌子，它是卖者给自己的产品规定的商业名称。美国市场营销协会定义委员会（AMA）对品牌的定义是：品牌是一个名称、术语、标记或设计，或是以上要素的组合，共同的目的在于借此来辨认企业的产品及服务，以便与其他竞争对手的产品和服务相区别。品牌是一个综合概念，它包含品牌名称、品牌标记、商标等概念在内。通常所说的品牌策略，就是关于上述各项的策略。

2）品牌名称和品牌标记

品牌名称是品牌中能够发音，可以读出声音的部分，如格力、小米等，这些都是我国著名的品牌名称；品牌标记是品牌中可以被识别但是不能读出声音的部分，常常为某种符号、图案或其他专门的设计，如上述品牌中格力的图标、小米 M 的图案等。

3）商标

商标是一个专门的法律术语。品牌或品牌的一部分经向有关部门依法注册并取得专用权后，称为商标。商标经核准，商标持有人便享有专用权，这是一项重要的工业产权和知识产权，他人未经许可不准使用。如果私自使用他人商标，便构成商标侵权。在市场经济条件下，商标依照其知名度高低和获利大小，具有不同的价值，是企业一项重要的无形资产，其产权和使用权可以依法转让及买卖。

情境再现

“R”标与“TM”标的不同

R 是注册商标标记，TM 一般是指正在申请中的商标标记，这些标记可以打到产品上去，也可以不使用。如果产品商标上没有任何标记，有可能是没有注册商标，也有可能是注册了但没有打标记。商标上的 TM 有其特殊含义。TM 标志并非对商标起保护作用，它与 R 不同，TM 为 TradeMark 的缩写，既包含注册商标 R，也包含直接使用未经商标局核准注册的未注册商标。R 用在商标上是指注册商标，用圆图 R，圆图里的 R 是英文 Register 注册的首字母，意思是该商标已在国家商标局进行注册申请并已经商标局审查通过，成为注册商标。R 商标具有排他性、独占性、唯一性等特点，归注册商标所有人所独占，受法律保护，任何企业或个人未经注册商标所有权人许可或授权，均不可自行使用，否则将承担侵权责任。

4）品牌的作用

1. 对消费者的作用。

品牌有利于消费者识别产品，便于有效地挑选和购买；有利于维护消费者的权益；有利于消费者寻找生产和经销企业，便于联系重复购买，便于修理及更换零件等服务；有利于消费者避免购买风险，降低购买成本。好的品牌对消费者具有很强的吸引力，有利于形成消费者的品牌偏好，满足消费者的精神需求。

2. 对生产经营企业的作用。

第一，品牌有助于市场细分，进而进行市场定位。企业可以在不同的细分市场推出不同品牌以适应消费者的个性差异，更好地满足消费者。第二，品牌有助于稳定产品的价格，减少价格弹性，提高对动态市场的适应能力。第三，品牌有助于产品的销售和占领市场。品牌形成一定的知名度和美誉度后，就会促进消费者的品牌忠诚。企业通过品牌忠诚在竞争中得到某些保护。第四，品牌有助于促销活动的开展。第五，借助品牌能为企业的营销活动提供方便，便于制造商管理订货和处理销货业务，也便于经销商识别供应商及销售产品。第六，品牌有助于新产品的开发，节约新产品市场投入成本。

（二）品牌定位

品牌定位是市场定位的核心和集中表现，是指企业在市场定位和产品定位的基础上，对特定的品牌在文化取向及个性差异上的商业性决策，它是建立一个与国际市场有关的品牌形象的过程和结果。换言之，品牌定位指为某个特定品牌确定一个适当的市场位置，使商品在消费者的心中占领某个特殊的位置，当某种需要突然产生时，比如购买安全的汽车首先会联想到××。

品牌定位的目的就是将产品转化为品牌，以利于潜在顾客的正确认识。成功的品牌都有一个特征，就是以一种始终如一的形式将品牌的功能与消费者的心理需要连接起来，通过这种方式将品牌定位信息准确传达给消费者。因此，企业最初可能有多种品牌定位，但最终要建立对目标人群最有吸引力的竞争优势，并通过一定的手段将这种竞争优势传达给消费者，转化为消费者的心理认识。

（三）品牌策略

为了使品牌在市场营销中更好地发挥作用，必须进行正确的品牌决策，采取适当的品牌策略。

1）品牌化策略

品牌化策略即决定该产品是否使用品牌。在激烈的市场竞争中，品牌对消费者、对企业以及对整个社会都有重要的作用。企业决定是否给产品起名字，设计标志并向政府有关部门注册登记的活动被称为企业的品牌化策略。企业可以给产品选择有品牌策略或者无品牌策略，有些垄断产品是不需要品牌的，如自来水和电。在发达的市场经济条件下，品牌化是一种趋势。在西方国家，品牌无处不在，甚至连水果、鸡蛋都有品牌。

虽然使用品牌要付出代价，包括设计费、制作费、注册费、广告费等，并且还要承担品牌在市场上失败的风险，但是，使用品牌也能给企业带来诸多好处。比如通过品牌树立企业的形象；声誉良好的品牌能给企业带来较好的收益；品牌名称和商标可以使企业产品得到法律保护；有助于营销者进行市场细分。

反之，有一些企业使用品牌对促进产品销售的作用甚微，甚至得不偿失，这时就不一定非要使用品牌。不使用品牌的商品有以下几种情况：

（1）产品本身不具备因制造商不同而形成的质量特点的产品，如电力、煤炭、矿石等。

（2）习惯上不必认定品牌才购买的产品，如大米、食盐等。

（3）生产工艺简单，没有一定技术标准，选择性不大的产品，如钉子、针线等。

（4）临时性或者一次性生产的产品，如日食观测卡、一次性的纪念品等。

（5）原材料或初级加工产品，如木材、砂石等。

（6）新创企业尚未定型的产品。

2）品牌归属策略

企业一旦决定对产品使用品牌，通常会面临 5 种选择。一是制造商品牌，又称生产品牌或全国品牌，即制造商使用自己的品牌，如海尔、格兰仕微波炉等。二是经销商品牌，又称中间商品牌或自有品牌，即中间商向制造商大量购进产品或加工订货，用中间商的品牌把产品转卖出去。三是混合品牌，上述两种品牌同时存在，即一部分产品用制造商品牌，一部分用中间商品牌。四是特许品牌，是指生产商或零售商得到授权许可后，使用已经存在的某个品牌或某个名人的名字给自己的产品命名。例如，肯德基加盟店所使用的品牌就是在特许经营模式下的特许品牌。五是借用他人品牌，又称定牌（贴牌），许多著名的超市、服装商店都使用自己的品牌。例如，沃尔玛经销的 90%的产品都用自己的品牌。

一般来说，如果制造商拥有良好的信誉和较高的市场份额，企业实力强，宜采用制造商自己的品牌；在制造商资金紧张、市场营销能力差的情况下，则不宜采用制造商品牌，而应以中间商品牌为主或全部采用中间商品牌。

情境再现

耐克：中间商品牌的胜利

耐克作为一个全球品牌已享有很高的知名度，年销售额近 95 亿美元。然而，很多人并不知道耐克其实没有自己的生产基地，它只是一个中间商品牌。耐克正式命名是在 1978 年，到 1999 年全球销售额已达 95 亿美元，跨入《财富》500 强行列，超过了原来同行业的领袖品牌阿迪达斯、锐步，并被誉为近 20 年来世界成功的消费品公司。耐克营销的创新之处在于它的中间商品牌路线。为了显示自己在市场方面的核心优势，它没有建立自己的生产基地，自己并不生产耐克鞋，而是在全世界寻找条件最好的生产商为耐克生产。

并且，它与生产商的签约期限不长，这有利于耐克掌握主动权。选择生产商的标准是：成本低，交货及时，品质有保证。这样，耐克规避了制造业公司的风险，专心于产品的研究与开发，快速推出新款式，大大缩短了产品生命周期。耐克的成功在于，它专注于做自己最擅长的事，把不擅长的事交给别人去做。这已经成为一种新的竞争战略，但这却是这些创新型的公司所擅长的。这就给老式的洛克菲勒式的创业者提出了挑战。

3）品牌统分策略

品牌统分策略，又称家族品牌策略或者品牌名称策略，是指决定企业所生产的各种不同种类、质量、规格的产品使用一个或几个品牌，还是不同产品分别使用不同的品牌。一般来说，可以有以下 4 种选择。

1. 统一品牌。

统一品牌即企业所有的产品都统一使用一个名称、名词标号或设计的家族品牌。例如，美国的通用电气公司产品繁多，但都使用“GE”这个品牌。

采用这种策略的优点是：可以减少品牌设计和广告费用；利用品牌已有的良好声誉和影响，可以在推出新产品的过程中产生爱屋及乌的连带效应，更容易被消费者接受；可以壮大声势，显示实力，提高知名度，塑造企业形象，有利于创立品牌。

采用这种策略应具备一些条件：首先，企业和产品必须在市场上保持领先地位，品牌在市场上已获得一定的信誉和知名度，受到消费者的喜爱；其次，采用统一品牌的各种产品要具有相同的质量水平，否则，任何一种产品的失败，都会使整个品牌蒙受损失。

情境再现

松下电器

随着企业的不断壮大，松下电器的产品开始行销世界各地。公司的产品涉及无线电机器、电机、家用电器、电池等。National 品牌强调的是国民性，而非世界性，显然不符合松下产品国际化的背景，因此，松下果断推出了 Panasonic 作为海外产品的商标，利用 Panasonic 树立起良好的品牌形象，推出新产品占领市场。内外呼应，双管齐下使 National 在日本家喻户晓，使 Panasonic 走向世界。

2. 个别品牌。

个别品牌即企业对不同的产品分别使用不同的品牌。这种品牌策略适合产品差别较大、产品系列内品种较多的企业所采用。例如，美国可口可乐公司生产的饮料分别使用可口可乐、雪碧、芬达等品牌。

使用个别品牌的优点是：有利于分散产品营销的市场风险，把个别产品的成败同企业形象分开，不至于因个别产品的失败而导致整个企业形象的声誉受损；有利于发展不同档次的产品，满足不同消费者的需要。

使用个别品牌的不足是：要为每个品牌分别做广告宣传，费用开支增加，且较难树立企业整体形象，也很难都成为名牌。

3. 分类家族品牌。

分类家族品牌即对不同类型的产品使用不同的家族品牌，即一个产品使用一个牌子。如果企业生产用途截然不同的产品，最好采取这种品牌策略。例如，该公司对食品和化肥、洗衣粉和中药使用不同的品牌，以免互相混淆。有时企业虽然生产经营同一类产品但是存在明显的质量差异，往往也需要使用不同的品牌。

使用分类家族品牌的优点是：新产品的上市推广可以借助已有品牌的口碑，节省推广费用，降低导入成本，失败风险小。

使用分类家族品牌的不足是：众多产品的成长休戚相关，一种产品受挫，往往影响其他产品的推广；相对统一品牌策略而言，如果在市场利润低、企业营销成本又高的情况下，会造成传播推广费用分散，无法起到整合的效果。

4. 企业名称加个别品牌并用。

企业名称加个别品牌并用即不同类别的产品采用不同的品牌，同时在每一品牌之前均冠以公司名称，以公司名称表明产品出处，以品牌表明产品的特点，汽车、手机等制造商常用这种策略。例如，苹果手机的 iPhone12、iPhone12plus；通用汽车公司对它所生产的各类汽车前面都加上“GM”字母，作为通用产品统一品牌，后面再分别加上凯迪拉克（Cadillac）、别克（Buick）、雪佛兰（Chevrolet）等不同品牌。

这种策略的优点是：既可利用公司声誉推出新产品，节省广告宣传费用，又可使各个品牌保持自己的相对独立性。

4）品牌延伸策略

1. 产品线扩展。

产品线扩展指企业在现有产品类别中增加一个新的产品品种或品目，并以同样的品牌名称推出。该新产品的品种往往具有新的特性（如新的口味、新的包装、新的颜色、新的成分等）。例如，可口可乐公司推出的含咖啡因子的可乐或者无糖可乐，都以可口可乐这个名称推出市场。产品线扩展的方式多种多样，既可以创新，又可以仿制，还可以更换包装。

采用产品线扩展策略的前提条件是：该企业具有较大的规模和较强的营销能力；该产品线的品牌属于强势品牌，进入市场较早，并在市场上享有比较好的品牌声誉；产品线的扩展所带来的销售增加足以弥补由于内部竞争而导致的原有产品品种销售的下降。

2. 品牌延伸。

品牌延伸指企业在现有品牌产品基础上推出新的产品。例如，日本本田公司利用“本田”之名推出了许多不同类型的产品，如汽车、摩托车、铲雪车、割草车、雪车、轮机等。

品牌延伸策略要考虑以下几方面的因素：品牌核心价值与个性、新老产品的关联度、行业与产品特点、产品的市场容量、企业所处的市场环境、企业发展新产品的目的、市场竞争格局、企业财力与品牌推广能力等。而上述众多因素中，品牌核心价值与个性又是最重要的。一个成功的好的品牌产品可以使新产品迅速被市场所识别和接受，可以节约促销新产品的费用。

实施品牌延伸策略的优势在于：新产品能够借助老产品的知名度迅速获得消费者的信任，使企业更容易进入一个新的产品领域；品牌延伸能够提升核心品牌的形象，能够提高整体品牌组合的投资效益，可能进一步扩大原品牌的影响力。

实施品牌延伸策略也存在一定的风险，主要表现在 3 个方面。一是新产品的上市可能由于质量不好削弱原品牌的形象，使原品牌丧失原有优势，造成品牌资产贬值。二是品牌定位模糊，淡化品牌特征，出现“品牌稀释”现象。例如，巨人集团在开发游戏产品创建自己的品牌之后就开始了品牌延伸，向保健品、房地产等领域渗透，先是斥巨资开发了“巨人脑黄金”“脑白金”等保健品并获得成功，但这样并没有让史玉柱的延伸策略停下脚步，他还用自己的现有资金开发巨人大厦，结果大厦没建成，资金链断裂，造成了危机。三是品牌形象错位，造成消费者心理冲突。

二、引导问题：常见的包装策略有哪几种？中国企业的产品包装策略有哪些需要改进之处

（一）包装的含义及作用

包装指盛放产品的包装物及其形象，或者指企业设计、制造和包装产品的一系列活动。盛放产品的包装物及其形象是产品质量和形象的重要组成部分，包装在现代商品销售中有十分重要的作用。

1）保护物品

好的产品包装可以使产品在流通过程中延长产品保存期，易于储运，不致损坏变质，保持产品的使用价值，有效地保证产品的质量。

2）提供方便

好的产品包装可以起到介绍产品、便于使用、指导消费的作用。在产品包装上附加必要的说明，可以使人们了解产品的有关信息，便于选购，同时也可以指导人们正确地进行消费、方便使用。例如，越级市场的自助销售，如果没有良好的包装做保证是很难成功的。

3）促进销售

好的产品包装可以促进销售、提高竞争力。在市场上首先进入客户视觉的往往不是产品本身而是产品包装，能否引起客户的兴趣、触发购买动机在相当大的程度上取决于产品包装的优劣。包装作为“无声的推销员”，在提高产品市场竞争和促进销售中发挥着重要作用。良好的包装能够提高产品的吸引力，包装本身的价值也能促发消费者购买某种产品的动机。

4）增加利润

包装具有增值功能，优秀的包装能抬高产品身价，使产品卖一个好价钱。提高包装吸引力比在产品其他方面努力的代价低，而且效果好。另外，包装的保护功能本身就可以增加利润。

在现代商品销售中：包装的“诱购功能”越来越受到企业重视。有人甚至认为，“无论产品的内容是不是最好的，都要让人们从包装上看起来是最好的”。此种做法虽然有些舍本逐末，但对增加销量有一定的作用。

情境再现

消费者为什么给“大白兔”涨价好脸色

2016 年，一则新闻刷爆了朋友圈，当时成了网络上引起广泛关注的热点之一。“大白兔奶糖新包装价格涨 9 倍，一斤 265 元你会买吗？”原来是上海人津津乐道的老字号糖果品牌——大白兔奶糖携手法国时尚品牌“agnesb”推出限量珍藏版：蓝色、粉色两款兔形铁盒装的奶糖价格，是传统普通包装大白兔奶糖的 9 倍。尽管身价倍增，依然有一部分消费者愿意为礼盒包装的“高颜值”奶糖买单。专家表示，在礼品包装方面，沪上一些老字号的附加价值远不如国外产品，“大白兔”的尝试不失为一种创新探索。

大白兔奶糖，是信得过的国产奶糖老字号，无论是品牌还是质量，都不比其他奶糖差，甚至因其更适合国人的喜好和口感，陪伴了好几代人。但是，由于健康生活习惯等众所周知的原因，大白兔奶糖要扩大销量、增加利润，会逐渐步入一个相对狭隘的巷道中。企业要追求发展壮大，就需要面对既保住现有品牌，发挥原有魅力，又迎难而上，实施创新推进的难题。

大白兔推出限量珍藏版奶糖，消费者非但没有反感，反而在一些销售点卖到脱销，这表明换新包装是成功的。对于“换装”的大白兔奶糖，消费者对价格没有太多的质疑与敏感，却对“高颜值”包装喜爱有加，说明创新包装迎合了部分消费者的需求。这让大白兔奶糖在味道、质量、品牌之外，附加了更有意义的信息和价值，这与用心做产品、保质量、促销售没有任何冲突，还让大白兔以新的方式向前跃进了一步。

资料来源：千龙网，http://review.qianlong.com/2016/0316/458309.shtml.

（二）包装设计原则

1）美观大方，突出特色

造型美观大方，图像生动形象，不落俗套，避免模仿、雷同，尽量采用新材料、新图案、新形状。

2）包装应与商品的价值或质量水平相配合

贵重商品和艺术品、化妆品包装要烘托出商品的高雅和艺术性，但包装价值一般不宜超过商品本身价值的13%～15%。

3）能显示商品的特点和风格

对于以外形和色彩表现特点、风格的商品，如服装、装饰品、食物等，应考虑采用透明包装或在包装上付印彩色照片。

4）便于运输、保管、携带

包装的造型和结构应考虑销售、使用、保管和携带的方便。容易开启的包装结构便于密闭式包装商品的使用；喷射式包装适合于液体、粉末、胶状商品。包装的大小直接影响商品使用时的方便程度。在便于使用的前提下，还要考虑贮存、陈列、携带方便。

5）符合法律规定

首先，包装设计要严格注意对消费者权益的保护，尤其不能出现诱导消费者购买的字样；其次，包装设计中要严格遵守商标权和外观设计保护；最后，包装设计过程中，也要重视环境保护法律法规的约束制度。

6）兼顾社会利益

包装上的文字应能增加客户的信任感并指导消费。产品的性能、使用方法和效果常常不能直观显示，需要用文字进行表述。包装上文字的设计应根据客户心理突出重点。

7）尊重用户的宗教信仰和风俗习惯

包装上的色彩、图案的含义对不同用户而言是不一样的。包装上的文字、图案、色彩等不能与目标市场的风俗习惯、宗教信仰、传统文化发生抵触。

情境再现

厨邦酱油的包装设计

不同行业的战略重心与决胜点是不一样的。对于快消品行业来说，包装设计就是快消品营销的战略重心，是货架战场的决胜点，是广告创意的关键动作。一切围绕包装设计展开，则事半功倍。如果缺乏对包装设计的理解，甚至完全是“设计文盲”，设计根本与销售成效无关，那就完全没有发力点了。厨邦酱油以包装作为战略重点，一战而定，是上海华与华咨询公司操刀的经典案例。

（1）包装设计凸显陈列优势：单品陈列的发现优势和集中陈列的阵列优势。在厨邦的包装设计上，用餐桌布的绿格子作为厨邦产品包装上的战略花边，既实现了单品陈列的发现感，又实现了产品在货架集中陈列时的阵列优势，并通过包装建立起厨邦的品牌符号，成为巨大的、每天都在增值的品牌资产。

（2）包装设计促进销售：重点在信息整理和阅读顺序，快速沟通，一气呵“成交”。把瓶颈当海报用，放上厨邦酱油大晒场图片，在图上标注“有图有真相”，寄生于强大生命力和亲和力的网络语言，接下来用“晒足180天”向消费者发出购买邀请。

去掉了“厨邦酱油”产品名的白圈，改变字体、放大加粗，在终端更容易被发现。包装侧面再重复一遍“有图有真相、晒足180天”和“厨邦讲良心、产品更放心”!最终，厨邦将绿格子铺满了中国的大街小巷，也助力厨邦实现了从10亿元到近50亿元的销售规模的成长。

资料来源：华与华公司，http://www.huayuhua.com/index/Anlishow/catid/T/id/47.html.

（三）产品包装策略

符合设计要求的包装固然是良好的包装，但良好的包装只有同包装策略结合起来才能发挥应有的作用。可供企业选择的包装策略有以下几种。

1）类似包装策略

类似包装策略指企业将其生产的各种不同产品，在包装外形上采用相同的图案、近似的色彩及其他共同的特征，使顾客极易联想到这是同一家企业生产的产品。

2）差异包装策略

差异包装策略指企业的各种产品都有自己独特的包装，在设计上采用不同的风格、色调和材料。这种策略能够避免由于某一产品推销失败而影响其他产品的声誉，但相应地也会增加包装设计费用和新产品促销费用。

3）组合包装策略

组合包装策略指将多种相关的产品配套放在同一包装物内出售，如系列化妆品包装。这种包装可以方便顾客购买和使用，有利于新产品的销售。

4）再使用包装策略

再使用包装策略指企业在进行产品包装时，要注意即使原包装的产品用完后，空的包装容器还可以做其他用途。例如，糖果包装盒还可以用作文具盒等。这种包装策略一方面可以引起用户购买兴趣；另一方面还能使刻有商标的容器发挥广告宣传的作用，吸引顾客重复购买。但是，这类包装成本一般较高，包装实际上已成为一种产品。

5）附赠品包装策略

附赠品包装策略是目前国外市场上比较流行的包装策略，如：儿童市场上玩具、糖果等商品附赠连环画等；化妆品包装中附有赠券，积累到一定数量，可以得到不同的赠品。

6）等级包装策略

企业对不同档次、不同等级的产品，采用不同等级的包装，使包装的风格与产品的质量和价值相称。这种策略能显示出产品的特点，易于形成系列化产品，便于消费者选择和购买，但包装设计成本较高。

案例分析实例

阅读以下资料，利用本任务所学知识分析宝洁公司成功的奥秘。

宝洁公司多品牌策略

宝洁公司是一家美国企业。它的经营特点：一是种类多，从香皂、牙膏、漱口水、洗发精、护发素、柔软剂、洗涤剂，到咖啡、橙汁、烘焙油、蛋糕粉、土豆片，再到卫生纸、化妆纸、卫生棉、感冒药、胃药，横跨了清洁用品、食品、纸制品、药品等多个行业。二是许多产品大多是一种产品多个品牌。以洗衣粉为例，他们推出的品牌就有汰渍、洗好、欧喜朵、波特、世纪等近10种品牌。在中国市场上，香皂用的是舒肤佳，牙膏用的是佳洁士，卫生巾用的是护舒宝，仅洗发水就有“飘柔”“潘婷”“海飞丝”3个品牌。

宝洁公司是如何实施多品牌策略的？

宝洁公司经营的多种品牌策略不是把一种产品简单地贴上几种商标，而是追求同类产品不同品牌之间的差异，包括功能、包装、宣传等诸多方面，从而形成每个品牌的鲜明个性。这样每个品牌都有自己的发展空间，市场就不会重叠。以洗衣粉为例，宝洁公司设计了9种品牌的洗衣粉，汰渍（TIde）、奇尔（Cheer）、格尼（Gain）、达诗（Dash）、波德（Bold）、卓夫特（Dreft）、象牙雪（1vorySnow）、奥克多（Oxydol）和时代（Eea）。他们认为，不同的顾客希望从产品中获得不同的利益组合。有些人认为洗涤和漂洗能力最重要；有些人认为使织物柔软最重要；还有人认为洗涤和漂洗能力最重要；还有人希望洗衣粉具有气味芬芳、碱性温和的特征。于是就利用洗衣粉的9个细分市场，设计了9种不同的品牌。

从防御的角度看，宝洁公司这种多品牌策略是打击对手、保护自己最锐利的武器。一是从顾客方面讲，宝洁公司利用多品牌策略频频出击，使公司在顾客心目中树立起实力雄厚的形象；利用一品多牌从功能、价格、包装等各方面划分出多个市场，能满足不同层次、不同需要的各类顾客的需求，从而培养消费者对本企业的品牌偏好，提高其忠诚度。二是对竞争对手来讲，宝洁公司的多品牌策略，尤其是像洗衣粉、洗发水这种“一品多牌”的市场，宝洁公司的产品摆满了货架，就等于从销售渠道上减少了对手进攻的可能。从功能、价格诸方面对市场的细分，更是令竞争者难以插足。这种高进入障碍无疑是大大提高了对方的进攻成本，对自己来说就是一块抵御对手的盾牌。

资料来源：余爱云，刘列转. 市场营销理论与实务[M]. 北京：北京理工大学出版社，2021.

思考：

1. 宝洁公司多品牌策略有何特点？
2. 哪类企业和产品适合实施多品牌策略？

《宝洁公司多品牌策略》案例分析视频

思政园地

华为手机的华丽转身

华为手机自成立以来，在市场上一直默默无闻，销售渠道也基本是和电信运营商合作，尽管取得了一定的销量，但是在终端市场的品牌影响力上微乎其微；在华为公司内部，相对于电信设备而言，华为手机也一直被边缘化，营业额和利润贡献几乎可以忽略不计；在消费者的心目中，品牌形象和普通山寨手机无异。直到2010年，华为才发力手机终端市场运作，并取得了不俗的成绩。在全球市场，华为销量已经成为仅次于三星和苹果的第三大智能手机品牌；在国内市场，也已经成为国内品牌的前三，与酷派和联想市场份额的差异逐渐缩小，而前两者一直耕耘于手机市场。笔者认为，与辉煌的销售数据相比，华为更大的成功在于树立了华为手机在消费市场的品牌地位。

华为品牌影响力的提升和品牌形象的改善主要得益于以下3个方面：

1. 企业品牌对产品品牌的背书。

华为作为中国最成功的民族企业之一，短短25年间由一个全新企业成为世界第二大通信设备生产商，面对通信行业上百年的西门子、阿尔卡特、朗讯等强大竞争对手，一路过关斩将，所向披靡，成为中国民族工业的骄傲。

2. 产品品质对品牌的支撑。

产品和品牌之间的关系就好比树根、树叶，只有树根强大的树才能够枝繁叶茂，树叶获取的阳光又能够促使树根进一步成长。同样的道理，优质的产品质量和良好的产品体验能够让消费者对品牌产生好且丰富的联想，消费者好的联想又能够促使产品的进一步销售。

3. 整合营销传播对品牌的塑造。

华为的营销传播分为两个层面：企业层面和产品品牌层面。前者形成“华为”品牌宏观和共性的品牌联想，后者形成具体产品；前者通常是半推半就的被动传播，后者是最近才开始的主动传播。

综上所述，华为正是在企业、产品和品牌传播三要素的相互协同下，迅速成长为一个全国乃至全球知名的手机品牌。

资料来源：从山寨到名牌——华为手机的华丽转身[OL]. 文库_中国营销传播网.

思考：

华为手机为何如此成功？你有什么感想与收获？

任务考核

表5-3-1　任务评价单

项目五　产品策略					
任务三　品牌与包装策略	姓名		组别		
	专业		学号		
内容	评分标准				得分
概念问题（20分）	共5题，每题4分				
案例分析（60分）	“米粉”是怎样炼成的： 1. 能够依据品牌的整体含义进行分析（20分）; 2. 从品牌建设的作用角度进行分析（40分）				
思政园地（20分）	学会搜集和整理资料，学会表达自己的想法（20分）				

06

项目六

价格认知与价格策划

任务一　认识价格及内涵

<table>
<tr><th colspan="6">项目六　价格认知与价格策划</th></tr>
<tr><td colspan="2" rowspan="2">任务一
认识价格及内涵</td><td>姓名</td><td colspan="2"></td><td>组别</td></tr>
<tr><td>专业</td><td colspan="2"></td><td>学号</td></tr>
<tr><td colspan="3">知识目标</td><td colspan="2">技能目标</td><td>思政目标</td></tr>
<tr><td colspan="3">1. 了解价格的本质；
2. 了解价格的作用；
3. 理解居民消费价格指数 CPI 的含义；
4. 了解影响定价的因素</td><td colspan="2">1. 能够正确判断企业定价的因素；
2. 会运用价格知识进行案例分析</td><td>1. 树立以国家、人民利益为先的大格局观；
2. 树立正确的价值观，培养勇于担当的精神</td></tr>
<tr><td>学习重点</td><td colspan="5">1. 会分析价格对销售额的影响；
2. 理解居民消费价格指数 CPI 的含义；
3. 了解和学会判断影响定价的因素</td></tr>
<tr><td>学习难点</td><td colspan="5">运用所学知识正确进行案例分析</td></tr>
</table>

任务清单

一、概念问题

（一）判断题

1. 价格与价值一直保持相等。（　）

2. 企业在定价时可以只考虑企业自身的情况，不用考虑竞争对手去定价。（　）

（二）不定项选择题

1. 价格的作用主要体现在哪几方面？（　　）

A. 价格是商品供求变化的指示器　　B. 价格是商品供求的调节器

C. 价格没有实际作用　　D. 价格是实现国家宏观调控的一个重要手段

2. 关于居民消费价格指数 CPI 错误的是（　　）。

A. 它是反映一定时期内城乡居民所购买的生活消费品和服务项目价格变动趋势及程度的相对数

B. 通过该指数可以观察和分析消费品的零售价格与服务项目价格变动对城乡居民实际生活费支出的影响程度

C. 它与价格体系没有什么关系

D. 它是进行经济分析和决策、价格总水平监测和调控及国民经济核算的重要指标

3.下列哪些因素能影响企业定价？（　　）

A. 企业定价目标、企业状况　　B. 产品成本、市场需求

C. 竞争因素　　D. 产品特点

二、案例分析

案例 6-1-1　华为 Mate50 系列与 iPhone14 系列价格比较

华为 Mate50 系列发布会于 2022 年 9 月 6 日 14:30 举行。9 月 8 日凌晨 1 点，iPhone14 系列正式发布。价格如下：

华为之前发布的 Mate50 系列价格如下：

Mate50E 128G：3 999 元，256G：4 499 元

Mate50 128G：4 999 元，256G：5 499 元，512G：6 499 元；昆仑玻璃版：256G：5 699 元，512G：6 699 元

Mate50Pro 256G 6 799 元，512G 7 799 元，昆仑玻璃版 256G：6 999 元，512G：7 999 元

Mate50 保时捷版只有 512G 一个版本，售价是 12 999 元。

iPhone14 系列价格如下：

iPhone14：128GB 5 999 元，256GB 6 899 元，512GB 8 699 元

iPhone14Plus：128GB 6 999 元，256GB 7 899 元，512GB 9 699 元

iPhone14Pro：128GB 7 999 元，256GB 8 899 元，512GB 10 699 元，1TB 12 499 元

iPhone14 Plus：128GB 6 999 元，256GB 7 899 元，512GB 9 699 元

资料来源：百度百科，https://www.chinaz.com/top/ask/3645_3794.shtml.

思考：

1. 大家上网查询两大手机厂商各系列手机型号性能，说出华为手机的优势有哪些？
2. 分析两大手机厂商在给手机定价时都考虑了哪些因素？

案例 6-1-2　巴黎迪斯尼乐园的价格变动策略

巴黎迪斯尼乐园于 1992 年 4 月开业，然而直到 1993 年冬天，它的 5 家主题酒店还是半空的，第 6 家干脆关了门，到了 1994 年，每天的亏损就高达 100 万美元。

于是，该乐园对市场进行了一项调查，结果显示：法国人对主题公园门票的心理限价是 200 法郎。根据此结果，乐园决定 1995 年将门票从 250 法郎降到 195 法郎。结果 1995 年游客

的数量增加了 23%，乐园第一次实现了盈利。到 2000 年 4 月，乐园又决定将门票上升到 220 法郎，而此时消费者对该乐园已经熟悉并接受，对超过 200 法郎的门票价格的抵触自然也就消失了。

资料来源：百度百科，https://www.docin.com/p-2719630405.html.

思考：

1. 分析案例中，巴黎迪斯尼乐园刚开始定价失败的原因是什么？
2. 分析后期定价为什么取得了成功？

知识获取

市场营销由 4 个基本要素组成，即产品、促销、分销和定价。企业通过前 3 个要素在市场中创造价值，通过定价从创造的价值中获取收益。前 3 个要素均表现为成本，只有价格是唯一能产生收入的因素。价格也是营销组合中最灵活的因素。

一、引导问题：你知道价格的本质是什么吗

（一）价格的含义

在经济社会中，价格一般指顾客为得到一单位产品或服务而必须支付的货币数量，或指产品和服务的提供者提供某一单位产品或服务所收取的费用。从市场本身的角度来说，价格泛指买卖双方就买卖商品时订立的兑换比率。

（二）价格的本质

经济学告诉我们，价格是一种从属于价值并由价值决定的货币表现形式。价值的变动是价格变动的内在的、支配性的因素，是价格形成的基础。商品的价格虽然是表现价值的，但是，仍然存在着商品的价格和价值不一致的情况。在市场经济条件下，商品价格往往受市场供求状况的影响，围绕它的价值上下波动，如图 6-1-1 所示。

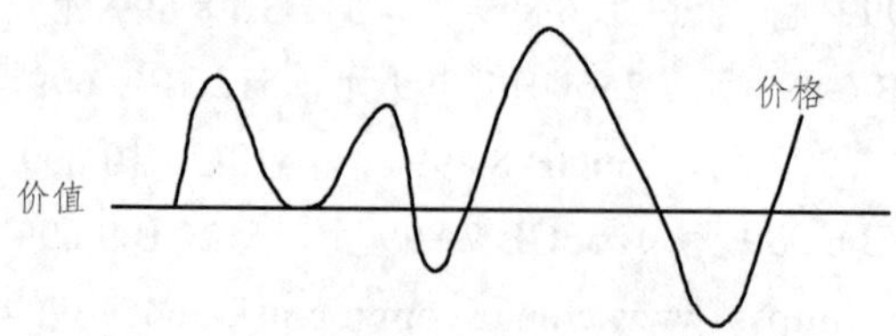

图 6-1-1　价格的本质

二、引导问题：你知道价格有哪些作用吗

随着市场经济的发展，价格的作用主要体现在以下几个方面：

（一）价格是商品供求变化的指示器

供不应求时价格上涨，供过于求时价格下跌。在市场上，借助于价格，企业可以直接获取市场供求的信息，也可以不断地调整企业的生产经营决策，调节资源的配置方向，促进社会供给和需求的平衡。

（二）价格是商品供求的调节器

价格水平与市场需求量的变化密切相关。价格变动，对需求量、需求方向、需求结构都有一定的影响。在消费水平一定的情况下，价格越高，需求量越小；价格越低，需求量越大。但是价格过高，消费者就会选择少买或者选择其他替代品。因此，商品价格水平的变动起着改变消费者需求水平的作用。需求决定了创业产品的价格上限，成本是其下限。

（三）价格是实现国家宏观调控的一个重要手段

市场经济是一种以市场调节为主，宏观调控为辅的经济。价格所显示的供求状况变化，为国家对经济进行宏观调控提供了信息。当某种商品的价格变动幅度预示着这种商品供求状况时，国家就可以利用利率、工资、税收等工具，鼓励和诱导企业生产增加或减少，从而调节商品的供求平衡。

三、引导问题：你知道什么是居民消费价格指数 CPI 吗

居民消费价格指数（Consumer Price Index，CPI）是反映一定时期内城乡居民所购买的生活消费品、服务项目价格变动趋势和程度的相对数，是对城市居民消费价格指数和农村居民消费价格指数进行综合汇总计算的结果。通过该指数，可以观察和分析消费品的零售价格与服务项目价格变动对城乡居民实际生活费支出的影响程度。

农村居民消费价格指数是反映一定时期内农村居民家庭所购买的生活消费品价格和服务项目价格变动趋势及程度的相对数。该指数可以观察农村消费品的零售价格、服务项目价格变动对农村居民收入和生活消费支出的影响。

居民消费价格统计调查的是社会产品和服务项目的最终价格，一方面同人民群众的生活密切相关，同时在整个国民经济价格体系中也具有重要的地位。它是进行经济分析和决策、价格总水平监测和调控及国民经济核算的重要指标。CPI 的变动率在一定程度上反映了通货膨胀或通货紧缩的程度。一般来讲，物价全面、持续地上涨就被认为是发生了通货膨胀。

CPI 月度数据由国家统计局通过新闻发布的形式统一公布，公布形式包括 CPI 消费物价指数，国务院统一安排的新闻发布会和国家统计局官方网站的传播。国家统计局发布 CPI 的时间，月度一般在月后 13 号左右，季度、年度则延至月后 20 号左右。

消费价格指数公布内容包括：全国及各省（区、市）CPI；36 个大中城市 CPI。国家统计局 CPI 月度新闻稿中含有总指数、大类指数及部分中类指数（如食品类中的粮食价格、油脂价格、肉禽及制品价格、鲜蛋价格、水产品价格、鲜菜价格、鲜果价格、调味品价格等）的变化描述。

情境再现

CPI 数据

从 2011 年 1 月起，我国 CPI 开始计算以 2010 年为对比基期的价格指数序列。这是自 2001 年计算 CPI 定基价格指数以来，第二次进行基期例行更换，首轮基期为 2000 年，第二轮基期为 2005 年。调整基期，是为了更容易比较。因为对比基期越久，价格规格变化就越大，可比性就会下降。选择逢 0 逢 5 年度作为计算 CPI 的对比基期，目的是与我国国民经济和社会发展五年规划保持相同周期，便于数据分析与使用。

如图 6-1-2 是国家统计局 2022 年 12 月 1 日的 CPI 数据。2021 年 10 月 18 日，国家统计局通报，2021 年前三季度，全国居民消费价格（CPI）同比上涨 0.6%，涨幅比上半年扩大 0.1 个百分点。2021 年全年，全国居民消费价格比上年上涨 0.9%。

从图中能够看出，2022 年 10 月，居民消费价格月度同比上涨 2.1%，城市消费价格月度同比上涨 2.0%，农村消费价格月度同比上涨 2.5%。

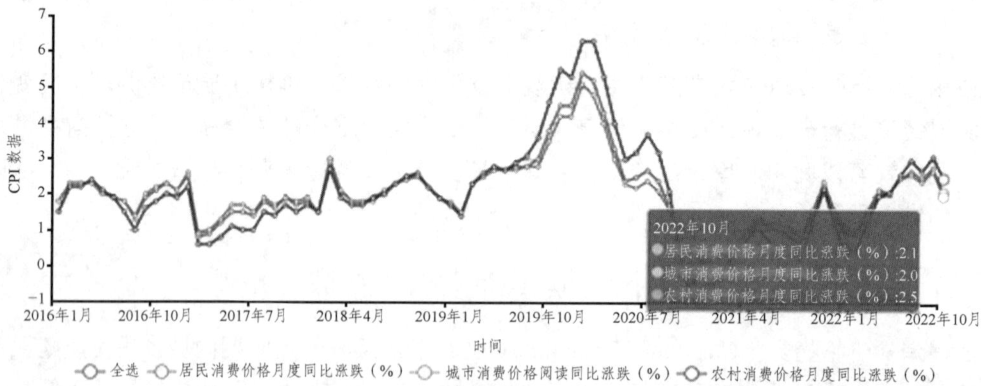

图 6-1-2　2022 年 12 月国家统计局 CPI 数据

CPI 上涨，说明居民的消费水平提高。在 CPI 上涨的初期，说明经济处于复苏或繁荣阶段，此时刺激经济发展，需要内需带动消费，消费能力上涨，经济就能得到提高；而 CPI 如果持续上涨，则可能会出现物价上涨，甚至出现通货膨胀的情形，最终造成货币贬值，此时央行就可能采取紧缩的货币政策。我国的 CPI 和就业率、GDP 都是稳步增长的，CPI 偶尔上涨属于政策情况，当 CPI 持续上涨，国家也会进行宏观调控。

四、引导问题：你知道影响定价的因素有哪些吗

影响产品定价的因素很多，有企业内部因素，也有企业外部因素；有主观因素，也有客观因素。概括起来，主要包括企业定价目标、企业状况、产品成本、市场需求、竞争因素、产品特点和其他相关因素 7 个方面。

（一）企业定价目标

在定价之前，企业必须对产品总战略做出决策。如果企业已经审慎地选择好目标市场和市场定位，那么确定营销组合战略包括价格，便是一件相当容易的事了。例如，某企业管理人员经过慎重考虑，决定为收入水平高的消费者设计生产一种高质量的豪华家具，这就意味着该企业应该制定一个较高的价格。此外，企业管理人员还要制定一些具体的营销目标，如利润额、销售额、市场占有率等，这些都对企业定价具有重要影响。企业定价目标主要有以下几种。

1）维持生存目标

维持生存是企业处于不利环境中实行的一种特殊的过渡性目标。当企业遇到产品供过于求、成本提高、竞争加剧、价格下跌的冲击时，为避免倒闭、渡过难关，往往以保本价格，甚至亏本价格销售产品。在这种情况下，生存比利润更重要。只要价格能够补偿可变成本和

一些固定成本，企业就能继续留在行业中。

2）利润最大化目标

追求最大利润，几乎是所有企业的共同目标。但利润最大化并不等于制定最高价格。定价偏高，消费者不能接受，产品销售不畅，反而难以实现利润目标。同时，高价刺激竞争者介入和仿冒品增加，更有损于市场地位。一般做法是，企业估计不同价格所对应的需求和成本，然后选择能够产生最大利润、现金流动和投资回报的价格。

3）市场占有率最大化目标

市场占有率是衡量企业营销绩效和市场竞争态势的重要指标，因为赢得最高的市场占有率之后，企业将享有最低的成本和最高的长期利润。为了成为市场份额的领导者，企业会尽可能地定低价。

情境再现

沃尔玛低价策略

沃尔玛能够迅速发展，除了正确的战略定位外，也得益于其首创的“折价销售”策略。每家沃尔玛商店都贴有“天天廉价”的大标语。同一种商品在沃尔玛比其他商店便宜。沃尔玛提倡的是低成本、低费用结构、低价格的经营思想，主张把更多的利益让给消费者，“为顾客节省每一美元”是他们的目标。沃尔玛的利润率通常在30%左右，而其他零售商如凯马特的利润率都在45%左右。公司每星期六早上举行经理人员会议，如果有分店报告某商品在其他商店比沃尔玛低，可立即决定降价。低廉的价格、可靠的质量是沃尔玛的一大竞争优势，吸引了一批又一批的顾客。

4）产品质量最优化目标

企业如果考虑产品质量领先这样的目标，并在产品和市场营销过程中始终贯彻产品质量最优化的指导思想。这就要求用高价格来弥补高质量和研究开发的高成本。产品优质优价的同时，还应辅以相应的优质服务。

5）获取投资收益率目标

投资收益率是指投资收益与投资总额的比率，它反映了企业的投资效益。获取一定的投资收益率是众多企业尤其是垄断企业、在同行业中具有雄厚实力企业、产品生命周期较长或者生产较为稳定企业的定价目标。以获取一定的投资收益率作为定价目标，要求企业在产品成本的基础上加上预期的投资收益定出产品售价。一般来说，确定投资收益率高低应综合考虑5个因素：

（1）资金来源——投入资金来自银行贷款，投资收益率应高于银行贷款利率，投入资金为企业自有资金，投资收益率应高于银行存款利率。

（2）投资回收期限——投资回收期限较短，投资收益率应较高；投资回收期限较长，投资收益率应较低。

（3）产品生命周期——产品生命周期较短，投资收益率应较高；产品生命周期较长，投资收益率应较低。

（4）需求弹性——顾客需求弹性小，投资收益率可较高；顾客需求弹性大，投资收益率应较低。

（5）市场竞争状况——市场竞争较弱，投资收益率可较高；市场竞争激烈，投资收益率应较低。

6）应付竞争目标

应对竞争目标是指企业将击败竞争对手或抢夺竞争对手的市场份额作为定价基本目标。一般来说，一个行业中的领袖企业为了打压中小企业或者阻止其他企业的进入，往往以应对竞争作为定价目标；一些中小企业为了抢夺大企业的市场份额和扩大自己的影响力，也往往以此作为自己的定价目标。以应对竞争作为定价目标，要求企业在定价时应低于竞争对手的产品价格，以便获得明显的价格竞争优势和利用价格手段击败竞争对手。但需要说明的是，在以应付竞争作为定价目标时，应避免将产品价格定得过低，以免发生价格战，从而导致两败俱伤，并且实行降价倾销也是法律所不允许的。

7）维护企业形象目标

企业形象是企业成功运用市场营销组合开展营销活动和取得公众信赖的长期结果。同时，市场营销组合各因素也是对企业形象的反映，如果企业改变或调整自己的市场营销组合因素，就有可能改变既有的企业形象，从而导致顾客减少、放弃或转移购买等。

维护企业形象目标是指将维护企业的既有形象或保持社会公众对企业的既定看法作为企业定价的基本目标。以维护企业形象作为定价目标，要求企业产品的定价水平必须与公众对企业的印象相符，即如果企业形象是优质高档、服务优良，就应为产品制定一个较高的价格；如果企业形象是价廉实惠，就应为产品制定一个较低的价格。

8）履行社会责任目标

履行社会责任目标是指将履行社会责任和满足社会公众利益最大化作为企业定价的基本目标。现实生活中采用履行社会责任作为定价目标的企业通常有两类：一是公共事业型企业，如公交公司、自来水公司、电力公司、煤气公司等，它们通常都要以较低廉的价格向顾客提供产品和服务；二是执行社会市场观念的企业，将履行社会责任作为定价目标，要求企业必须放弃追逐高额利润，将产品价格定得较低，以获得有限甚至低微的利润。当然，企业也不能将产品价格定得过低，如果没有利润，企业就难以生存。

（二）企业状况

企业状况主要指企业的生产经营能力和企业经营管理水平对制定价格的影响。不同的企业由于规模和实力不同、销售渠道和信息沟通方式不同以及企业营销人员的素质和能力不同，对价格的制定和调整应采取不同的策略。

1）企业的规模与实力

规模大、实力强的企业在价格制定上余地大，企业如认为必要时，有条件大范围地选用薄利多销和价格正面竞争策略。而规模小、实力弱的企业生产成本一般高于大企业，价格的制定上往往比较被动。

2）企业的销售渠道

渠道成员有力、控制程度高的企业在价格决策中可以有较大的灵活性；反之，则应相对固定。

3）企业的信息沟通

企业的信息沟通包括企业的信息控制和与消费者的关系两个方面。信息通畅、与消费者保持良好的关系可适时调整价格并得到消费者的理解和认可。

4）企业营销人员的素质和能力

拥有熟悉生产经营环节、掌握市场销售、供求变化等情况并具备价格理论知识和一定的实践能力的营销人员，是企业制定最有利价格和选择最适当时机调整价格的必要条件。

（三）产品成本

商品的价值是构成价格的基础。显然，对企业的定价来说，成本是一个关键因素。企业产品定价以成本为最低界限，产品价格只有高于成本，企业才能补偿生产上的耗费，从而获得一定营利。但这并不排斥在一段时期内个别产品的价格低于成本。

在实际工作中，产品的价格是按成本、利润和税金 3 部分来制定的。成本又可分解为固定成本和变动成本。产品的价格有时由总成本决定，有时又仅由变动成本决定。成本还可分为社会平均成本和企业个别成本。

（四）市场需求

产品价格除受成本影响外，还受市场需求的影响，即受商品供给与需求的相互关系的影响。当商品的市场需求大于供给时，价格应高一些；当商品的市场需求小于供给时，价格应低一些。反过来，价格变动影响市场需求总量，从而影响销售量，进而影响企业目标的实现。因此，企业制定价格时就必须了解价格变动对市场需求的影响程度，反映这种影响程度的一个指标就是商品的价格需求弹性系数。所谓价格需求弹性系数，是指由于价格的相对变动，而引起的需求相对变动的程度，可用下式表示：

需求弹性系数=需求量变动百分比÷价格变动百分比

营销人员估测需求价格弹性，其目的是确定市场可以接受的价格最高限，以便合理地制定价格。

1）需求价格弹性系数大于 1

这种情况说明需求富有弹性，表示需求降低的幅度大于价格上涨的幅度，在这种情况下，企业的总销售收入会有所减少。对其定价时，应通过降低价格、薄利多销达到增加营利的目的；提价则务必谨慎，以防需求量发生锐减，影响企业收入，如图 6-1-3 所示。

2）需求价格弹性系数等于 1

这种情况表示商品价格提高的幅度与需求量降低的幅度相同，价格变化对销售收入影响不大，在这种情况下，企业的总销售收入基本不变。对其定价时，可选择实现预期利润为目标价格，同时将其他市场营销措施作为提高营利的重要手段。

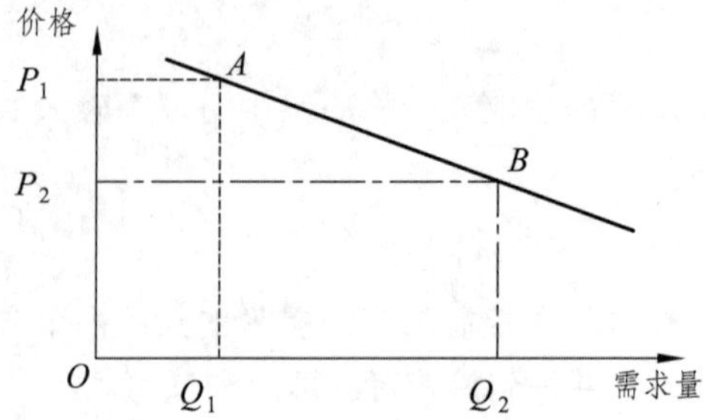

图 6-1-3　需求富有弹性

3）需求价格弹性系数小于 1

这种情况说明需求缺乏弹性，表示需求量降低的幅度小于价格上涨的幅度，在这种情况下，企业的总销售收入会有所增加。对其定价时，较高水平的价格往往会增加营利，低价对需求量刺激效果不强，薄利并不能多销，如图 6-1-4 所示。

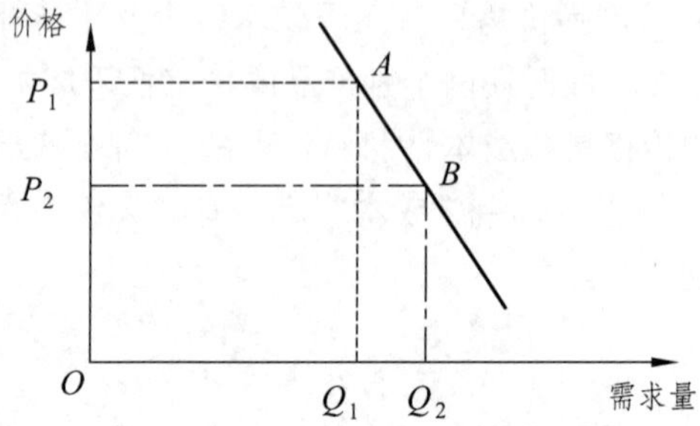

图 6-1-4　需求缺乏弹性

营销人员应该通过运用消费者调查、市场观察、试销等手段，测试了解需求的价格弹性，认识市场需求对价格变动的反应趋向与反应程度，从而确定产品的价格水平与价格策略。

（五）竞争因素

市场竞争也是影响价格制定的重要因素。根据竞争的程度不同，企业定价策略会有所不同。按照市场竞争程度，可以分为完全竞争、不完全竞争与完全垄断 3 种情况。

1）完全竞争

完全竞争又称自由竞争，是一种理想化了的极端情况。在完全竞争条件下，买者和卖者都大量存在，产品都是同质的，不存在质量与功能上的差异，企业自由地选择产品生产，买卖双方能充分地获得市场情报。在这种情况下，无论是买方还是卖方都不能影响产品价格，只能在市场既定价格下从事生产和交易。

2）不完全竞争

它介于完全竞争与完全垄断之间，是现实中存在的典型的市场竞争状况。不完全竞争条件下，有两个以上买者或卖者，少数买者或卖者对价格和交易数量起着较大的影响作用，买卖各方获得的市场信息是不充分的，它们的活动受到一定的限制，而且它们提供的同类商品有差异，因此，它们之间存在着一定程度的竞争。在不完全竞争情况下，企业的定价策略有比较大的回旋余地，它既要考虑竞争对象的价格策略，也要考虑本企业定价策略对竞争态势的影响。

3）完全垄断

它是完全竞争的反面，是指一种商品的供应完全由独家控制，形成独占市场。在完全垄断竞争情况下，交易的数量与价格由垄断者单方面决定。完全垄断在现实中也很少见。

企业的价格策略，要受到竞争状况的影响。完全竞争与完全垄断是竞争的两个极端，中间状况是不完全竞争。在不完全竞争条件下，竞争的强度对企业的价格策略有重要影响。所以，企业首先要了解竞争的强度。竞争的强度主要取决于产品制作技术的难易，是否有专利保护，供求形势以及具体的竞争格局。其次，要了解竞争对手的价格策略，以及竞争对手的实力。最后，还要了解、分析本企业在竞争中的地位。

例如，一个正在考虑买小米扫地机器人的消费者，会把小米的价格和质量与其他竞争产品进行比较。所以，企业必须采取适当方式，了解竞争者所提供的产品质量和价格，与竞争产品比质比价，更准确地制定本企业的产品价格。如果本企业产品质量较好，则价格也可以定得较高一些；如果本企业产品质量较差，那么价格就应定得低一些。

（六）产品特点

产品的自身属性、特征等因素，在企业制定价格时也必须考虑。

1）产品的种类

企业应分析自己生产或经营的产品种类是日用必需品、选购品、特殊品，是威望与地位性产品，还是功能性产品，不同的产品种类对价格有不同的要求。如日用必需品的价格必然要顾及大众消费的水平，特殊品的价格则侧重特殊消费者。

2）标准化程度

产品标准化的程度直接影响产品的价格决策。标准化程度高的产品的价格变动的可能性一般低于非标准化或标准化程度低的产品。标准化程度高的产品的价格变动如过大，很可能引发行业内的价格竞争。

3）产品的易腐、易毁和季节性

一般情况下容易腐烂、变质并不宜保管的产品，价格变动的可能性比较大。常年生产季节性消费的产品与季节性生产常年消费的产品，在利用价格的作用促进持续平衡生产和提高效益方面有较大的主动性。

4）产品的时尚性

时尚性强的产品价格变化较显著。一般新潮的高峰阶段，价格要定得高一些。新潮高峰过后，应及时采取适当的调整策略。

5）生命周期阶段

处在产品生命周期不同阶段对价格策略的影响可以从两个方面考虑：第一，产品生命周期的长短对定价的作用。有些生命周期短的产品，如时装等时尚产品，由于市场变化快，需求增长较快，消退也快，其需求量的高峰一般出现在生命周期的前期，所以，企业应抓住时机，尽快收回成本和利润。第二，不同周期阶段的影响。处在不同周期阶段的产品的变化有一定规律，是企业选择价格策略和定价方法的客观依据。

（七）其他相关因素

企业的定价策略除受定价目标、企业状况、产品成本、市场需求、竞争状况以及产品特点的影响外，还受到其他多种因素的影响。这些因素包括政府或行业组织干预、消费者心理、企业或产品形象等。

1）政府或行业组织干预

政府为了维护经济秩序，或为了其他目的，可能通过立法或者其他途径对企业的价格策略进行干预。政府的干预包括规定毛利率，规定最高、最低限价，限制价格的浮动幅度或者规定价格变动的审批手续，实行价格补贴等。

例如：美国某些州政府通过租金控制法将房租控制在较低的水平上，将牛奶价格控制在较高的水平上；法国政府将宝石的价格控制在低水平，将面包的价格控制在高水平；我国某些地方为反暴利对商业毛利率进行限制等。一些贸易协会或行业性垄断组织也会对企业的价格策略进行干预。

2）消费者心理

消费者的价格心理影响消费者的购买行为和消费行为，企业定价必须考虑消费者的心理因素。

（1）预期心理。消费者预期心理是反映消费者对未来一段时间内市场商品供求及价格变化趋势的一种预测。当预测商品是一种涨价趋势，消费者争相购买；相反，持币待购。

（2）认知价值和其他消费心理。认知价值是指消费者心理上对商品价值的一种估计和认同，它以消费者的商品知识、后天学习和积累的购物经验以及对市场行情的了解为基础，同时也取决于消费者个人的兴趣和爱好。消费者在购买商品时常常把商品的价格与内心形成的认知价值相比较，将一种商品的价值同另一种商品的认知价值相比较，当确认价格合理、物有所值时才会做出购买决策，产生购买行为。同时，消费者还存在求新、求异、求名、求便等心理，这些心理又会影响认知价值。因此，企业定价时必须深入调查研究，把握消费者认知价值和其他心理，据此制定价格，促进销售。

情境再现

小企业的大广告

这是一个规模很小的食品公司，生产资金只有十几万元。但老总却很有信心，在单位的文化墙上写着要做这座城市辣酱第一品牌的豪言壮语，时刻激励着员工的信心。

辣酱上市之前，老总寻思着给辣酱做宣传广告。他本来想在这座城市某个热闹的街头租一个超大的、显眼的广告牌，标上他们的产品，让所有从这里走过的人一下子都能注意它，并从此认识他们的辣酱。但是当他和广告公司接触后，才发现市中心广告位的价格远远高于他的想象，他那小企业承担不起这天价的广告费。

可是他并没有失望，而是不停地到处打听，试图能发掘出哪里有便宜而且实惠的广告位置。经过反复寻找，他终于看好一个路口的广告牌。那里是一个十字路口，车辆川流不息，但有一点遗憾就是，路人行色匆匆，眼睛只顾盯着红绿灯和疾驶的车辆。在这里做广告很难保证有很好的效果。打听了一下价格，几万元。老总却很满意，于是就租了下来。

对于老总这个举措，员工们纷纷质疑，但老总只是笑而不答，仿佛一切成竹在胸。旧广告很快撤下来，员工们以为第二天就能看到他们的辣酱广告了。然而，第二天，员工们看到广告牌上根本就没有他们的辣酱广告，上面赫然写着："好位置，当然只等贵客。此广告招租88万元/年。"

天哪，这样的价格该是这座城市最贵的广告位了吧。天价招牌的冲击力似乎毋庸置疑，每个从这里路过的人似乎都不自觉地停住脚步看上一眼。口耳相传，渐渐地，很多人都知道了这个十字路口上有个贵得离谱的广告位虚席以待，甚至当地报纸都给予了极大关注……

一个月后，"爽口"牌辣酱的广告登了上去。辣酱厂的员工终于明白了老总的"心计"，无不交口称赞。辣酱的市场迅速打开，因为那"88万元/年"的广告价格早已家喻户晓。"爽口"牌辣酱成为这座城市的知名品牌。老总把原先的口号擦去，换成了要做中国第一品牌的口号。一位员工问他："我们还不是这个城市的第一品牌，为什么要换呢？"

老总意味深长地回答说："价值只有在流通中才能得以体现，但价值的标尺却永远在别人手中。别人永远不会赋予你理想的价值，你必须自己主动去做一块招牌，适当地放大自己的价值!"

资料来源：百度题库[OL]. https://easylearn.baidu.com/edu-page/tiangong/questiondetail?id=1712198918849030463&fr.

3）企业或产品形象

有时企业根据企业理念和企业形象设计的要求，需要对产品价格做出限制。例如，企业为了树立热心公益事业的形象，会将某些有关公益事业的产品价格定得较低；为了形成高贵的企业形象，将某些产品价格定得较高等。

案例分析实例

阅读以下资料，利用本任务所学知识分析案例中珠宝销售成功的奥秘。

珠宝定价的有趣故事

位于深圳的异彩珠宝店，专门经营由少数民族手工制成的珠宝首饰，位于游客众多，风景秀丽的华侨城（周围有著名的旅游景点：世界之窗、民族文化村、欢乐谷等），生意一直比较稳定。客户主要来自两部分：游客和华侨城社区居民（华侨城社区在深圳属于高档社区，生活水平较高）。

几个月前，珠宝店店主易麦克特进了一批由珍珠质宝石和银制成的手镯、耳环和项链的精选品。与典型的绿松石造型中的青绿色调不同的是，珍珠质宝石是粉红色略带大理石花纹的颜色。就大小和样式而言，这一系列珠宝中包括很多种类。有的珠宝小而圆，式样很简单，而别的珠宝则要大一些，式样别致、大胆。不仅如此，该系列还包括各种传统样式的由珠宝点缀的丝制领带。

与以前的进货相比，易麦克特认为这批珍珠质宝石制成的首饰的进价还是比较合理的。

他对这批货十分满意，因为它比较独特，可能会比较好销。在进价的基础上，加上其他相关的费用和平均水平的利润，他定了一个价格，觉得这个价格应该十分合理，肯定能让顾客觉得物超所值。

这些珠宝在店中摆了一个月之后，销售统计报表显示其销售状况很不好，易麦克特十分失望，不过他认为问题原因并不是在首饰本身，而是营销的某个环节没有做好。于是，他决定试试在中国营销传播网上学到的几种销售策略。比如，令店中某种商品的位置有形化往往可使顾客产生更浓厚的兴趣。因此，他把这些珍珠质宝石装入玻璃展示箱，并将其摆放在该店入口的右手侧。可他发现，位置改变之后，这些珠宝的销售情况仍然没有什么起色。她认为应该在一周一次的见面会上与员工好好谈谈。他建议销售小姐花更多的精力来推销这一独特的产品系列，并安排了一个销售小姐专门促销这批首饰。他不仅给员工们详尽描述了珍珠质宝石，还给他们发了一篇简短的介绍性文章以便他们能记住并讲给顾客。不幸的是，这个方法也失败了。

就在此时，易麦克特正准备外出选购产品。因对珍珠质宝石首饰销售下降感到十分失望，他急于减少库存以便给更新的首饰腾出地方来存放。他决心采取一项重大行动，选择将这一系列珠宝半价出售。临走时，他匆忙地给副经理留下了一张字条，告诉她："调整一下那些珍珠质宝石首饰的价格，所有都×1/2。"

当他回来的时候，易麦克特惊喜地发现该系列所有的珠宝已销售一空。"我真不明白，这是为什么？"他对副经理说："看来这批首饰并不合顾客的胃口。下次我在新添宝石品种的时候一定要慎之又慎。"而副经理对易麦克特说，她虽然不懂为什么要对滞销商品进行提价，但她惊诧于提价后商品出售速度惊人。易麦克特不解地问："什么提价？我留的字条上是说价格减半啊。""减半？"副经理吃惊地问，"我认为你的字条上写的是这一系列的所有商品的价格一律按双倍计。"结果，副经理将价格增加了一倍而不是减半。

案例来源：中国—珠宝论坛，http://wo1881></a>/dispbbs.asp?boardlD=2&amp；ID=1063&amp.

《珠宝定价的有趣故事》案例分析视频

思政园地

稳定农产品价格

农产品价格支持政策是国家提高或稳定农产品价格水平以支持农业生产者的政策，是提高农民收入，促进农业发展的措施之一。主要采取以下3种形式：

一、定价收购

政府事先规定各类农产品的价格，作为支持价格。当市场价格高于支持价格时，农场主可按较高价格自由出售，如市场价格低于支持价格，政府按支持价格收购。

二、津贴

一定的时期内，平均市价低于所支付的价格时，其差额由政府补贴。英国首先对谷物、肉类、蛋品、马铃薯等直接支付津贴，称为“亏额支付制”。我国对种植玉米、水稻等农作物都有相应的补贴。

三、固定价格

政府对某些农产品规定必须遵循的销售价格，但不直接收购。对进口的某些农产品征收保护关税，控制其在本国市场上的出售价格，以保护国内农业生产者的利益。

资料来源：百度百科，https://baike.baidu.com/item/%E5%86%9C%E4%BA%A7%E5%93%81%E4%BB%B7%E6%A0%BC%E6%94%AF%E6%8C%81%E6%94%BF%E7%AD%96/22480715?fr=ge_ala.

思考：

我国为何对农产品的价格进行干预?

任务考核

表 6-1-1　任务评价单

<table>
<tr><th colspan="6">项目六　价格认知与价格策划</th></tr>
<tr><td colspan="2" rowspan="2">任务一　认识价格及内涵</td><td>姓名</td><td></td><td>组别</td><td></td></tr>
<tr><td>专业</td><td></td><td>学号</td><td></td></tr>
<tr><td>内容</td><td colspan="4">评分标准</td><td>得分</td></tr>
<tr><td>概念问题（20 分）</td><td colspan="4">共 5 题，每题 4 分</td><td></td></tr>
<tr><td rowspan="2">案例分析（60 分）</td><td colspan="4">华为 Mate50 系列与苹果 iPhone14 系列价格比较：
1. 能正确查询获取网络资料，并能正确说出华为手机的优势（15 分）；
2. 能根据所学内容正确分析各厂商的定价因素（15 分）</td><td></td></tr>
<tr><td colspan="4">巴黎迪斯尼乐园的价格变动策略：
1. 能够正确分析初期定价失败的原因，从影响价格因素方面进行分析（15 分）；
2. 能够从感受和心理方面分析后期定价及调整为什么取得了成功（15 分）</td><td></td></tr>
<tr><td>思政园地（20 分）</td><td colspan="4">能够从农业保护、农民生产积极性及缩小城乡不平衡方面进行分析（20 分）</td><td></td></tr>
</table>

任务二　定价策略分析

<table>
<tr><th colspan="6">项目六 价格认知与价格策划</th></tr>
<tr><td colspan="2" rowspan="2">任务二
定价策略分析</td><td>姓名</td><td></td><td>组别</td><td></td></tr>
<tr><td>专业</td><td></td><td>学号</td><td></td></tr>
<tr><td colspan="2">知识目标</td><td colspan="2">技能目标</td><td colspan="2">思政目标</td></tr>
<tr><td colspan="2">1. 了解企业的定价程序；
2. 了解企业定价方法；
3. 熟悉新产品定价、产品组合定价、差别定价、心理定价、产品生命周期定价和折扣定价策略</td><td colspan="2">1. 能根据不同情况选择相应的定价策略；
2. 根据企业的经营状况，选择价格调整方式</td><td colspan="2">1. 培养学生对价格的敏感度；
2. 学会正确衡量产品或事物的价值；
3. 学会正确提升自己的价值</td></tr>
<tr><td>学习重点</td><td colspan="5">各种定价策略的使用技巧</td></tr>
<tr><td>学习难点</td><td colspan="5">会根据企业实际情况，选择定价策略及进行价格调整</td></tr>
</table>

任务清单

一、概念问题

（一）判断题

1. 企业定价程序需要经过选择所要进入的目标市场、分析影响定价的基本因素、确定定价目标、选择定价方法、明确定价策略、拟定定价方案、价格制定与调整等 7 个步骤。（　）

2. 在用成本加成方式计算价格时，对成本的确定是在假设销售量达到某一水平的基础上进行的。（　）

（二）不定项选择题

1. 企业的定价方法有（　　）。

A. 成本导向定价法　　B. 需求导向定价法

C. 竞争导向定价法　　D. 促销定价

2. 新产品的定价策略有（　　）。

A. 适中定价　　B. 随意定价

C. 撇脂定价　　D. 渗透定价

3. 企业降价的原因有（　　）。

A. 企业急需回笼大量现金　　B. 企业通过降价来开拓新市场

C. 为了适应通货膨胀　　D. 企业决策者决定排斥现有市场的边际生产者

E. 企业生产能力过剩，产品供过于求

二、案例分析

案例 6-2-1　醉翁之意

珠海九洲城里有只 3 000 元港币的打火机。许多观光客听到这个消息，无不为之咋舌。如此昂贵的打火机，该是什么样子呢？于是，九洲城又凭空增加了许多慕名前来一睹打火机“风采”的顾客。

这款名为“星球大战”的打火机看上去极为普通，它真值这个价钱吗？站在柜台前的观光者人人都表示怀疑，就连售货员对此亦未知可否地一笑了之。它被搁置在柜台里很长时间无人问津，但它旁边 3 元港币一支的打火机却是购者踊跃。许多走出九洲城的游客坦诚相告：我原是来看那支“星球大战”的，不想却买了这么多东西。

无独有偶，日本东京都滨松町的一家咖啡屋，竟然推出了 5 000 日元一杯的咖啡，就连一掷千金的豪客也大惊失色。然而消息传开，抱着好奇心理的顾客蜂拥而至，使往常冷冷清清的店堂一下子热闹了，果汁、汽水、大众咖啡等饮料格外畅销。

资料来源：百度题库，https://easylearn.baidu.com/edu-page/tiangong/questiondetail?id=1753644453968015513&fr.

思考：

1. 珠海九洲城和日本东京都滨松町咖啡屋运用的是一种什么定价方法？
2. 这种定价方法适用何种商品或服务？

案例 6-2-2　不可思议的电脑价格

美国得克萨斯仪器公司曾将个人电脑的售价降为每台 99 美元，而竞争者的同类产品每台 300 多美元，结果使顾客误以为 99 美元的电脑是低档货，反而不愿购买。

资料来源：美国得克萨斯仪器公司曾将个人电脑的售价降为每台 99 美元[OL]. 人人文库，https://www.renrendoc.com/paper/235190078.html.

思考：

分析 99 美元电脑销售失败的原因？

案例 6-2-3　好时有最甜美的花泥

好时食品公司在制造糖果的生产过程中，每年会产出 1 万多吨的可可豆壳。好时公司没有花钱把它们拉走扔掉，而是做成了每袋 28 磅（1 磅=0.454 千克）的花泥，并且通过园林设计商、家居花园中心和杂货商店销售出去。好时公司声称可可花泥非常适合花园和园林，它可以防虫、肥沃土壤，而且闻起来好像巧克力。可可花泥还能为种植蘑菇提供非常棒的土壤——好时公司以 20 吨的卡车容量向蘑菇业销售这种很香的副产品。公司网站上说：“好时有最甜美的花泥。”

思考：

1. 分析最甜美花泥产品的定价策略？
2. 该定价策略有哪些优势？

知识获取

一、引导问题：你知道企业的定价程序吗

定价程序是指企业将影响定价的诸多因素加以分析考虑，然后根据企业的内部条件和所处的外部环境等具体情况来决定和调整产品价格的一系列步骤。

一般来讲，企业定价程序需要经过选择所要进入的目标市场、分析影响定价的基本因素、确定定价目标、选择定价方法、明确定价策略、拟定定价方案、价格制定与调整等7个步骤。

（一）选择所要进入的目标市场

了解需要进入的目标市场消费者对产品价格的认可程度、消费者对产品的需求状况、产品预期的价格、产品的需求价格弹性等。

（二）分析影响定价的基本因素

分析影响企业产品定价的内在因素和外在因素。例如：考虑目标人群和定位，产品的市场定位决定了价格区间，以及财务上是否追求营利。如果不以利润为目标，价格可以低于成本。互联网产品大部分是不以营利而是圈住用户为首要目标，所以价格没有底线。

外在因素中，首先考虑需求弹性。大部分互联网产品的需求弹性大，收费提价时用户会大量流失。

其次是市场情况。行业的发展水平越高，享受的价格红利越少。

最后是环境因素。包括整体社会经济水平、政策环境、宏观法律调控手段等。若产品要经过渠道销售，需要为中间商留出利润空间。

（三）确定定价目标

定价目标是企业制定价格的首要因素及出发点，是价格决策中最高层次的决策。企业定价目标包括投资收益率目标、市场占有率目标、稳定价格目标、防止竞争目标、利润最大化目标等。国家的经济政策、市场竞争的激烈程度、企业内部的生产经营能力、产品特点及所处产品生命周期等都会影响企业定价目标。

（四）选择定价方法

根据企业产品特点以及定价的目标，从成本导向定价法、需求导向定价法、竞争导向定价法等方法中选择适合企业产品的定价方法。

（五）明确定价策略

定价策略是指企业为达到预定的定价目标而采取的价格对策，即实现定价目标的思路和措施。

（六）拟定定价方案

定价方案是企业定价目标、定价策略和定价方法的综合体现。定价方案具体包括：定价目标、定价方法、具体计算公式、定价策略运用、价格体系的建立及定价方案的优劣评价等。

（七）价格制定与调整

对价格备选方案从实现目标程度、效益、敏感程度方面进行分析比较后，最终确定价格的调整方式、时机、幅度等。

二、引导问题：你知道定价方法有哪些吗

定价方法，是企业在特定的定价目标指导下，考虑影响定价的各种因素，对商品价格水平进行计算的具体方法。影响企业定价的因素很多，但最主要的有成本费用、市场需求和竞争状况 3 个方面。因此企业的定价方法就可以分为 3 类：成本导向定价法、需求导向定价法和竞争导向定价法。

（一）成本导向定价法

成本导向定价法，就是在成本的基础上加上一定的利润和税金来制定价格的方法，是中外企业最常用、最基本的定价方法。由于产品形态不同以及成本基础上核算利润的方法不同，成本导向定价法可分为成本加成定价法、目标利润定价法、边际成本定价法 3 种。

1）成本加成定价法

在这种定价方法下，把所有为生产某种产品而发生的耗费均计入成本的范围，计算单位产品的变动成本，合理分摊相应的固定成本，再按一定的目标利润率来决定价格。其计算公式为：

单位产品价格=单位产品总成本×（1+目标利润率）

单位产品总成本=单位产品固定成本+单位产品变动成本

例如：某洗衣机厂生产 3 000 台彩色电视机，总固定成本 600 万元，每台洗衣机的变动成本为 1 000 元，确定目标利润率为 25%。

采用总成本加成定价法确定价格的过程如下：

单位产品固定成本=6 000 000÷3 000 =2 000（元）

单位产品变动成本=1 000（元）

单位产品总成本=2 000+1 000=3 000（元）

单位产品价格=3 000×（1+25%）=3 750（元）

采用成本加成定价法，确定合理的成本利润率是一个关键问题，而成本利润率的确定，必须考虑市场环境、行业特点等多种因素。某一行业的某一产品在特定市场以相同的价格出售时，成本低的企业能够获得较高的利润率，并且在进行价格竞争时可以拥有更大的回旋空间。

在用成本加成方式计算价格时，对成本的确定是在假设销售量达到某一水平的基础上进行的。因此，若产品销售出现困难，则预期利润很难实现，甚至成本补偿也变得不现实。但是，这种方法也有一些优点：首先，这种方法简化了定价工作，便于企业开展经济核算。其次，若某个行业的所有企业都使用这种定价方法，它们的价格就会趋于相似，因而价格竞争就会减到最少。最后，在成本加成的基础上制定出来的价格对买方和卖方来说都比较公平，卖方能得到正常的利润，买方也不会觉得受到了额外的剥削。成本加成定价法一般在租赁业、

建筑业、服务业、科研项目投资以及批发零售企业中得到广泛的应用。即使不用这种方法定价，许多企业也多把用此法制定的价格作为参考价格。

情境再现

周大福的“一口价”

珠宝饰品价格是消费者与商家能否达成交易的关键所在，针对这一敏感问题，在价格策略上，周大福创出了一套有别于其他同行的新路子。周大福创新性地推出了“珠宝首饰一口价”的销售政策，并郑重声明：产品成本加上合理的利润就是产品的售价，通过“薄利多销”的经营模式，节省了消费者讨价还价的时间，让顾客真正体验货真价实的感受。为了降低经营成本，从而更好地参与市场竞争，周大福还自己创立了首饰加工厂，生产自己所售卖的各类首饰，减少中间环节，使生产成本降至最低，并获得了全球最大钻石生产商——国际珠宝商贸公司 DTC 配发钻石原石坯加工琢磨和钻石坯配售权，保证了最低的原料成本和较强的竞争实力。

2）目标收益定价法

目标收益定价法又称投资收益率定价法，是根据企业的投资总额、预期销量和投资回收期等因素来确定价格的。其计算公式为：

单位产品价格=（总成本+目标利润额）÷预期销量

或

单位产品价格=单位产品总成本+单位产品目标利润额

目标收益率=1÷投资回收期×100%

目标利润额=总投资额×目标收益率

单位产品目标利润额=目标利润额÷预期销量

例如：企业生产服装每月固定成本为 10 万元，生产每件衬衣变动成本为 10 元，现接到某经销商每月订购此种衬衣 5 000 件，按企业的年度计划，每月要实现利润 6 万元。请按上述要求，利用目标利润定价法计算每件衬衣的定价。

解：总成本=100 000+10×5000=150 000（元）

产品单价=（总成本+目标总利润）/预计销售量

=（150 000+60 000）/5 000=42（元）

例如：某电视机厂生产 2 000 台彩色电视机，总固定成本 600 万元，每台彩电的变动成本为 1 000 元，总投资额为 800 万元，投资回收期为 5 年。采用目标收益定价法确定产品的单价。

解：目标收益率=1÷5×100%=20%

单位产品目标利润额=8 000 000×20%÷ 2 000 = 800（元）

单位产品价格=6 000 000÷2 000 + 1 000 + 800 =4 800（元）

与成本加成定价法相类似，目标收益定价法也是一种生产者导向的产物，很少考虑到市场竞争和需求的实际情况，只是从保证生产者的利益出发制定价格。另外，先确定产品销量，再计算产品价格的做法完全颠倒了价格与销量的因果关系，把销量看成是价格的决定因素，但在实际上很难行得通。尤其是对于那些价格弹性较大的产品，用这种方法制定出来的价格，无法保证销量的必然实现。那么，预期的投资回收期、目标收益等也就只能成为一句空话。不过，对于需求比较稳定的大型制造业、供不应求且价格弹性小的商品、市场占有率高、具有垄断性的商品，以及大型的公用事业、劳务工程和服务项目等，在科学预测价格、销量、成本和利润四要素的基础上，目标收益定价法仍不失为一种有效的定价方法。

3）边际成本定价法

边际成本是指每增加或减少单位产品所引起的总成本的变化量。由于边际成本与变动成本比较接近，而变动成本的计算更容易一些，所以在定价实务中多用变动成本代替边际成本，而将边际成本定价法称为变动成本定价法。

采用边际成本定价法时以单位产品变动成本作为定价依据和可接受价格的最低界限。在价格高于变动成本的情况下，企业出售产品的收入除完全补偿变动成本外，还可用来补偿一部分固定成本，甚至可能获得利润，这样的价格就是企业可以接受的。

单位变动成本=产品单价-固定成本÷产品数量

当产品单价大于单位变动成本时，此价格可以接受；当产品单价小于单位变动成本时，此价格不可以接受。

例如：某制鞋厂在一定时期内发生固定成本 80 000 元，单位变动成本 0.7 元，预计销量为 100 000 双。在当时市场条件下，同类产品的价格为 1 元/双。那么，企业是否应该继续生产呢?

解：其决策过程应该是这样的：

固定成本=80 000（元）

变动成本=0.7×100 000 =70 000（元）

销售收入=1×10 0000 = 100 000（元）

企业盈亏=100 000 – 70 000 – 80 000 = –50 000（元）

按照变动成本定价，企业出现了 50 000 元的亏损，但是作为已经发生的固定成本，在不生产的情况下，已支出了 80 000 元，这说明按变动成本定价时可减少 30 000 元固定成本的损失，并补偿了全部变动成本 70 000 元。若低于变动成本定价，如市场价格降为 0.7 元/双以下，则企业应该停产。因为此时的销售收入不仅不能补偿固定成本，连变动成本也不能补偿，生产得越多，亏损便越多，企业的生产活动变得毫无意义。

边际成本定价法改变了售价低于总成本便拒绝交易的传统做法，在竞争激烈的市场条件下具有极大的定价灵活性，对于有效地应对竞争者，开拓新市场，调节需求的季节差异，形成最优产品组合可以发挥巨大的作用。但是，过低的成本有可能被指控为从事不正当竞争，并招致竞争者的报复，在国际市场则易被进口国认定为“倾销”，产品价格会因“反倾销税”的征收而畸形上升，失去其最初的意义。

（二）需求导向定价法

随着营销观念的更新，企业越来越深刻地认识到，判定产品价格是否合理，最终并不取决于生产者或经销商，而是取决于消费者和用户。需求导向定价法是以消费者对产品的价值感受和需求强度作为定价的基本依据，进而确定产品的价格。需求导向定价法主要包括以下两种：

1）理解价值定价法

所谓理解价值，也叫感受价值、认知价值，是指以消费者对商品价值的感受和理解确定价格，而不是依据产品的成本。如果把买方的价值判断与卖方的成本费用进行比较，定价时更应该考虑前者。因为消费者在购买商品时，总会在同类产品之间进行比较，选择那些既能满足需求，又符合消费标准的商品，当价格水平和消费者对商品价值的理解大体一致时，消费者就会顺利购买产品。

情境再现

商场中衬衫的价格

在某城市的一个大型购物商场中，一件国外名牌衬衫售价约 700 元，一件国内名牌衬衫售价约 400 元，一件不出名的品牌衬衫售价约 150 元。

如此大的价格差，不是由于成本和质量，而是根据消费者所理解和认可的价值来确定的。

理解价值定价法的关键是把自己的产品同竞争者的产品相比较，找到较准确的理解价值。如果估计过高，会导致定价过高，影响销售；如果估计过低，会导致定价过低，产品虽卖出去了，但影响收益。所以，为了加深顾客对商品价值的理解程度，提高其愿意支付的价格限度，企业在定价时，应首先搞好市场定位，突出产品特色，加深顾客对产品的印象，提高购买率。

2）需求差异定价法

需求差异定价法又称差别定价法，并非以成本差异为基础，而是以顾客需求差异为基础，即企业对同一种产品或劳务，可根据不同的顾客，不同的时间、地点，不同的式样等制定不同的价格。

1. 因顾客而异的差异定价。

因顾客而异的差异定价是指对同一产品或服务，对不同职业、收入、阶层或年龄的消费者群体制定不同的价格。例如，旅游景区对儿童和成人收费不同。

2. 因时间而异的差异定价。

因时间而异的差异定价是指对同一种产品或服务，根据产品季节、日期的需求差异，制定不同的价格。企业一般根据自己产品销售区域的空间位置来确定商品的价格。例如，景区附近宾馆在旅游旺季和淡季的价格差异较大。

情境再现

蒙玛公司时间差异定价法

蒙玛公司在意大利以“无积压商品”而闻名，其秘诀之一就是对时装分多段定价。它规定新时装上市，以 3 天为一轮，凡一套时装以定价卖出，每隔一轮按原价降 10%。依此类推，那么到 10 轮（一个月）之后，蒙玛公司的时装价就削到了只剩 35%左右的成本价了。蒙玛公司就以成本价售出此批时装。因为时装上市还仅一个月，价格已跌到 1/3，谁还不来买？所以一卖即空。蒙玛公司最后结算，赚钱比其他时装公司多，又没有积压货物的损失。

3. 因产品样式、花色而异的差异定价。

因产品样式、花色而异的差异定价是指对同一产品，根据不同式样、花色、规格等，制定不同的价格。例如，定制式的服装定价可高些；同一质量和成本的女性打底衫，因花色不同，需求量不同，定价也不同。因式样、花色而异的价格差异比例往往大于成本差异比例。

4. 因地点而异的差异定价。

因地点而异的差异定价是指企业根据自己产品销售区域的空间位置来确定商品的价格，即使它们的成本费用没有任何差异。例如，影剧院、体育场前排和后排的票价就不相同；同一头猪，不同部位的肉价也不一样等。

5. 因用途而异的差异定价。

同一种商品有时会有不同的用途和使用量，因而价格也应有所区别。

企业实行差别定价必须具备一定的条件：一是市场能够细分，并且各个细分市场显示出不同的需求强度；二是以低价购买产品的顾客不可能将产品用高价转卖出去；三是在高价市场上，不存在竞争者用低价倾销手段争夺顾客的可能；四是差别定价不会导致顾客的反感，从而影响企业形象。

（三）竞争导向定价法

竞争导向定价法是企业通过研究竞争对手的生产条件、服务状况、价格水平等因素，依据自身的竞争实力，参考成本和供求状况来确定商品价格。其特点是：价格与商品成本和需求不发生直接关系；商品成本或市场需求变化了，但竞争者的价格未变，就应维持原价；反之，虽然成本或需求都没有变动，但竞争者的价格变动了，则应相应地调整其商品价格。当然，为实现企业的定价目标和总体经营战略目标，谋求企业的生存或发展，企业可以在其他营销手段的配合下，将价格定得高于或低于竞争者的价格，并不一定要求和竞争对手的产品价格完全保持一致。竞争导向定价主要包括以下 3 种方法：

1）随行就市定价法

随行就市定价法是指企业按照行业的平均现行价格水平来定价，利用这样的价格获取平均报酬。在垄断竞争和完全竞争的市场结构条件下，任何一家企业都无法凭借自己的实力在市场上取得绝对的优势，为了避免竞争特别是价格竞争带来的损失，大多数企业都采用随行就市定价法。此外，采用随行就市定价法，企业就不必去全面了解消费者对不同价差的反应，从而为营销、定价人员节约了很多时间。

该方法是竞争导向定价方法中广为流行的一种，适用于竞争激烈的质量差别不大的产品，在完全竞争和寡头垄断市场条件下最为适用。在完全竞争市场上，销售同类产品的各个企业在定价时实际上没有多少选择的余地，只能按照行业的现行价格来定价。在纯粹的寡头垄断市场下，企业也倾向和竞争对手出价相同。因为在这种条件下，市场上只有少数几家大公司，彼此十分了解，顾客对市场行情也很熟悉，因此如果各公司的价格有差异，顾客就会转向价格较低的企业。

2）竞争价格定价法

从根本上来说，随行就市定价法是一种防御性的定价方法，它在避免价格竞争的同时，也抛弃了价格这一竞争利器。竞争价格定价法又称产品差别定价法，它反其道而行之，是指企业通过不同的营销努力，使同种同质的产品在消费者心目中树立起不同的产品形象，进而根据自身特点，选取低于或高于竞争者的价格作为本企业的产品价格。因此，竞争价格定价法是一种进攻性的定价方法。

竞争价格定价法的运用，首先要求企业必须具备一定的实力，在某一行业或某一区域市场占有较高的市场份额，消费者能够将企业产品与企业本身联系起来。其次，在质量大体相同的条件下实行差别定价是有限的，尤其对于定位为“质优价高”形象的企业来说，必须支付较高的广告、包装和售后服务方面的费用。因此，从长远来看，企业只有通过提高产品质量，才能真正赢得消费者的信任，才能在竞争中立于不败之地。

3）密封投标定价法

大宗物资采购、工程项目承包、仪器设备引进、矿产能源开发等大多采用招标和投标的交易方式。投标价格是投标者根据竞争者的报价估计确定的，而不是按自己的成本费用确定的。一般由买方公开招标，卖方竞争投标。密封递价，买方按物美价廉的原则择优选取，到期公布“中标”者名单，中标的企业与买方签约成交。

在确定企业的投标价格时，首先，企业根据自身的成本，确定几个备选的投标价格方案，并依据成本利润率计算出企业可能营利的各个价格水平。其次，分析竞争对手的实力和可能报价，确定本企业各个备选方案的中标机会。竞争对手的实力包括产销量、市场占有率、信誉、声望、质量、服务水平等项目，其可能报价则在分析历史资料的基础上得出。再次，根据每个方案可能的盈利水平和中标机会，计算每个方案的期望利润：

期望利润=每个方案可能的盈利水平×中标概率（%）

最后，根据企业的投标目的来选择投标方案。

投标定价法的另一种形式是拍卖定价法。它是指预先展示所出售的商品，在一定的时间和地点，按一定的规则，由买主公开叫价的方式，引导购买者报价，利用买方竞购的心理，从中选择最高价格成交。这种方法具有竞争公开、出价迅速、交易简便的特点，现仍流行于世界各地，尤其在出售文物、古董、珍品、高级艺术品、房产等商品时采用。

三、引导问题：你知道新产品的定价策略有哪些吗

（一）撇脂定价

撇脂定价是在产品生命周期的最初阶段，把价格定得很高，以获取最大利润，犹如在鲜奶中撇取奶油一样。企业之所以这样做，是因为有些购买者主观认为某些商品具有很高价值。

从实践看，具有以下条件时企业可采取撇脂定价：

（1）市场有足够的购买者，需求缺乏弹性。即使把价格定得较高，市场需求也不会大量减少。

（2）高价使需求减少，因而产量减少，单位成本增加，但不致抵消高价所带来的利益。

（3）高价情况下可以独家经营，无别的竞争者。例如，有专利保护的产品。

（4）某种产品价格很高，会给人是高档产品的印象。

情境再现

苹果公司与索尼公司的撇脂定价策略差别

苹果公司的 iPod 产品是近几年来最成功的消费类数码产品之一，一推出就获得成功，第一款 iPod 零售价高达 399 美元，即使对于美国人来说，也是属于高价位产品，但是有很多“苹果迷”既有钱又愿意花钱，所以还是纷纷购买。苹果的撇脂定价取得了成功。但是苹果认为还可以“撇到更多的脂”，于是不到半年又推出了一款容量更大的 iPod，当然价格也更高，定价 499 美元，仍然卖得很好。苹果的撇脂定价大获成功。

作为对比，索尼公司的 MP3 也采用撇脂定价法，但是却没有获得成功。索尼失败的第一个原因是产品的品质和上市速度。索尼最近几年在推出新产品时步履蹒跚，当 iPod mini 在市场上热卖两年之后，索尼才推出了针对这款产品的 A1000，可是此时苹果公司却已经停止生产 iPod mini，推出了一款新产品 iPod nano，苹果保持了产品的差别化优势，而索尼则总是在产品上落后一大步。此外，苹果推出的产品马上就可以在市场上买到，而索尼还只是预告，新产品正式上市还要再等两个月。速度的差距，使苹果在长时间内享受到了撇脂定价的厚利，而索尼的产品虽然定价同样高，但是由于销量太小而只“撇”到了非常少的“脂”。

资料来源：百度百科，https://wiki.mbalib.com/wiki/%E6%92%87%E8%84%82%E5%AE%9A%E4%BB%B7%E6%B3%95.

（二）渗透定价

渗透定价是企业把其创新产品价格定得相对较低，以吸引大量顾客，提高市场占有率。从实践来看，渗透定价需要具备以下条件：

（1）需求对价格极为敏感，低价可以刺激市场需求迅速增长。

（2）企业的生产成本和经营费用会随生产经营经验的增加而下降。

（3）低价不会引起实际或潜在的竞争。

情境再现

小米手机的渗透定价策略

2011 年 8 月 16 日，200 余家媒体以及 400 名粉丝齐聚北京 798D-PARK 艺术区，共同见证“发烧友”级重量手机——小米手机的发布。雷军先极其详细地介绍了小米手机的各种参数，展示了其优点。在勾起人们的兴趣之后，临近结束之时，他用一张极其庞大醒目的页面公布了它的价格：1 999 元。

作为首款全球 1.5G 双核处理器，搭配 1G 内存，以及搭载 4G 存储空间，最高支持 32G 存储卡的扩展。超强的配置，却仅售 1 999 元，让人群为之一振。

在那之后，小米手机甚至是小米的家电大多都采取渗透定价策略，并取得了成功。

资料来源：百度百科，https://zhuanlan.zhihu.com/p/452635062?utm_id=0.

（三）适中定价

适中定价策略尽量降低价格在营销手段中的地位，重视其在产品市场上更有力或有成本效率的手段。当不存在适合于撇脂定价或渗透定价的环境时，公司一般采取适中定价。例如，一个管理者可能无法采用撇脂定价法，因为产品被市场看作是极其普通的产品，没有哪一个细分市场愿意为此支付高价。同样，它也无法采用渗透定价法，因为产品刚刚进入市场，顾客在购买之前无法确定产品的质量，会认为低价代表质量差；或者是因为，如果破坏已有的价格结构，竞争者会做出强烈反应。当消费者对价值极其敏感，不能采取撇脂定价，同时竞争者对市场份额极其敏感，不能采用渗透定价的时候，一般采用适中定价策略。

采用适中定价策略还有另外一个原因，就是为了保持产品线定价策略的一致性。虽然与撇脂定价或渗透定价相比，适中定价法缺乏主动进攻性，但并不是说正确执行它就非常容易或一点也不重要。适中定价没有必要将价格制定得与竞争者一样或者接近平均水平。从原则上，它甚至可以是市场上最高的或最低的价格。与撇脂价格和渗透价格类似，适中价格也是参考产品的经济价值决定的。当大多数潜在的购买者认为产品的价值与价格相当时，即使价格很高也属适中价格。

关于撇脂定价、渗透定价和适中定价，我们不应该分割开来看，其实它们是相互联系的。下面我们从产品生命周期，即产品的开发期、成长期、成熟期和衰退期的角度来看 3 种定价的使用情况。

（1）处在开发期的产品，也就是新产品，它具有新的功能或用途，顾客对产品缺乏了解，所以价格敏感度较低，没有或很少有竞争者，不构成威胁，所以一般可以采用撇脂定价法，以获取最大化的利润。

（2）处于成长期的产品，同类产品逐渐出现并参与竞争，顾客对产品的了解加深，有了更多的选择，价格敏感性提高，此时宜采用适中定价法。

（3）对于成熟期的产品，很多顾客是熟悉产品的重复购买者，竞争品牌很多，产品差异性减少，趋于同质，顾客可以充分比较竞争品牌。这一阶段的定价敏感性最高，商家必须从竞争者那里争夺市场份额才能生存发展，因此采用渗透定价法比较合适。

（4）至于衰退期的产品，其功能效用相对陈旧，而且马上会被新一代产品所替代，作为经营者来讲，可以通过削价来打击小的竞争者，或通过组合包装买一送一，获得最大的现金收入，然后退出市场。

四、引导问题：你知道产品组合定价策略有哪些吗

一般企业生产经营多种产品，而且这些产品之间存在某种联系，在定价时就应综合考虑将两种或两种以上有关联的商品合并制定一个价格，具体做法是将这些商品捆绑在一起或装入一个包装物中。此策略常常易激发消费者的购买欲望，有促进多种商品即时销售的作用。一般有以下几种定价方法：

（一）产品线定价

一个企业通常都不仅销售一种产品，而是销售各种各样的系列产品，这时企业应适当地确定产品线中相关产品之间的价格差异，这就是产品线定价策略。例如，一家空调生产企业可以为空调分段制定 1 800 元、2 800 元、3 800 元这样一个产品线价格。如果一条产品线上两种产品的价格差异不大，顾客就会购买性能较高的产品；反之，如果价格差异较大，顾客就会更多地购买性能较低的产品。同时，还应考虑各种产品成本差异、顾客的预期价格以及竞争者的价格等。

（二）选择品定价

许多企业在提供主要产品的同时，还提供与主要产品密切相关，但又可独立使用的产品或服务，如自行车的车筐、车锁，酒吧里提供的饮料，汽车上的报警器，餐厅里的酒水等。企业可将选购品的价格定得很低以吸引顾客，也可定得很高来获取利润。

（三）补充产品定价

补充产品又叫互补产品，指必须与主要产品一起使用的产品，如计算机的软件、刀架上的刀片、录音机的磁带、打印机的墨盒等。企业往往将主要产品的价格定得较低，将附带产品的价格定得较高，通过低价促进主要产品的销售，以此带动附带产品的销量。

情境再现

高价的烦恼

某公司对其部件和服务制定了高价格。以便在售后市场获取高额利润。该公司设备的加成率为30%，部件的加成率有时达到300%。

这给“非法仿制者”带来了机会。他们仿制这些部件，然后将它们售给那些“不老实”的负责安装的技师。这些技师仍以原价计算，而不把节省的成本转让给顾客。

该公司的销售额下降很多。公司为了控制这种情况、劝说设备所有者只从被许可的经销商处购买部件，以保证设备的性能。

很显然，该问题是制造商对售后市场的产品定价过高造成的。

资料来源：百度百科，https://www.cqn.com.cn/zgpp/content/2012-08/02/content_1609362.htm.

（四）组合产品的定价

企业可以将相关产品组合在一起，为它制定一个比分别购买更低的价格进行一揽子销售，如化妆品套装、世界杯足球赛出售的套票、旅游景点的参观套票等，都是典型的组合定价。采用这种方式定价时，提供的价格优惠要足以吸引原本只准备购买部分产品的顾客转而购买全套组合产品，但一定要注意不能搞硬性搭配。

（五）副产品定价

在生产加工肉类、石油产品和其他化工产品的过程中，经常产生副产品，如果副产品价值低、处置费用昂贵，就会影响主产品定价，其价格必须能弥补副产品处置费用。如果副产品能够发挥用处，可按其价值定价。副产品如果能带来收入，则有助于企业在应对竞争时制定较低的价格。

五、引导问题：你知道什么是差别定价策略吗

差别定价是对某种产品根据其需求强度的不同定出不同的价格。差别定价的形式有很多种，主要包括以下方面：

（一）根据购买者的类型细分

企业对同一项产品根据顾客的需求强度不同、购买动机不同和对产品的熟悉程度不同而

定出不同的价格。例如，美国轮胎工业卖给汽车厂的产品价格便宜，而卖给一般客户的价格贵。

（二）根据购买地点细分

如果同一种商品在不同地理位置的市场上存在不同的需求强度，那么就应该制定出不同的价格。但定价的差别并不和运费成比例，如剧场前排和后排的价格差异。

（三）根据购买时间细分

当商品的需求随着时间的变化而变化时，对同一种产品在不同时间应该制定出不同的价格。需求随时间的变化而出现显著变化的情况是很多的。例如：不同季节的应季商品的需求量有很大变化，夏季对电扇、冷饮、凉鞋的需求量增大，冬季就减少；旅游旺季酒店费用高，而淡季时价格较低。

（四）根据产品功能细分

这种定价策略就是对不同型号即具有不同功能的一项产品确定不同的价格，但是价格上的差别并不和成本成比例。

情境再现

洗衣机的定价策略

洗衣机厂生产 3 种型号的洗衣机：A 型是普及型的单筒洗衣机，成本为 150 元，售价为 180 元；B 型是带有甩干装置的双筒洗衣机，成本为 200 元，售价为 400 元；C 型是带有甩干筒的全自动洗衣机，成本为 400 元，售价为 850 元。这 3 种型号的洗衣机，因为成本不同，当然售价也不同。但是后面两种型号，较高的售价不仅反映了更多的生产成本，而且反映了更大的顾客需求强度。但是有时候，这种差别价格也可以反过来，越是成本高的高档型号的产品，售价只比成本高出较小的百分数，而简易型的售价却比成本要高出一个较大的百分数，以扩大销路，增加总收入。

企业采取细分定价是有前提的，它必须具备以下条件：市场必须是可以细分的，而且各个市场部分必须表现出不同的需求程度；以较低价格购买某种产品的顾客没有可能以较高价格把这种产品倒卖给别人；竞争者没有可能在企业以较高价格销售产品的市场上以低价竞销；细分市场和控制市场的成本费用不得超过因实行价格歧视而得到的额外收入；价格歧视不会引起顾客反感而放弃购买，影响销售；采取的价格歧视形式不能违法。

六、引导问题：你知道什么是心理定价策略吗

每一件产品价值与消费者的心理感受有着很大的关系，都能满足消费者某一方面的需求。这就为心理定价策略的运用提供了基础，使企业在定价时可以利用消费者心理因素，有意识地将产品价格定得高些或低些，以满足消费者生理的和心理的、物质的和精神的多方面需求，通过消费者对企业产品的偏爱或忠诚，扩大市场销售，获得最大效益。常用的心理定价策略有小数定价、整数定价、招徕定价、特殊数字定价、声望定价。

（一）小数定价策略

小数定价策略又称“奇数定价”“非整数定价”“尾数定价”，指企业利用消费者求廉的心

理，制定非整数价格，而且常常以奇数作尾数，尽可能在价格上不进位。比如，把一种香皂的价格定为 5.97 元，而不是 6 元；将台灯价格定为 19.90 元，而不是 20 元，可以在直观上给消费者一种便宜的感觉，从而激起消费者的购买欲望，促进产品销售量的增加。

使用尾数为小数的定价，可以使价格在消费者心中产生以下特殊效应：

1）便宜

标价 99.97 元的商品和 100.07 元的商品，虽仅相差 0.1 元，但前者给购买者的感觉是还不到“100 元”，后者却使人认为“100 多元”，因此前者可以给消费者一种价格偏低、商品便宜的感觉，使之易于接受。

2）精确

带有尾数的定价可以使消费者认为商品定价是精确的，连几角几分都算得清清楚楚，进而会产生一种信任感。这样就能达到促进顾客购买、增加商品销量的目的。

情境再现

尾数明显影响消费者的购买行为

心理学家的研究表明，价格尾数的微小差别，能够明显影响消费者的购买行为。一般认为，5 元以下的商品，末位数为 9 最受欢迎；5 元以上的商品末位数为 95 效果最佳；百元以上的商品，末位数为 98、99 最为畅销。尾数定价法会给消费者一种经过精心计算的、最低价格的心理感觉；有时也可以给消费者一种是原价打了折扣，商品便宜的感觉；同时，顾客在等待找零钱的时间，也可能发现和选购其他商品。

资料来源：余爱云，刘列转. 市场营销理论与实务[M]. 北京：北京理工大学出版社，2021.

（二）整数定价策略

对于那些无法明确显示其内在质量的商品，消费者往往通过其价格的高低来判断其质量的好坏。但是，在整数定价方法下，价格的高并不是绝对的高，而只是凭借整数价格来给消费者造成高价的印象。整数定价常常以偶数，特别是“0”作尾数。例如，精品店的服装可以定价为 1 000 元，而不必定为 998 元。这样定价的好处有：可以满足购买者显示地位、崇尚名牌、购买精品的虚荣心，增加了顾客的购买欲望；省却了找零钱的麻烦，方便企业和顾客的价格结算。花色品种繁多、价格总体水平较高的商品，利用产品的高价效应，在消费者心目中树立高档、高价、优质的产品形象。

（三）招徕定价策略

招徕定价又称特价品定价、牺牲品定价，即企业利用消费者的求廉心理，在一定时期内，有意识地将某几种商品的价格定得特别低，以招徕顾客，借以带动和扩大其他正常价格产品的销售。现在，一些超级市场和百货商店几乎天天都有“特价”“惊爆价”“减价”等商品，就是这种策略的运用。采用招徕定价策略时，必须注意以下几点：

（1）降价的商品应是消费者常用的，最好是适合于每一个家庭的商品，否则没有吸引力。

（2）实行招徕定价的商品，经营品种要多，以便使顾客有较多的选购机会。

（3）商品的降价幅度要大，一般应接近成本或者低于成本。只有这样，才能引起消费者的注意和兴趣，才能激起消费者的购买动机。

（4）降价品的数量要适当，数量太多商店亏损太大，数量太少容易引起消费者反感。

（5）降价品应与因残损而削价的商品明显区别开来。

（四）特殊数字定价策略

利用人们求吉祥如意的心理定价时，采用一些吉祥的数字来给产品定价，如“8”“9”“6”或偶数，以及 118、148、188 等。

美国人喜欢奇数，如商品价格为 9.97 元；日本人喜欢偶数，如商品价格为 9.94 元；中国人喜欢 8 和 6，如商品价格为 9.98 元。

（五）声望定价策略

企业利用消费者仰慕名牌和“价高质必优”的心理，对在消费者心目中享有声望的产品制定较高的价格，如名牌烟酒、标志性奢侈品、知名品牌服装定制等价格定得都较高。一方面，显示商品的档次和企业的声望；另一方面，又迎合了消费者的求名心理，满足较高收入消费者的需要。

声望定价往往采用整数定价方式，高昂的价格能使消费者产生“一分价格一分货”的感觉，从而在消费购买过程中，使消费者得到精神享受，达到良好效果。

七、引导问题：你知道什么是产品生命周期定价策略吗

产品概念就像人一样，一般要经历几个发展阶段。当然也有例外，有些产品很快被淘汰，甚至胎死腹中；有些产品生命力很强，发展迅猛，让人产生错觉，认为它们能永远生存下去。典型的产品生命周期模式为我们提供了这样的机会，使我们能够正视现在、预测未来，为尽量利用好每个阶段做好准备。这种认识、预测和准备包含着企业的长期战略规划。有效定价是使规划获得成功的一个最基本的手段。

生命周期一般包括 4 个阶段：开发期、成长期、成熟期和衰退期。

（1）市场开发期创新产品定价。在市场开发期，产品定价采用与新产品的定价策略相同的策略。

（2）市场成长期产品定价。产品进入成长期，其价格一般宜保持平稳。只有在市场竞争激烈或经济形势不佳时，可适当降低产品价格，既可增加竞争对手投入市场的困难，又可吸引更多用户，迅速扩大产品销售量。

（3）市场成熟期产品定价。产品进入成熟期，是产品竞争最激烈的阶段，运用价格手段提高产品竞争能力是不可忽视的策略。这类产品具有性能好、价廉物美等特点。因此，企业在降低成本的基础上，适当调低价格，可增强产品竞争能力，扩大市场占有率。

（4）市场衰退期产品定价。产品进入衰退期，说明该商品已没有什么希望，应采取大幅度的降价措施，迅速把已生产出的产品销售出去。

八、引导问题：你知道什么是折扣定价策略吗

折扣定价是指企业为了鼓励顾客及早付清货款、大量购买、淡季购买等而酌情降低其基

本价格。常见的折扣有以下几种。

（一）数量折扣

数量折扣即根据顾客购买货物数量或金额的多少，按其达到的标准，给予一定的折扣。购买数量愈多，金额愈大，给予的折扣愈高。数量折扣可以分为累计与非累计数量折扣。

累计数量折扣是规定在一定时期内顾客购买商品达到或超过一定数量或金额时，按其总量的多少，给予不同的折扣。这种策略鼓励顾客长期向本企业采购，与顾客建立长期稳定的关系，因而有助于企业掌握销售规律，预测销售量；还适宜于推销过时的和易腐易坏产品。

非累计数量折扣是顾客一次购买的数量或金额达到一定标准时，给予一定的折扣优待。采用这种策略不仅对顾客有利，也能使企业节省销售费用。典型的数量折扣条件如“购买 100 单位以下者，每单位售价 9.95 元，购买 100 单位及以上者单价 8.95 元”。数量折扣的幅度一般不宜超过因大量采购而节省的成本，包括销售费用、存货成本及运输成本。

（二）现金折扣

现金折扣是对在规定的时间内提前付款或用现金付款者所给予的一种价格折扣，其目的是鼓励顾客尽早付款，加速资金周转，降低销售费用，减少财务风险。采用现金折扣一般要考虑 3 个因素：折扣比例、给予折扣的时间限制、付清全部货款的期限。

现金折扣的前提是商品的销售方式为赊销或分期付款，因此，有些企业采用附加风险费用、管理费用的方式，以避免可能发生的经营风险。同时，为了扩大销售，分期付款条件下买者支付的货款总额不宜高于现款交易价太多，否则就起不到“折扣”促销的效果。

提供现金折扣等于降低价格，所以，企业在运用这种手段时要考虑商品是否有足够的需求弹性，保证通过需求量的增加使企业获得足够利润。此外，运用这种手段的企业必须结合宣传手段，使买者更清楚自己将得到的好处。

（三）季节折扣

有些商品的生产是连续的，而其消费却具有明显的季节性。为了调节供需矛盾，这些商品的生产企业便采用季节折扣的方式，对在淡季购买商品的顾客给予一定的优惠，使企业的生产和销售在一年四季能保持相对稳定。例如，啤酒生产厂家对在冬季进货的商业单位给予大幅度让利，羽绒服生产企业则为夏季购买其产品的客户提供折扣。

季节折扣比例的确定，应考虑成本、储存费用、基价和资金利息等因素。季节折扣有利于减轻库存，加速商品流通，迅速收回资金，促进企业均衡生产，充分发挥生产和销售潜力，避免因季节需求变化所带来的市场风险。

（四）功能折扣

中间商在产品分销过程中所处的环节不同，其所承担的功能、责任和风险也不同，企业据此给予不同的折扣称为功能折扣，又称中间商折扣。对生产性用户的价格折扣也属于一种功能折扣。功能折扣的比例，主要考虑中间商在分销渠道中的地位、对生产企业产品销售的重要性、购买批量、完成的促销功能、承担的风险、服务水平、履行的商业责任以及产品在分销中所经历的层次和在市场上的最终售价等。功能折扣的结果是形成购销差价和批零差价。

鼓励中间商大批量订货，扩大销售，争取顾客，并与生产企业建立长期、稳定、良好的合作关系是实行功能折扣的一个主要目标。功能折扣的另一个目的是对中间商经营的有关产品的成本和费用进行补偿，并让中间商有一定的营利。

（五）回扣和津贴

回扣是间接折扣的一种形式，它是指购买者按价格目录将货款全部付给销售者以后，销售者再按一定比例将货款的一部分返还给购买者。津贴是企业为特殊目的、对特殊顾客以特定形式所给予的价格补贴或其他补贴。比如，当中间商为企业产品提供了包括刊登地方性广告、设置样品陈列窗等在内的各种促销活动时，生产企业给予中间商一定数额的资助或补贴。又如，对于进入成熟期的消费者，开展以旧换新业务，将旧货折算成一定的价格，在新产品的价格中扣除，顾客只支付余额，以刺激消费需求，促进产品的更新换代，扩大新一代产品的销售。这也是一种津贴形式。

上述各种折扣价格策略增强了企业定价的灵活性，对于提高厂商收益和利润具有重要作用。但在使用折扣定价策略时，必须注意国家的法律限制，保证对所有顾客使用同一标准。

九、引导问题：你知道企业怎样调整价格吗

企业为某种产品制定出价格以后，并不意味着大功告成。随着市场营销环境的变化，企业必须对现行价格予以适当的调整。

调整价格，可采用降价及提价策略。企业产品价格调整的动力既可能来自内部，也可能来自外部。倘若企业利用自身的产品或成本优势，主动对价格予以调整，将价格作为竞争的利器，称为主动调整价格。有时，价格的调整出于应对竞争的需要，即竞争对手主动调整价格，而企业也相应地被动调整价格。无论是主动调整，还是被动调整，其形式不外乎是降价和提价两种。

（一）降价

降价是定价者面临的最严峻且具有持续威胁力量的问题。

1）降价原因

企业降价的原因很多，有企业外部需求及竞争等因素的变化，也有企业内部的战略转变、成本变化等，还有国家政策、法令的制约和干预等。这些原因具体表现在以下几个方面：

1. 企业急需回笼大量现金。

对现金产生迫切需求的原因既可能是其他产品销售不畅，也可能是为了筹集资金进行某些新活动，而资金借贷来源中断。此时，企业可以通过对某些需求的价格弹性大的产品予以大幅度降价，从而增加销售额，获取现金。

2. 企业通过降价来开拓新市场。

一种产品的潜在顾客往往由于其消费水平的限制而阻碍了其转向现实顾客的可行性。在降价不会对原顾客产生影响的前提下，企业可以通过降价方式来扩大市场份额。不过，为了保证这一策略的成功，有时需要与产品改进策略相配合。

3. 企业决策者决定排斥现有市场的边际生产者。

对于某些产品来说，各个企业的生产条件、生产成本不同，最低价格也会有差异。那些以目前价格销售产品仅能保本的企业，在别的企业主动降价以后，会因为价格的被迫降低而不能获得利润，只好停止生产。这无疑有利于主动降价的企业。

4. 企业生产能力过剩，产品供过于求。

企业此时又无法通过产品改进和加强促销等工作来扩大销售。在这种情况下，企业必须考虑降价。

5. 企业决策者预期降价会扩大销售。

由于渴望获得更大的生产规模，特别是进入成熟期的产品，降价可以大幅度增加销售，从而在价格和生产规模之间形成良性循环，为企业获取更多的市场份额奠定基础。

6. 成本降低，费用减少，使企业降价成为可能。

随着科学技术的进步和企业经营管理水平的提高，许多产品的单位产品成本和费用在不断下降，因此，企业拥有条件适当降价。

7. 企业决策者出于对中间商要求的考虑。

以较低的价格购进货物不仅可以减少中间商的资金占用，而且为产品大量销售提供了一定的条件。因此，企业降价有利于同中间商建立良好的关系。

8. 政治、法律环境及经济形势的变化，迫使企业降价。

政府为了实现物价总水平的下调，保护需求，鼓励消费，遏制垄断利润，往往通过政策和法令，采用规定毛利率和最高价格、限制价格变化方式、参与市场竞争等形式，使企业的价格水平下调。在紧缩通货的经济形势下或者在市场疲软、经济萧条时期，由于币值上升，价格总水平下降，企业产品价格也应随之降低，以适应消费者的购买力水平。

2）降价方式

降价最直截了当的方式是将企业产品的目录价格或标价绝对下调，但企业更多的是采用各种折扣形式来降低价格，如数量折扣、现金折扣、回扣和津贴等。

此外，变相的降价形式有：赠送样品和优惠券；实行有奖销售；给中间商提取推销奖金；允许顾客分期付款；赊销；免费或优惠送货上门、技术培训、维修咨询；提高产品质量，改进产品性能，增加产品用途。

这些方式具有较强的灵活性，在市场环境变化的时候，即使取消也不会引起消费者太大的反感，同时又是一种促销策略，因此在现代经营活动中的运用越来越广泛。

3）降价时机选择

确定何时降价是调价策略的一个难点，通常要综合考虑企业实力、产品在市场生命周期所处的阶段、销售季节、消费者对产品的态度等因素。比如，进入衰退期的产品，由于消费者失去了消费兴趣，需求弹性变大、产品逐渐被市场淘汰，为了吸引对价格比较敏感的购买者和低收入需求者，维持一定的销量，降价就可能是唯一的选择。

由于影响降价的因素较多，企业决策者必须审慎分析和判断，并根据降价的原因选择适当的方式和时机，制定最优的降价策略。

（二）提价

1）提价原因

在有些情况下，企业必须考虑提价。提价一般会引起竞争力下降、消费者不满、经销商抱怨，甚至还会受到政府的干预和同行的指责，从而对企业产生不利影响，但成功的提价策略会增加企业的利润。所以，在实际中存在着较多的提价现象，主要原因如下：

1. 企业应对产品成本增加，减少成本压力。

这是所有产品价格上涨的主要原因。成本的增加或者是由于原材料价格上涨，或者是由生产或管理费用提高而引起的。企业为了保证利润率不致因此而降低，便采取提价策略。

2. 为了适应通货膨胀，减少企业损失。

在通货膨胀条件下，即使企业仍能维持原价，但随着时间的推移，其利润的实际价值也呈下降趋势。为了减少损失，企业只好提价将通货膨胀的压力转嫁给中间商和消费者。

3. 产品供不应求，遏制过度消费。

对于某些产品来说，在需求旺盛但生产规模又不能及时扩大而出现供不应求的情况下，可以通过提价来遏制需求；同时又可以取得高额利润，在缓解市场压力、使供求趋于平衡的同时，为扩大生产准备了条件。

4. 利用顾客心理，创造优质效应。

作为一种策略，企业可以利用涨价营造品牌形象，使消费者产生价高质优的心理定式，以提高企业知名度和产品声望。对于那些革新产品、贵重商品、生产规模受到限制而难以扩大的产品，这种效应表现得尤为明显。

2）提价时机选择

为了保证提价策略的顺利实现，提价时机可选择以下几种情况：

（1）产品在市场中处于优势地位；

（2）产品进入成长期；

（3）季节性商品达到销售旺季；

（4）竞争对手产品提价。

3）提价的方法

为了使消费者更容易接受，产品的提价方式也有很多种。

（1）推迟报价。企业在产品制成或交货时才提出最后价格，生产周期较长的行业如工业建筑和重型设备制造业一般采用这种策略。

（2）在合同中使用价格自动调整条款。此种方法是在合同中规定在合同期内根据选定的某个价格指数来计算调整价格。

（3）保持产品价格不变，改变附加产品。这种方法是保持产品价格不变，将原来提供的附加产品从产品整体中分解出来，另行定价。

（4）减少价格折扣。

（5）保持价格不变，改变原材料。保持价格不变，而采用更便宜的材料或配件作替代品，或采用廉价的包装材料，或减少产品的功能、服务和分量等。

总之，在方法的选择上，企业应尽可能多地采用间接提价，把提价的不利因素降低到最低，使提价不影响销量和利润，而且能被潜在消费者普遍接受。同时，企业提价时应采取各种渠道向顾客说明提价的原因，配之以产品策略和促销策略，并帮助顾客寻找节约途径，以减少顾客不满，维护企业形象，提高消费者信心，刺激消费者的需求和购买行为。

至于价格调整的幅度，最重要的考虑因素是消费者的反应。因为调整产品价格是为了促进销售，实质上是要促使消费者购买产品。忽视了消费者的反应，销售就会受挫。只有根据消费者的反应调价，才能收到良好的效果。

案例分析实例

阅读以下资料，分析拼多多低价营销的核心是什么？

拼多多的低价营销策略

拼多多所采用的低价营销策略最开始起源于当时火热的“团购”模式。“团购”一词最早被公众所熟知是在2015年，用户在App、网站平台上通过拼团的方式进行下单，从而获得优惠，线上订购，线下消费。拼多多自2015年横空出世以来，以崭新的面貌和形式又出现在了大众的眼前。“团购”这一词再一次在消费者中引起一股热潮正是由于拼多多的出现。

拼多多的商业模式不同于大众眼中淘宝的C2C，京东和天猫的B2C，采用了全新的商业模式，将参与团购的消费者们当成是一个整体，以拼团的方式用数量的优势改变价格虚高的劣势，这也符合消费者的购买心理，毕竟薄利多销这个词在消费者的认知中也相当于价格优势。仅通过拼团的方式而不需要自己费力地进行砍价就可以拿到优惠的价格，自然会受到消费者的欢迎。

社交电子商务是近几年蓬勃发展的电子商务模式。拼多多就是采用了社交+电商的模式，利用拼团以及分享的方式促使消费者购买，简单来说，拼多多首先是利用拼团的方式，在价格上给予消费者刺激，接下来便是社交分享的方式，也就是用户下单之后，便可以通过微信、QQ等方式进行分享，与同事、家人、同学、朋友等众多社交范围内的人进行拼团购买，假如24小时之内没有拼团成功的话，那么该用户的钱就会原路返还。这种购买方式不仅可以让消费者在购买商品时体会到消费拼团成功的乐趣，在拼团成功之后，也可以享受到拼团的价格优惠。

通过对多家平台的对比可以发现，拼多多商品的价格远低于其他电子商务平台的价格。另外，拼多多平台为了刺激消费者进行购买，会不定时地给消费者发放各种无门槛的抵用券和商品优惠券，从而深化了它在消费者心中的“低价”定位。从消费者的角度来看，拼多多的各种优惠活动和低价，都给消费者带来了很大的视觉和心理冲击。

案例来源：原创力文档，https://max.book118.com/html/2021/0307/8142045000003056.shtm.

《拼多多的低价营销策略》案例分析视频

思政园地

国产的百万豪车——比亚迪仰望

2013 年 1 月 5 日消息，比亚迪旗下高端品牌仰望正式发布，同时推出了四轮四电机“易四方”驱动平台。首款量产车型百万级新能源硬派越野车 U8 首次正式亮相。未来，“易四方”技术将标配搭载于仰望品牌全系车型。

仰望 U8 定位百万级硬派越野 SUV，车身长度超过 5 米，采用非承载式车身设计。外观方面，新车采用了仰望品牌的家族式设计“时空之门”，将未来感和科技感融入整车的设计之中，拥有极具豪华感的形面和强壮饱满的体量，兼具前卫硬朗。

动力方面，仰望 U8 采用比亚迪全栈自研“易四方”四电机驱动技术平台，单电机最大功率 220～240 kW，最大扭矩 320～420 牛·米，使仰望 U8 的百千米加速表现为 3 秒级，完全媲美顶级超跑的加速表现。

根据比亚迪官方的介绍，“易四方”平台从感知、决策、执行 3 个维度围绕新能源汽车的特性进行了全面重构，彻底颠覆了以往燃油车的动力系统能力体系。相较传统的燃油汽车动力系统，“易四方”技术可以通过感知力更强的电驱系统，以毫秒级的速度独立调整车辆四轮轮端动态，从而更好地控制车身姿态。

“极致的安全”在发布会上被反复强调，比亚迪希望通过技术的突破为用户提供极致安全的汽车。“易四方”技术可以为用户提供更大的安全冗余，比如在车辆单轮爆胎后，以每秒 1 000 次的频率精准调整剩余三轮的扭矩，通过驱动轮及时对车身姿态进行强有力的补偿干预，帮助驾驶员将车辆稳定可控地停下来，避免二次伤害。

此外，搭载“易四方”技术的车型，由于整车核心系统防护能力达到 IP68 级别，拥有良好的车身及座舱密闭性，甚至可以凭借四轮独立矢量控制功能获得应急浮水脱困能力。

除了极致的安全，“易四方”还将为用户提供极致的性能与极致的体验。“易四方”平台最高转速做到了 20 500 rpm，整车马力超 1 100 匹，可以适应街道、越野、赛道等多种极限场景的性能需求。自主研发高集成电机所带来的强大动力，还支持“易四方”技术在柏油马路等高附着力路面，实现灵活的原地掉头功能。

凭借四电机驱动技术的独立正负扭矩输出能力，“易四方”平台甚至可以在转向器、制动器不工作的同时实现低于 40 米的百公里刹停距离、小于 12 米的敏捷转向能力，使大型 SUV 也拥有不输 A0 级小车的灵活性。

作为整场发布会的彩蛋，仰望品牌首款百万级纯电动性能超跑 U9 也正式亮相，同样搭载易四方动力系统，零百加速可以达到 2 秒级。比亚迪表示 U9 拥有极致安全的车身结构，兼顾城市舒适和赛道极限，可为用户提供“可街可赛”的全新驾驶体验。

设计方面，仰望 U9 同样采用了“时空之门”设计语言，整车外观既保留了经典超跑的设计元素，又增添了未来电动超跑的整体感。

资料来源：百度百科，https://www.chinaz.com/2023/0105/1485593.shtml.

思考：

1. 试分析比亚迪仰望能够定位在百万元的原因？
2. 如果比亚迪的新能源汽车在高端市场上获得成功，对我国汽车行业有何影响？

任务考核

表 6-2-1　任务评价单

<table>
<tr><th colspan="5">项目六　价格认知与价格策划</th></tr>
<tr><td rowspan="2" colspan="2">任务二　定价策略分析</td><td>姓名</td><td></td><td>组别</td><td></td></tr>
<tr><td>专业</td><td></td><td>学号</td><td></td></tr>
<tr><td>内容</td><td colspan="4">评分标准</td><td>得分</td></tr>
<tr><td>概念问题（20 分）</td><td colspan="4">共 5 题，每题 4 分</td><td></td></tr>
<tr><td rowspan="3">案例分析（60 分）</td><td colspan="4">醉翁之意：
1. 能正确分析出定价方法（10 分）；
2. 能正确说出适用商品或服务（15 分）</td><td></td></tr>
<tr><td colspan="4">不可思议的电脑价格：
能正确分析 99 美元电脑销售失败的原因（10 分）</td><td></td></tr>
<tr><td colspan="4">好时有最甜美的花泥：
1. 能正确分析好时有最甜美的花泥的定价策略（10 分）；
2. 能分析出该定价策略的优势（15 分）</td><td></td></tr>
<tr><td>思政园地（20 分）</td><td colspan="4">1. 能够从案例中找到比亚迪仰望的先进技术（10 分）；
2. 能够从国际视野和民族企业角度正确分析（10 分）</td><td></td></tr>
</table>

07

项目七

渠道促销思维训练

任务一　认识分销渠道

<table>
<tr><td colspan="6">项目七　渠道促销思维训练</td></tr>
<tr><td rowspan="2">任务一
认识分销渠道</td><td>姓名</td><td></td><td>组别</td><td colspan="2"></td></tr>
<tr><td>专业</td><td></td><td>学号</td><td colspan="2"></td></tr>
<tr><td colspan="2">知识目标</td><td colspan="2">技能目标</td><td colspan="2">思政目标</td></tr>
<tr><td colspan="2">1. 了解各种渠道促销的特点；
2. 了解渠道促销的概念及内涵</td><td colspan="2">1. 能够正确判断企业采取的渠道促销观念；
2. 会运用渠道促销分析企业行为</td><td colspan="2">1. 树立以国家、人民利益为先的大格局观；
2. 树立正确的价值观，培养勇于担当的精神</td></tr>
<tr><td>学习重点</td><td colspan="5">1. 区分各种渠道观念；
2. 了解渠道促销的概念及内涵</td></tr>
<tr><td>学习难点</td><td colspan="5">运用所学知识正确地进行案例分析</td></tr>
</table>

任务清单

一、概念问题

（一）判断题

1. 分销渠道是由一系列的中间商所组成的。（　）

2. 宽渠道是指制造商同时选择两个以上的同类中间商销售产品。（　）

（二）不定项选择题

1. 由生产企业、批发商、零售商根据纵向一体化的原理组成的销售渠道称为（　　）。

A. 垂直分销系统　　B. 水平分销系统

C. 多渠道系统　　D. 集团分销系统

2. 当生产量大且超过企业自销能力的许可时，其渠道策略应为（　　）。

A. 直接渠道　　B. 间接渠道　　C. 专营渠道　　D. 都不是

3. 根据生产商在某一区域目标市场选择中间商数目的多少来划分渠道，可以分为（　　）。

A. 长渠道　　B. 短渠道　　C. 宽渠道

D. 窄渠道　　E. 最短渠道

4. 短渠道的好处是（　　）。

A. 产品上市速度快　　B. 节省流通费用　　C. 市场信息反馈快

D. 产品渗透能力强　　E. 有利于杜绝假冒伪劣

5. 下列哪些情况适宜采取广泛性分销策略（　　）。

A. 产品潜在消费者分布面广　　B. 企业生产量大、营销能力强

C. 产品技术性强　　D. 产品体积大

E. 产品易腐易损，需求时效性强

6. 在消费品市场分销渠道模式中，一层渠道模式包括（　　）。

A. 批发商　　B. 代理商　　C. 零售商

D. 专业批发商　　E. 制造商销售机构

7. 按照流通环节或层次的多少，分销渠道可分为（　　）。

A. 直接渠道和间接渠道　　B. 长渠道和短渠道

C. 宽渠道和窄渠道　　D. 单渠道和多渠道

E. 密集型渠道和选择型渠道

二、案例分析

案例 7-1-1　加多宝扁平化分销渠道

刘×供应着加多宝在北京大院附近约 200 家以川菜、湘菜、火锅和烧烤为主的餐饮渠道。她及其团队正是加多宝庞大渠道网络中经销商和邮差商的一个缩影。加多宝之所以给人一种无处不在的感觉，正有赖于这些“邮差”、经销商和加多宝销售团队编织成的无缝营销渠道。

品牌切换通常是一件充满风险的事情，但像刘×一样的“邮差”和经销商大都没有因这种风险感到焦虑和躁动。刘×说，那段时间她的生意几乎没有受到影响。她认为，有两方面的原因：一是加多宝较早在产品包装上印有“加多宝”字样；二是商战期间，活跃的加多宝业务员经常到终端拜访，通过广告张贴和促销让利等活动稳住了餐馆等销售终端。当 2012 年 6 月 1 日加多宝推出新品时，刘×回忆说：一切如常。

与刘×不同，年过五旬的老张看上去像个快要掉队的批发商。在北京东南最大的北京盛华宏林粮油批发市场，他的货大多数卖给了“串串”，也就是依靠倒卖差价生存的小批发商。在加多宝的渠道网络中，这样的批发商是少数，既不受重视，也不受欢迎。

相比之下，加多宝更喜欢北京事必达科贸有限公司这样的饮料批发商。它位于北京市崇文门一个并不显眼的院落里，但却有可靠的物流，也有稳定的客户，但最让加多宝看重的是其“送货上门”能力，也就是直接送达机关、团体、餐饮、高校、医院等的能力。实际上，

在把加多宝凉茶推向终端这一行动中，老张和事必达并没有本质区别，不过，两者背后却暗含着巨大的管理问题。像老张这样的经销商，并不能保证加多宝的产品尽快进入终端，产品一直在市场上流通就不好控制价格和信息。因为渠道层级太多，无法准确、及时获得一线市场变化情况。在这个渠道网络上，像老张一样的批发商其实拉长了整个渠道链条，削弱了加多宝对渠道的控制力。也因此，加多宝特别重视扶持像事必达这样的二级批发商，让二级批发商直接对接加多宝与终端市场。这就是为外界所称道的加多宝渠道扁平化。渠道扁平化的结果，就是在加多宝的渠道体制中实现总经销制。即一个地区有一个总经销商，往下只发展多个“邮差”和二级经销商。总经销制的特点是：一个渠道中总共只有两级经销商，压缩了渠道费用，加强了信息与价格控制。

资料来源：2017 年 8 月中外管理杂志官方账号，https://baijiahao.baidu.com/s?id=1575939147197231&wfr=spider&for=pc.

思考：

1. 加多宝主要采用了哪种渠道促销?
2. 如果你是公司经理，你会做出什么决定？说出你的原因。

知识获取

一、引导问题：你知道什么是分销渠道吗

（一）分销渠道的含义

分销渠道又称销售渠道或通路，是指产品或服务在从生产者转移给消费者或用户消费使用中所经历的过程。它的起点是生产者，终点是消费者或用户，中间环节是中间商，中间商在分销渠道中起到连接企业与消费者或用户桥梁的作用（见图 7-1-1）。

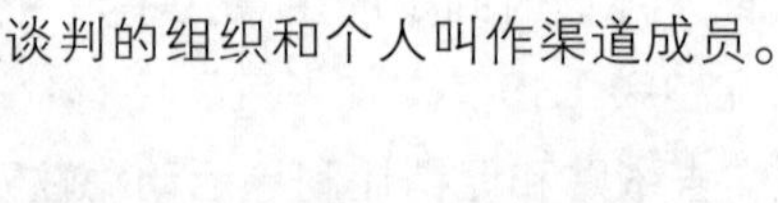

图 7-1-1 分销渠道

（二）渠道成员的概念

参与了商品或劳务所有权谈判的组织和个人叫作渠道成员。渠道成员包括 4 类。

1）制造商

制造商是指制造产品的企业。作为品牌产品的创造者，制造商广为人知并被认为是渠道的源头和中心。像通用电气、通用汽车、索尼、飞利浦这些成功的制造商在各自的分销渠道中占据着举足轻重的位置。但事实是：许多服务于工业领域的制造商并不广为人知，并不是所有的制造商在各自的销售渠道中都占据着主导地位。

2）批发商

批发商在分销渠道中的作用并不像制造商和零售商那样明显可见。批发商曾经是渠道的主导，它们通过设计、发展渠道将许多零售商和制造商的活动连接起来。但最近几年，由于

许多零售商和制造商之间的纵向一体化，批发商的作用似乎在减弱，被认为是分销渠道中不必要的一环。但实际上，批发商远没有被排除在分销渠道之外，许多批发商仍主导着其各自的分销渠道。

3）零售商

与制造商直接相对的是零售商，它们是分销渠道中最靠近消费者的一环。零售商利用各种购物环节把不同制造商的产品提供给消费者。在许多渠道中，零售商是主导力量，就像沃尔玛那样，它们决定了如何组织和运作整个分销过程。实际上，信息技术的高速发展已经使零售商在分销渠道中的作用越来越重要。

4）消费者

消费者是整个分销渠道的终点。制造商、批发商、零售商的诸多努力都是为了满足消费者的需要，实现商品的销售，从而最终实现各自的营利。因此，消费者的类型、购买行为、购买特征都是他们关注的焦点。

（三）分销渠道的职能

1）产品所有权转移

分销渠道承担的最本质职能就是完成产品所有权从生产者转移到消费者，即生产者出售产品获得销售收入，消费者付出货币取得产品。

2）接洽沟通

寻找可能的消费者（现有的和潜在的购买者），并与之进行相关信息的沟通。

3）促进销售

通过人员推销、广告、公关活动及其他方式吸引消费者，并对消费者进行有关所供产品的说服性沟通。

4）谈判或洽谈

为了转移所供物品的所有权，就其价格、售后服务等相关条件达成协议。

5）资金融通

为补偿渠道工作的成本费用而对资金的取得与支出。如中间商购进产品并保持存货需要投入资金以保证厂商的再生产活动，而这部分资金在产品实际到达消费者之前就是投入，只有在产品到达消费者手中才能获得收益。所以中间商购进产品的行为实际是融资。

6）物流

分销渠道除了商流还要有物流，即要对产品实体进行运输、储存、装卸搬运、包装配送等。

7）风险承担

渠道成员要承担与其渠道工作有关的全部风险，即产品从生产者到最终消费者过程中的风险由渠道成员分别承担。

二、引导问题：你知道分销渠道流程吗

商品从生产者到消费者手上，同时满足生产者、消费者及中间商的需求。为了有效地完成这个过程，在分销渠道中，通常有 5 大流程：所有权流程（商流）、实体流程（物流）、付款流程（货币流）、信息流程（信息流）及促销流程（促销流），如图 7-1-2 所示。

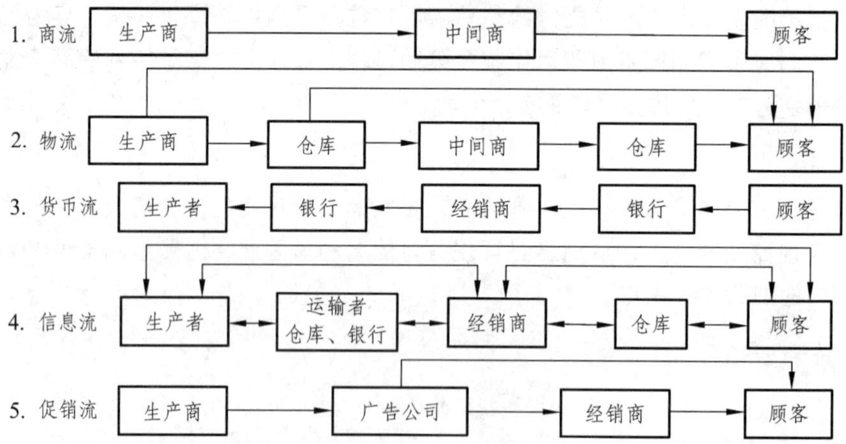

图 7-1-2　分销渠道的 5 大流程示意

所有权流程是指货物所有权从一个市场营销机构到另一个市场营销机构的转移过程。在前例中，原材料及零部件的所有权由供应商转移给制造商，汽车所有权则由制造商转移给代理商，而后到顾客。

实体流程是指实体原料及成品从制造商转移到最终顾客的过程。例如，在汽车市场营销渠道中，原材料、零部件、发动机等从供应商运送到仓储企业，然后被运送到制造商的工厂制造成汽车。制造成成品后也须经过仓储，然后根据代理商订单而运交代理商，再运交顾客。

付款流程是指货款在各市场营销中间机构之间的流动过程。例如，顾客通过银行或其他金融机构向代理商支付账单，代理商扣除佣金后再付给制造商，再由制造商付给各供应商，还须付给运输企业及独立仓库。

信息流程是指在市场营销渠道中，各市场营销中间机构相互传递信息的过程。通常，渠道中每一相邻机构间会进行双向的信息交流，而互不相邻的机构间也会有各自的信息流程。

促销流程是指广告、人员推销、宣传报道、促销等活动由一单位对另一单位施加影响的过程。供应商向制造商推销其品牌及产品，还可能向最终顾客推销自己的品牌及产品，以便影响制造商购买其零部件或原材料来装配产品。促销流程也可能从制造商流向代理商（贸易促销）或最终顾客（最终使用者促销）。

三、引导问题：你知道分销渠道模式及层次吗

（一）分销渠道的模式

任何一个分销渠道都包括生产者与消费者。本书用中介机构的级数代表渠道的长短。图

7-1-3 为若干具有不同长度的消费品分销渠道，图 7-1-4 为若干具有不同长度的工业品（生产资料）分销渠道。

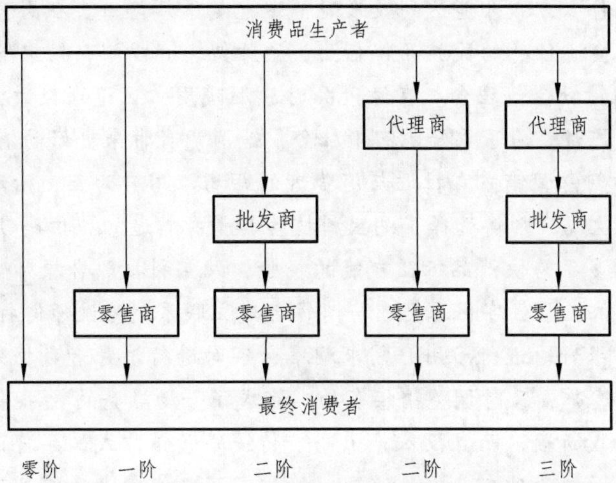

图 7-1-3　消费品分销渠道模式

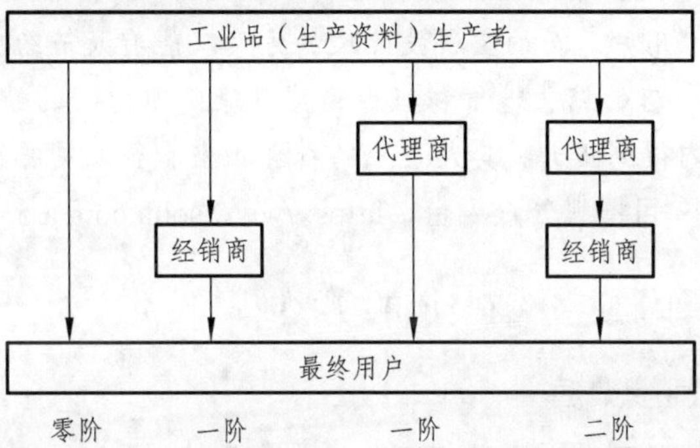

图 7-1-4　工业品（生产资料）分销渠道模式

（二）分销渠道的层次

（1）零阶渠道，又称两站式渠道，生产者的产品直接销给消费者，没有中间商的参与。

（2）一阶渠道，又称三站式渠道，在生产者与消费者之间有零售商的参与。

（3）二阶渠道，又称四站式渠道，在生产者与消费者之间有批发商或代理商和零售商的参与。

（4）三阶渠道，又称五站式渠道，在生产者与消费者之间有代理商、批发商和零售商的参与。

情境再现

康师傅公司的渠道促销

2021 年 6 月，康师傅开启了“扫码领红包，集卡赢汽车”活动。活动期间，消费者凡购买印制有活动主题促销信息的康师傅整箱产品，通过手机微信扫描促销装产品纸箱内侧的二维码，根据界面提示参与抽奖，即有机会获得现金红包福利。

活动期间消费者参与扫码领红包活动，通过抽奖集卡，更有机会获得福利大奖——五菱宏光 MINI EV 一台。

活动赚足了眼球，覆盖范围囊括了全国范围，吸引了近 200 万人参与。参与人数多，曝光覆盖范围广，收效甚好。

随着手机和互联网的普及，在线化、数字化当道，现在已经进入了全新消费者时代。如何进行创意营销，用什么方式才能达到效果呢？这也是康师傅一直在思考的。

作为一家充满社会责任感的民族品牌企业，康师傅一直以“弘扬中华饮食文化”为使命，秉持“永续经营、回馈社会”理念。在做产品时，温暖用心，追求极致，不断探索创新提升产品品质；在营销推广时，为了更好地回馈社会，给消费者带来更好的消费体验和美食体验，不断尝试用一些新的创意营销方式拉近与消费者的距离。用户为王，活动的本质就是让品牌更好地连接用户。此次，康师傅选择了纳宝科技为其量身打造的“扫码领红包，集卡赢汽车”活动营销方案。凭借多年为快消品行业赋能的经验，纳宝科技联合康师傅在产品上玩起了有奖二维码互动营销，依托于数字化工具，与消费者建立联系，为康师傅打造了一场曝光量高，曝光区域广的活动，很好地进行了用户需求洞察，实时进行消费者数据分析，进而帮助康师傅快速锁定精准目标客户，及时调整销售布局，完成了一场漂亮的数字营销。

此次活动不仅形式新颖，而且投入产出高。传统的营销方式，品牌商只能基于大量人工管控进行营销推广，而因为从企业—渠道商—终端门店—消费者，信息链连接过长，导致信息回流困难，不及时不准确，整个过程效率低下，导致企业无法很好地进行新品研发精准调研决策，也很难锁定精准用户。而纳宝科技此次的方案既能有效节约康师傅的宣传推广费用，还能刺激渠道商、终端门店的销售进货积极性，提升康师傅泡面的销量。另外，康师傅的品牌知名度会在全国范围内得到提升，其大企业的社会担当和企业美誉度也进一步得到了展示。

资料来源：2022 年 3 月搜狐公众平台，https://www.sohu.com/a/531827699_100143851.

四、引导问题：你知道分销渠道的类型吗

（一）直接渠道与间接渠道

按产品在流通过程中是否有中间环节可将分销渠道划分为直接渠道与间接渠道。

1）直接渠道

产品从生产者流向最终消费者或用户的过程中不经过任何中间商转手，直接把产品销售给消费者，叫直接渠道，又称零阶渠道。直接渠道是消费品和工业品（生产资料）销售的一种类型，尤其是大型机器、成套设备、专用工具以及技术复杂、需提供专门服务的工业品（生产资料），几乎都采用直接渠道。

具体形式：生产者直接销售产品、派人员上门推销、邮寄、电话销售、电视销售和网络销售。

优点：产品销售及时；直接了解市场，便于沟通；提供售后服务；节省流通费用；有利于控制商品价格。

不足：生产者要在营销方面增加物力、人力和财力上的投入，销售范围有限制，从而影响销量。

2）间接渠道

产品从生产者流向最终消费者或用户要经过若干中间商的分销渠道，叫间接渠道，又称多阶渠道，是消费品和工业品（生产资料）销售的一种类型，尤其是消费品的主要类型。

优点：降低生产者销售费用；生产者不用承担流通的商业职能，专心进行产品生产；销售范围扩大。

不足：生产者与消费者不能直接进行信息沟通，生产者不易把握市场需求变化；流通费用增加，不利于减轻消费者或用户的价格负担。

（二）长渠道与短渠道

按产品在流通过程经过中间环节或层次多少，可划分为长渠道与短渠道。

1）长渠道

产品从生产者流向最终消费者或用户的过程中需经过两个或两个以上中间商转手的分销渠道，叫长渠道，又称二阶以上渠道。通常销售量较大，销售范围广的产品宜采用长渠道。

优缺点同间接渠道。

2）短渠道

产品从生产者流向最终消费者或用户的过程中只经过一个任何中间商转手的分销渠道，叫短渠道，又称一阶渠道。通常销售批量大，市场比较集中或产品本身技术复杂，价格较高的适用短渠道。

优缺点同直接渠道。

3）最短渠道

产品从生产者流向最终消费者或用户的过程中不经过任何中间商转手由生产者自己销售的分销渠道，叫最短渠道，又称零阶渠道。

（三）宽渠道与窄渠道

按生产者在某一区域目标市场分销渠道的某一层次选择同类中间商的数目可划分为宽渠道与窄渠道。

1）宽渠道

生产者在某一区域目标市场的分销渠道的某一层次尽可能多地利用中间商来销售自己的产品。如该区域目标市场中有若干个代理商，或若干个批发商。

优点：产品能广泛而迅速进入流通；促使中间商展开竞争，提高销售效率；生产者有了选择淘汰中间商的余地。

不足：中间商不专一，不尽心；生产者与中间商关系松散、易僵化，不利于协作。

2）窄渠道

生产者在某一区域目标市场的分销渠道的某一层次只选择少数几个中间商来销售自己的产品。要求中间商在当地市场有一定的地位和声誉。

优点：生产者与中间商关系密切，有利于协作；生产者借助中间商的信誉和形象提高产品的销售。

不足：中间商要求折扣较大；市场开拓费用较高。

3）最窄渠道

最窄渠道也叫独家分销，生产者在某一区域目标市场的某一层次只选择一家中间商销售自己的产品。要求中间商在当地市场极有声望，并居于市场领先地位。采用独家分销要有独家经销合同，明确双方权利义务。规定中间商不得经营竞争者同类产品。

优点：通过中间商的良好形象，迅速提高产品知名度；生产者与中间商关系紧密，物流手续简化，便于产品上市，信息反馈迅速。

不足：生产者对中间商依赖性强；产品销售市场范围窄、市场占有率低。

五、引导问题：你知道分销渠道策略分析吗

分销渠道策略的核心是分销渠道的设计。企业在进行分销渠道设计时要确定的内容包括 4 个方面。

（一）确定渠道目标与限制

渠道目标是指企业预期达到的顾客服务水平以及中间商执行的职能等。选择分销渠道决策的核心是确定到达目标市场的最佳途径，企业在综合分析影响渠道选择因素的基础上，确定渠道目标，选择渠道长度。

（二）确定分销策略

确定分销策略就是确定企业使用中间商的数目，选择渠道宽度。根据产品在市场上的地位和市场覆盖密度，企业的分销策略有 3 种选择：密集性分销、选择性分销、独家分销。

1）密集性分销

密集性分销又称广泛性分销，是指企业选择尽可能多的中间商销售产品。其目的是扩大市场覆盖面，快速进入新市场，使消费者随时随地购买到本企业的产品。密集性分销适用于消费品中的便利品、产业用品中的供应品分销。

2）选择性分销

选择性分销是指企业在某一地区从所有愿意推销本企业产品的中间商中精心挑选若干最适合的中间商推销产品。其目的是树立良好企业形象，建立稳固的市场竞争地位，与中间商建立良好协作关系。选择性分销适用于所有产品销售，尤其是消费品中的选购品、特殊品。

3）独家分销

独家分销是指企业在某一地区仅选择一个中间商推销产品。其目的是控制市场和货源，控制市场价格取得竞争优势。通常，购销双方要签订合同，规定经销商不得经营竞争者的产品。独家分销中间商的命运与企业紧密连接在一起，对企业和中间商都有利。独家分销适用于贵重、高价产品的销售。

（三）明确渠道成员的条件与责任

企业在决定渠道长度和宽度之后，必须明确各渠道成员参与交易的条件和应负的责任。在交易关系组合中，这种责任条件主要包括以下几个方面：

（1）价格政策。价格政策是指企业制定的价格目录和折扣标准，要公平合理，得到中间商的认可。

（2）销售条件。销售条件是指付款条件与制造商的保证，解除分销商的后顾之忧，促使

其大量购买。

（3）明确经销商的区域权利。

（4）各方应承担的责任。通过制定相互服务和责任条款，明确各自的责任。

（四）评估分销渠道方案

评估分销渠道方案的标准有 3 个：经济性、控制性和适应性。

1）经济性标准

评估每个分销渠道方案的销售额，其次是评估各种分销渠道方案实现某一销售额所需的成本费用，最后选择经济效益最好的分销渠道方案。一般情况下，小企业及在较小市场从事营销的大企业最好利用代理商推销产品。

2）控制性标准

使用代理商会增加分销渠道控制上的问题。因为代理商作为独立企业所关心的是自己如何能获取最大利润，所以它的一切工作都是为自己获取最大利润这个目标服务。

3）适应性标准

由于每个分销渠道方案都会因某些固定期限的承诺而失去弹性，因此在评估分销渠道方案时，要考虑制造商的应变能力，对于一个涉及长期承诺的分销渠道方案，只有在经济性和控制性都很优越的条件下才会考虑。

以上 3 项标准中，经济性标准最重要。因为企业追求的是利润而不是分销渠道的控制性与适应性，所以设计一个分销渠道方案好坏的标准是其能否获取最大利润。

传统分销渠道系统中渠道成员之间是独立的经营者，他们各自为政，各行其道，追求自身利益以获取最大利润。它们之间或是短期合作，或是彼此展开激烈竞争，即便牺牲整个渠道系统全面长远利益也在所不惜，没有一个成员能完全或基本控制其他成员，增加分销过程的不确定性。随着市场经济的发展和企业在竞争中逐步成熟，新的分销组织形式不断出现，逐步形成了现代分销渠道系统。

案例分析实例

阅读以下案例，分析可口可乐的渠道策略有哪些？具备何种优势？

可口可乐的渠道策略

可口可乐公司为了全面覆盖市场，总体上采取直控终端的渠道模式，实现密集分销。可口可乐公司作为一个大型的跨国消费品公司，其渠道结构无疑也是一个复杂的结合体。总的来说，它是以间接渠道和宽渠道为主要形式，多级渠道并存的多渠道分销模式。可口可乐的渠道模式也有从区域精耕到渠道精耕的重要变化，同时将市场渠道划分为 22 种。

所谓区域精耕，就是把中国市场划分成很多个不同的局部区域，在这个区域内实施直控终端的模式。而直控终端，说通俗一点，就是企业直接对终端的销售、管理进行干预与控制，从而省略了中间一些不必要的渠道流通环节，通过强化对终端的掌控力度，加强对终端的管理，来达到销售最大化的最终目的。

因此可以说，相比其他更多的借力于中间商的渠道模式，直控终端需要企业更大的投入和付出，包括人力上的、财力上的、物力上的投入。但是尽管如此，可口可乐还是采取了这种投入更大的渠道模式。

所谓渠道精耕，也叫通路精耕，简单而言就是将渠道细化，并由不同的业务员负责不同的渠道，即将大卖场以外的渠道细分为小店、批发、小超市、餐饮、网吧、工厂、学校等类型，由不同的业务员负责，一个业务负责一两个渠道，工作范围不是按区域划分而是按渠道类型来划分的。

无论是区域精耕，还是渠道精耕，可口可乐都始终强调对终端的控制。一是强调铺市率的最大化，占据一切可能的终端网点；二是在终端产品陈列以及宣传上，可口可乐公司在整个饮料行业也是有口皆碑的。

可口可乐公司在中国的发展取得了巨大的成功，其中所选择的分销渠道策略无疑起到了很大的作用。

其一，便利了消费者的寻找。

其二，调节了可口可乐品种及数量的差异（分装和分集）。

其三，让中间商与分销商提供相应的服务。

可口可乐公司也正是因为渠道的成功才使可口可乐在中国市场迅速发展，成为知名度最高，也最受欢迎的饮料。

资料来源：可口可乐的分销渠道策略[OL]. 道客巴巴，http://www.doc88.com.

《可口可乐的渠道策略》案例分析视频

思政园地

鸿星尔克：用多维度高质量发展践行企业责任

新的时代背景下，如何更好地履行企业责任、解锁多维度的高质量发展，鸿星尔克，正在积极破题。

一、取之社会，回馈社会

在鸿星尔克的官网上，写着这样一句话："一个企业不应该只是关心自己企业的利益，还应该有强烈的社会责任感，回馈社会，帮助弱势群体。在鸿星尔克看来，企业是社会不可或缺的一部分，从社会中获取资源，就应该回报社会、负有一定的社会责任。"2021年，鸿星尔克因捐赠物资，受到了巨大关注，被网友称赞为"国货之光"，充分体现了大家对于鸿星尔克社会责任感的认可和回应。社会担当在很多年前就被刻入了鸿星尔克的基因，他们奉行"取之社会、回馈社会"的理念，更是把社会责任纳入企业文化内核。

二、打造国潮产品，传播中国声音

不久前，鸿星尔克携手四川广汉三星堆博物馆，以三星堆青铜面具为灵感，结合鸿星尔克品牌精神，打造了系列联名款服饰，展开了一场跨越时空的潮流对话，俘获了无数年轻人的心，更被网友称为"国潮颜值天花板"。这早已不是鸿星尔克第一次与文化类大 IP 联名合作。在此之前，鸿星尔克还与河南博物馆携手推出“星河璀璨”系列联名 T 恤，与王者荣耀联动，将传统文化与东方美学相结合，推出充满国风元素的系列产品，引发了购买热潮。这些产品借助国产 IP 中精美的国风元素，用运动精神碰撞国风美学，以国风设计赋予产品更多中国特色的同时，也持续为传统文化注入当代的潮流表达。

三、与消费者携手，共创中国品牌

作为一个成立了 22 年的国产运动品牌，鸿星尔克深知用户的喜爱和拥护是支撑一个品牌在时间长流中始终保持生命力的不竭动力。中国人要做自己的品牌，就必须与消费者携手。不断创新，夯实品牌形象。想要获得消费者持续的支持，就离不开产品的不断创新。一直以来，鸿星尔克都坚持以用户为中心，保持与用户的高频率沟通，在品牌、产品、服务等方面以用户的体验为先。

资料来源：鸿星尔克：用多维度高质量发展践行企业责任[OL]. http://news.sohu.com/a/611807165_99910418.

思考：

1. 你认为鸿星尔克在哪些方面值得其他企业学习？
2. 当代大学生应该怎样培养自己的爱国情怀？

任务考核

表 7-1-1　任务评价单

<table>
<tr><th colspan="6">项目七　渠道促销思维训练</th></tr>
<tr><td colspan="2" rowspan="2">任务一　认识分销渠道</td><td>姓名</td><td></td><td>组别</td><td></td></tr>
<tr><td>专业</td><td></td><td>学号</td><td></td></tr>
<tr><td>内容</td><td colspan="4">评分标准</td><td>得分</td></tr>
<tr><td>概念问题（20 分）</td><td colspan="4">判断题，每题 3 分，共 6 分；
选择题，每题 2 分，共 14 分</td><td></td></tr>
<tr><td rowspan="3">案例分析（60 分）</td><td colspan="4">加多宝扁平化分销渠道：
1. 从市场销售渠道的角度进行正确分析（10 分）；
2. 从市场营销内涵的角度进行分析（10 分）</td><td></td></tr>
<tr><td colspan="4">康师傅公司的渠道策略：
1. 从市场销售渠道的角度进行正确分析（10 分）；
2. 从市场营销内涵的角度进行分析（10 分）</td><td></td></tr>
<tr><td colspan="4">可口可乐的渠道策略：
1. 从市场销售渠道的角度进行正确分析（10 分）；
2. 从市场营销内涵的角度进行分析（10 分）</td><td></td></tr>
<tr><td>思政园地（20 分）</td><td colspan="4">1. 能够说出鸿星尔克在哪些方面值得学习（10 分）；
2. 能正向抒发情感（10 分）</td><td></td></tr>
</table>

任务二　熟悉中间商

<table>
<tr><td colspan="6">项目七　渠道促销思维训练</td></tr>
<tr><td rowspan="2" colspan="2">任务二
熟悉中间商</td><td>姓名</td><td></td><td>组别</td><td></td></tr>
<tr><td>专业</td><td></td><td>学号</td><td></td></tr>
<tr><td colspan="2">知识目标</td><td colspan="2">技能目标</td><td colspan="2">思政目标</td></tr>
<tr><td colspan="2">1. 能正确区分经纪商与代理商，并能说明原因；
2. 了解市场营销组合的主要理论</td><td colspan="2">1. 能正确判断中间商；
2. 运用市场营销组合理论进行案例分析</td><td colspan="2">1. 培养对人对事真诚的态度；
2. 培养有责任有担当的良好品德；
3. 学会塑造自己的良好气质</td></tr>
<tr><td>学习重点</td><td colspan="5">理解并正确区分经纪商与代理商，并能说明原因</td></tr>
<tr><td>学习难点</td><td colspan="5">会运用市场营销组合理论进行案例分析</td></tr>
</table>

任务清单

一、概念问题

（一）判断题

1. 中间商的出现是商品经济发展的必然产物。（　）
2. 商人中间商是指从事商品交易业务，在商品买卖过程中拥有产品所有权的中间商。（　）

（二）不定项选择题

商人中间商包括（　　）。

A. 批发商　　B. 企业代理商　　C. 经纪商

D. 采购商　　E. 零售商

（三）填空题

在确定分销渠道的中间商数目时，可以采用（　　）策略。

二、案例分析

案例 7-2-1　欧亚连锁超市营销策略分析

近些年来，连锁超市得到了很好的发展，一大批优秀的连锁零售企业在市场上占据着越来越重要的地位。欧亚作为一家成功的大型连锁零售企业，其营销策略的成功之处在于选择了适销对路的商品，根据顾客特点、企业特色、竞争对手状况，制定出合理的产品策略、价格策略以及服务策略；建立行之有效的客户管理系统，树立起商品群优化组合的经营理念，根据消费者的不同需求，打破商品的原有分类，组合成有创意有特色的商品群。同时，欧亚超市还可根据自身的特点，所在区域的消费者情况，尝试一些新的营销策略，如体验营销、事件营销等。

作为欧亚集团的三大支柱企业之一，37 年来，欧亚商业连锁持续“做多”，已形成现代百货、商业综合体、超市连锁 3 大经营主力格局。以实体零售经营为主，欧亚商业连锁实现线上线下全渠道营销，充分服务民生。

目前，欧亚商业连锁已拥有 3 省 23 地近 120 店的企业规模，企业自有员工近万人，2020 年销售额达 107.6 亿元。紧跟当前消费市场发展趋势和消费习惯的转变，2021 年上半年，欧亚商业连锁体系调整升级，突出区域“中心”作用，强化社区服务功能，释放区域消费和社区联动发展能力。

在长春市，欧亚超市随处可见，门店星罗棋布，共同构成“商业连锁现象”：有速度，每个门店进场装修到全面开业不超过 3 个月；有质量，开业后均人气火爆，口碑佳；有提升，带动周边商业、房地产业、餐饮业、交通旅游业、其他服务业繁荣发展。

“全心全意为消费者服务，善始善终对消费者负责！”这是欧亚人沉甸甸的承诺。为了更好地服务本地市民，欧亚商业连锁继 2016 年上线微商城后，2021 年再次创新思路，通过欧亚集团小程序实现“全员带货”，打开线上消费的新渠道，为百姓带来购物与生活上的巨大便利。

资料来源：2021 年人民资讯，https://baijiahao.baidu.com/s?id=1719596269082959967&wfr=spider&for=pc.

思考：

1. 什么是零售商？
2. 上网查询资料，分析案例中的企业采用了哪些渠道模式策略。

知识获取

中间商是生产者与消费者之间，参与商品交换，促进买卖行为发生和实现的经济组织或个人，主要有代理商、经纪商、批发商和零售商。它们是生产者的客户和合作伙伴，一般与生产者的营销力量构成商品的分销网络，具有简化流通过程、完成营销和信息沟通的职能。

一、引导问题：你知道代理商和经纪商吗

（一）代理商

代理商指接受生产者委托，从事商品交易业务，但不具有商品所有权的中间商。主要作用是只代表卖方寻找买方，代理卖方签订购销合同，获得代理费。

1）代理商与生产者的关系

首先经生产者授权后才有代理权，其次必须在一定场所或区域内，以生产者名义出卖商品或办理与交易相关的事宜，最后生产者在完成委托后向代理商支付报酬。

2）代理商与生产者业务联系的特点

1. 企业代理商。

企业代理商也叫生产者代表或制造商代表，主要工作是为给他授权委托的生产者推销产

品，在生产者分配的销售区域内，按与生产商约定的产品价格，订单处理程序，进行送货服务。类似生产者的推销员，生产者也可委托若干企业代理商，分别在不同地区推销产品，生产者也可同时在某一地区直接销售。大多数企业代理商都是小型企业，雇佣的销售人员虽少，但极为干练。企业代理商在服饰、家具和电器等行业常见。企业代理商适用于生产者开发新的地区市场、潜在购买量有限市场分散的地区。

2. 销售代理商。

销售代理商又称总代理商，受生产者委托销售其全部产品，无地区限制，有一定的售价权。生产者只能委托一家销售代理商，即销售代理商是生产者的全权独家代理，就是生产者本身也不能再进行直接的销售活动。同样，销售代理商不得经营同类产品。

销售代理商一般规模较大，不仅负责推销，还负责广告促销，参与国内外展览，调查市场。

外因：利益驱使；分销任务压力；分销系统紊乱及终端缺乏控制；根据市场需求变化，向生产者提出产品设计、款式、定价等方面的建议。

销售代理商在纺织品、木材、某些金属产品、某些食品等行业常见。

销售代理商适用于需集中全部精力解决生产和技术的生产者、自感分销工作力不从心的生产者。

3. 寄售商。

寄售商又叫信托商、佣金商、佣金行，是受生产者或他人委托，以自己的名义现货代销，并取得报酬的中间商，即对产品实体具有控制力并参与产品销售协商的代理商。寄售商一般具有法人地位，自备仓库、经营场所，如各种信托公司、寄售商店、贸易货栈、拍卖行等。

寄售商在发掘潜在购买力，开辟新市场，尤其是处理滞销产品方面比较常见。

（二）经纪商

经纪商也叫经纪人，俗称掮客，是专门从事购买、销售或两者兼备的洽商工作，并不取得产品所有权的机构或个人。其主要作用是为买卖双方牵线搭桥，协助谈判，促成交易。经纪商不存货，不卷入财务，而且与买卖双方都没有一个固定的关系。

经纪商在食品和房地产行业，保险和证券经营业务中较常见。

经纪商适用于小公司无力建立销售系统，也不值得与代理商签订长期契约，某些生产者要推销新产品，或开辟边远市场的最初阶段。

二、引导问题：什么是批发商

批发是把从生产者处购得的商品或服务出售给以转售或加工或其他商业为目的的组织和个人的活动。专门从事这类买卖活动的经济组织和个人就是批发商。其内涵不仅排除了生产者，也排除了零售商。

批发商的特点是：吞吐量大；覆盖范围广；专业性强。

（一）批发商的职能

（1）区域分销功能：批购批销，有效集散产品；提高整体分销利益，使销售更具效果。

（2）物流功能：商品储存保证；分装配货；流通加工；送货运输保证服务；协助管理。

（3）信息功能：沟通产销信息，提供信息咨询。

（4）风险承担功能：因拥有商品所有权，在接收商品后至出售交付前要承担一切市场风险。

（5）资金融通功能：向生产者预订预付；提供资金保证；准许零售商赊账。

（二）批发商的类型

批发商主要有商人批发商和自营批发机构两大类。

1）商人批发商

商人批发商是指独立购进商品取得所有权，再批量出售的商业企业。由于是独立经营者，所以又称独立批发商，是批发商最主要的类型。

商人批发商从不同分析角度可以有多种划分方法。按照职能和提供的服务是否完全可分为：

1. 完全服务批发商。

这类批发商执行批发商的全部职能，提供的服务主要有保持存货，雇佣固定的销售人员，提供资金融通、送货和协助管理等。完全服务批发商可进一步划分为：

（1）批发商人，主要向零售商销售，并提供广泛的服务。

（2）工业分销商，向制造商销售产品。

2. 有限服务批发商。

这类批发商为了减少成本费用，降低批发价格，只执行一部分服务。有限服务批发商又进一步划分为：

（1）现购自运批发商，用低价现金售货，商品由购买者自行运输。即不赊账，不送货，以经营食品杂货为主。

（2）承销批发商，根据零售商或用户的订单，从生产者取得商品后直接运送给购买者；更有向生产者进货时通知生产者把商品直运购买者，承销批发商没有仓库，只有营业所，故又叫“写字台批发商”。

（3）货车贩运批发商，也叫卡车批发商，是从生产者处把商品装上卡车，立即运送给各零售商、餐馆、旅店等。货车贩运批发商没有仓库，主要执行推销员和送货员的职能。

2）自营批发机构

由买方或卖方自行经营批发业务，不通过独立批发商进行。

（1）销售分店和销售办事处。生产者设立销售分店和销售办事处的目的，在于改进其存货控制，销售和促销业务。销售分店有存货，形式和商人批发商一样，只是隶属不同；销售办事处不存货，是企业驻外的业务代办机构。

（2）采购办事处。许多零售商在一些中心城市设立采购办事处，主要办理本企业的采购业务，作用与经纪人或代理商相似，属于买方组织的一个组成部分。

三、引导问题：什么是零售商

零售是所有直接销售商品和服务给用于个人或非商业性用途的活动。凡从事这类活动，不论何种机构（生产者、批发商、零售商），不论如何销售（经由个人、邮寄、电话或自动售货机），也不论在何处销售（在商店、在街上或在消费者家中），都属零售范围。

零售商则是那些销售量主要来自零售的商业企业。

零售商的类型千变万化，新的业态和组织形式层出不穷，与商品一样具有生命周期。这种零售类型在某个历史时期出现，经过迅速发展，日臻成熟，然后衰退。根据美国市场营销学家菲利普科·特勒提出的标准，将零售商分为 4 大类。

（1）专业商店。专门经营某一类商品或某一类商品中的某一品牌的商店。其基本特征突出“专”字：一是品种齐全，商品绝对符合顾客的专门需要；二是经营商品和服务标准富有个性；售货人员具有丰富的专业商品知识，对顾客能起到参谋或顾问的作用。

（2）单一商品线商店，如服装店。

（3）有限商店线商店，如女士服装店。

（4）超级专用品商店，如女士定制衬衫店。此类因利用细分市场，目标市场和商品专业化，机会越来越多，发展最为迅速。

情境再现

20 世纪 90 年代，我国零售商进入分化整合的转折期，西方社会历时 130 余年的 5 次零售革命（百货店、连锁商店、超级市场、购物中心与无店铺经营）在中国仅仅用 5 年时间就完成了。国美大型专业商店就是其中的一道靓丽风景线。

国美的成功与我国零售业发展的背景是分不开的。在消费者需求日益多样化、购买力日益增强的营销环境趋势下，各种零售业以不同的营销方式满足消费者对购物的不同需求。国美的产品线策略和低价格与优质服务策略，以及在供应链、顾客公共关系与物流管理技术上的创新为企业带来了在市场营销中的竞争优势。

案例分析实例

电商平台拥抱新零售模式 主播带货风靡一时

随着新零售的广泛应用和新兴技术更新迭代，短视频、自媒体平台开始融入线上零售，以电商平台为代表的移动营销方式，逐渐成为当下主流的消费方式。如今互联网广告波及范围仍在逐渐扩大，改变了传统的消费方式。人找货的时代已经落幕，如今的产品以各种广告形式进行宣传。打开手机随处可见，消费者可以选择性地购买需要的产品。着眼于新零售领域并不断扩展的电商平台，势必会为市场经济带来全新的发展动力。电商平台成为众多消费者的关注点，为主播与用户提供优质的交易服务，短视频吸粉+直播带货，充分发挥了线上线下并行的优势。平台小店也为主播和用户提供了电商交易工具，助力商家更好地管理个人店铺。打造真实的购物体验，刺激消费者购买欲望，增强用户对产品和品牌的信任感。平台也利用一系列折扣、限时优惠等活动吸引用户关注，增加平台与用户的黏性，有力推动了新零售消费模式的发展。

电商平台有很多红极一时的主播，在短视频领域中也都是佼佼者，近几年里短视频用户规模持续扩大，据了解 2019 年某平台统计数据显示，国内网络短视频用户达到了 6.48 亿。直播带货模式更趋于把场景线下化，让消费者感受到与线上不一样的购物体验，这种方式能有效引导消费者发掘出尚未意识到的需求。

据了解，电商平台扎根新零售近一年时间，已覆盖各个领域的零售产品，包括食品、孕婴/乐器/玩具类、美妆/个护清洁、家用电器、服饰/鞋靴/箱包、家居生活/宠物、珠宝/钟表、趣味玩物等，让快手用户有更好的购物体验。电商平台借力短视频和直播效应，扭转了传统微电商购物模式。商品交易始终立足于用户的诉求，革新营销方式，为更多消费者提供一站式电商服务平台。

粉丝才是主播的衣食父母，没有粉丝参与哪有流量？在商品交易市场能感受到粉丝经济的强大，在此基础上需要主播利用营销话术、内容刺激消费者购买。为什么社群营销在新零售行当越来越重要？就是囤积私域流量，为那些更精准的流量用户群体服务。鸿亿系统推出社群营销+直播带货新模式解决方案，致力于解决品牌商引流、获客、变现难的问题。

资料来源：百度百科，https://baijiahao.baidu.com/s?id=1676703887366468597&wfr=spider&for=pc.

《电商平台拥抱新零售模式　主播带货风靡一时》案例分析视频

思政园地

关于加强网络直播规范管理工作的指导意见

近年来，网络直播以其内容和形式的直观性、即时性和互动性，在促进经济社会发展、丰富人民群众精神文化生活等方面发挥了重要作用。随着移动互联网新技术新应用的迭代升级，网络直播行业进入了快速发展期，其媒体属性、社交属性、商业属性、娱乐属性日益凸显，深刻影响网络生态。与此同时，网络直播行业存在的主体责任缺失、内容生态不良、主播良莠不齐、充值打赏失范、商业营销混乱、青少年权益遭受侵害等问题，严重制约网络直播行业健康发展，给意识形态安全、社会公共利益和公民合法权益带来挑战，必须高度重视、认真解决。为切实加强网络直播行业正面引导和规范管理，保护广大网民合法权益，倡导行业加强网络文明建设，培育向上向善的网络文化，践行社会主义核心价值观，促进网络直播行业健康有序发展，经中央领导同志同意，现提出如下指导意见。

一、明确总体要求

全面贯彻党的十九大和十九届二中、三中、四中、五中全会精神，以习近平新时代中国特色社会主义思想为指导，坚持正确政治方向、舆论导向、价值取向，坚持依法办网、依法治网，准确把握网络直播行业特点规律和发展趋势，有效解决突出问题、难点问题、痛点问题，科学规范行业运行规则，构建良好产业生态，为广大网民特别是青少年营造积极健康、内容丰富、正能量充沛的网络直播空间。

二、督促落实主体责任

1. 压实平台主体责任。网络直播平台提供互联网直播信息服务，应当严格遵守法律法规和国家有关规定；严格履行网络直播平台法定职责义务，落实网络直播平台主体责任清单，对照网络直播行业主要问题清单建立健全和严格落实总编辑负责、内容审核、用户注册、跟帖评论、应急响应、技术安全、主播管理、培训考核、举报受理等内部管理制度。

2. 明确主播法律责任。自然人和组织机构利用网络直播平台开展直播活动，应当严格按照《互联网用户账号名称管理规定》等有关要求，落实网络实名制注册账号并规范使用账号名称。网络主播依法依规开展网络直播活动，不得从事危害国家安全、破坏社会稳定、扰乱社会秩序、侵犯他人合法权益、传播淫秽色情信息等法律法规禁止的活动；不得超许可范围发布互联网新闻信息；不得接受未经其监护人同意的未成年人充值打赏；不得从事平台内或跨平台违法违规交易；不得组织、煽动用户实施网络暴力；不得组织赌博或变相赌博等线上线下违法活动。

3. 强化用户行为规范。网络直播用户参与直播互动时，应当严格遵守法律法规，文明互动、理性表达、合理消费；不得在直播间发布、传播违法违规信息；不得组织、煽动对网络主播或用户的攻击和谩骂；不得利用机器软件或组织“水军”发表负面评论和恶意“灌水”；不得营造斗富炫富、博取眼球等不良互动氛围。

三、确保导向正确和内容安全

4. 提升主流价值引领。网络直播平台应当坚持把社会效益放在首位、社会效益和经济效益相统一，强化导向意识，大力弘扬社会主义核心价值观，大力扶持优质主播，扩大优质内容生产供给；培养网络主播正确的世界观、价值观、人生观，有效提升直播平台“以文化人”的精神气质和文化力量。

5. 切实维护网民权益。网络直播平台应当严格遵守个人信息保护相关规定，规范收集和合法使用用户身份、地理位置、联系方式等个人信息行为；充分保障用户知情权、选择权和隐私权等合法权益；依法依规引导和规范用户合理消费、理性打赏；依法依规留存直播图像、互动留言、充值打赏等记录；加大对各类侵害网民权益行为的打击力度，切实维护网络直播行业秩序。

6. 加强未成年人保护。网络直播平台应当严禁为未满16周岁的未成年人提供网络主播账号注册服务，为已满16周岁未满18周岁未成年人提供网络主播账号注册服务应当征得监护人同意；应当向未成年人用户提供“青少年模式”，防范未成年人沉迷网络直播，屏蔽不利于未成年人健康成长的网络直播内容，不得向未成年人提供充值打赏服务；建立未成年人专属客服团队，优先受理、及时处置涉未成年人的相关投诉和纠纷，对未成年人冒用成年人账号打赏的，核查属实后须按规定办理退款。

7. 筑牢信息安全屏障。网络直播平台应当建立健全信息安全管理制度，严格落实信息内容安全管理责任制，具备与创新发展相适应的安全可控的技术保障和防范措施；对新技术新应用新功能上线具有舆论属性或社会动员能力的直播信息服务，应严格进行安全评估；利用基于深度学习、虚拟现实等技术制作、发布的非真实直播信息内容，应当以显著方式予以标识。

8. 严惩违法违规行为。坚决打击利用网络直播颠覆国家政权、散播历史虚无主义、煽动宗教极端主义、宣扬民族分裂思想、教唆暴力恐怖等违法犯罪活动；严厉查处淫秽色情、造谣诽谤、赌博诈骗、侵权盗版、侵犯公民个人信息等违法犯罪行为；全面清理低俗庸俗、封建迷信、打“擦边球”等违法和不良信息。

四、建立健全制度规范

9. 强化准入备案管理。开展经营性网络表演活动的直播平台须持有《网络文化经营许可证》并进行 ICP 备案；开展网络视听节目服务的直播平台须持有《信息网络传播视听节目许可证》（或在全国网络视听平台信息登记管理系统中完成登记）并进行 ICP 备案；开展互联网新闻信息服务的直播平台须持有《互联网新闻信息服务许可证》。网络直播平台应当及时向属地网信等主管部门履行企业备案手续，停止提供直播服务的平台应当及时注销备案。

10. 构建行业制度体系。网络直播平台应当建立健全和严格落实相关管理制度。建立直播账号分类分级规范管理制度，对主播账号实行基于主体属性、运营内容、粉丝数量、直播热度等因素的分类分级管理；针对不同类别级别的网络主播账号应当在单场受赏总额、直播热度、直播时长和单日直播场次、场次时间间隔等方面合理设限，对违法违规主播实施必要的警示措施。建立直播打赏服务管理规则，明确平台向用户提供的打赏服务为信息和娱乐的消费服务，应当对单个虚拟消费品、单次打赏额度合理设置上限，对单日打赏额度累计触发相应阈值的用户进行消费提醒，必要时设置打赏冷静期和延时到账期。建立直播带货管理制度，依据主播账号分级规范设定具有营销资格的账号级别，依法依规确定推广商品和服务类别。

五、增强综合治理能力

11. 建立完善工作机制。各部门应当切实履行职能职责，依法依规加强对网络直播行业相关业务的监督管理。网信部门要进一步强化网络直播行业管理的统筹协调和日常监管，建立健全部门协调联动长效机制，制定出台支持和促进网络直播行业健康发展、生态治理和规范管理的政策措施；“扫黄打非”部门要履行网上“扫黄打非”联席会议牵头单位职责，会同有关部门挂牌督办重特大案件；工业和信息化部门要严格落实网络接入实名制管理要求，强化 ICP 备案管理；公安部门要全面提升对网络直播犯罪行为实施全方位遏制打击力度；文化和旅游部门要加强网络表演行业管理和执法工作，指导相关行业组织加强网络表演行业自律；市场监管部门要加强网络直播营销领域的监督管理；广电部门要研究制定网络视听节目等管理规范及准入标准。

12. 积极倡导社会监督。鼓励社会各界广泛参与网络直播行业治理，切实加强网络直播平台和政府、媒体、公众间的信息交流和有效沟通，构建网络直播规范管理的良好舆论环境。网络直播平台应当自觉接受社会监督，有效拓宽举报渠道，简化举报环节，及时受理、处置并反馈公众投诉举报。

13. 发挥行业组织作用。网络社会组织要积极发挥桥梁纽带作用，大力倡导行业自律，积极开展公益活动，参与净化网络直播环境、维护良好网络生态。建立健全网络主播信用评价体系，为网络直播行业健康有序发展营造良好氛围。

资料来源：关于印发《关于加强网络直播规范管理工作的指导意见》的通知[OL]. 国务院部门文件_中国政府网，http://www.gov.cn.

思考：

1. 你认为国信办为何推出《关于加强网络直播规范管理工作的指导意见》？
2. 通过上述条款的学习，你对哪些条目的规定印象最深刻，为什么？

任务考核

表 7-2-1　任务评价单

<table>
<tr><th colspan="6">项目七　渠道促销思维训练</th></tr>
<tr><td colspan="2" rowspan="2">任务二　熟悉中间商</td><td>姓名</td><td></td><td>组别</td><td></td></tr>
<tr><td>专业</td><td></td><td>学号</td><td></td></tr>
<tr><td>内容</td><td colspan="4">评分标准</td><td>得分</td></tr>
<tr><td>概念问题（20 分）</td><td colspan="4">共 4 题，每题 5 分</td><td></td></tr>
<tr><td>案例分析（60 分）</td><td colspan="4">欧亚连锁超市营销策略分析：
1. 能够正确运用中间商理论选出相关的因素分析（40 分）；
2. 能够从案例中总结分析得出结论（20 分）</td><td></td></tr>
<tr><td>思政园地（20 分）</td><td colspan="4">1. 能正向理解指导意见，说出其中至少 3 条（10 分）；
2. 能说出印象深刻的条目，并能表达自己的感受，思想积极（10 分）</td><td></td></tr>
</table>

项目八

促销策略实施

任务一　促销组合认知

<table>
<tr><td colspan="6">项目八　促销策略实施</td></tr>
<tr><td rowspan="2" colspan="2">任务一
促销组合认知</td><td>姓名</td><td></td><td>组别</td><td></td></tr>
<tr><td>专业</td><td></td><td>学号</td><td></td></tr>
<tr><td colspan="2">知识目标</td><td colspan="2">技能目标</td><td colspan="2">思政目标</td></tr>
<tr><td colspan="2">1. 理解沟通的含义、形式及作用；
2. 掌握促销的步骤；
3. 掌握促销组合策略及影响因素</td><td colspan="2">1. 通过模拟情景训练，提高对人员促销、广告促销策略的认知水平；
2. 会根据公司情况，判断促销组合是否可行</td><td colspan="2">1. 培育并践行社会主义核心价值观；
2. 培养营销人员、公关人员以及广告从业人员的法治意识和职业道德</td></tr>
<tr><td>学习重点</td><td colspan="5">1. 促销组合策略；
2. 怎样制定促销组合策略</td></tr>
<tr><td>学习难点</td><td colspan="5">运用所学知识对企业的促销活动进行分析</td></tr>
</table>

任务清单

一、概念问题

（一）判断题

1. 沟通的本质是双方进行双向交流与互动，彼此理解和认同，从而接纳对方的观点，偏爱对方的产品和服务的过程。（　）

2. 按照沟通符号的种类分为语言沟通和非语言沟通。（　）

3. 按照是否具有系统性和结构性，可以分为正式沟通和非正式沟通。（　）

（二）不定项选择题

1. 沟通活动的重点是（　　），它是指沟通者有意识地选择信息和媒介，以便对特定的沟通对象的态度和行为进行有效的影响。

A. 产品　　B. 服务　　C. 互动　　D. 说服

2. 为了成功地把企业及产品的有关信息传递给目标受众，企业需要有步骤、（　　）地进行促销活动。

A. 分系统　　B. 分结构　　C. 分阶段　　D. 分层次

二、案例分析

案例 8-1-1　广药集团——“广告鬼才”

2018 英雄联盟职业联赛夏季赛刚刚拉开帷幕，6 月 11 日，全网 13 家平台同步直播了 BLG 战队在英雄联盟职业联赛的开门红，浏览量高达 3 000 万人次。有趣的是，BLG 队服上出现了熟悉的品牌——白云山板蓝根。“板蓝根真的赞助了 B 站的电竞队？”“BLG 难道不就是板蓝根的缩写吗？”这个奇妙的组合瞬间引发了网友们的极大热议，各大自媒体纷纷“蹭热点”，自发传播“B 站电竞队拿下板蓝根赞助”的相关内容。

由 BLG 战队粉丝们发起的谐音梗，白云山板蓝根顺势接梗玩梗，被网友戏称为“广告鬼才”“教科书般的广告植入”，不断在互动中为自身品牌创造曝光价值，成功地获得了用户的认可和好感。

2019 年伊始，全球瞩目的世界经济论坛在瑞士小镇达沃斯落下帷幕。会议期间，广药集团积极向与会嘉宾展示包括葫芦文化、凉茶文化在内的中华医药文化，将广药葫芦作为广州手信赠送给与会嘉宾，寓意吉祥、健康、福禄的“广药葫芦”受到众多外宾的青睐。其实，广药葫芦作为代表中华医药文化的“手信”，被广药集团用于多种场合，正是意在打造医药界的知名品牌。

据了解，2018 年，广药集团以“葫芦里装广药”为设计理念，制作了一批代表广药形象的“广药葫芦”，葫芦上除刻有集团 Logo 与企业理念以外，还刻有寓意长寿的 12 家中华老字号图案、寓意吉祥与健康的神农图案与八卦图案，里面装有广药集团旗下的名优产品。

思考：

1. 你认为同时拥有王老吉、白云山、中一、奇星、陈李济等众多驰名商标，以及抗之霸等知名品牌的广药集团，为何要花力气在一个葫芦上做文章？

2. 为什么说广药集团是“广告鬼才”？

案例 8-1-2　“双十一”的由来

2011 年 11 月 11 日，一个原本是献给落寞单身男女的光棍节，却成了全民 24 小时疯狂网购的纪念日。十几年过去了，淘宝商城都在这一天推出“双十一”活动。人们也早已经习惯了“双十一”购物。

思考：

谈谈你对淘宝商城最初这次促销活动的看法。

知识获取

一、引导问题：你知道企业为什么要进行市场促销吗

（一）沟通的含义、形式

1）沟通的含义

沟通（Communication），就是沟通者（即信息的提供者与发布者）发出作为刺激物的信息，并把信息传递到一个或多个目标对象（即信息的接受者，包括读者、观众、听众、消费者或用户等），以影响其态度和行为的活动过程。在企业的经营活动中，要经常开展对顾客、供应商、银行、中间商、政府和社会公众的沟通活动。但沟通活动的重点是说服，它是指沟通者有意识地选择信息和媒介，以便对特定的沟通对象的态度和行为进行有效的影响。一个有效的沟通模式应包括：谁说什么、用什么渠道、对谁说、要达到什么效果等要素。

沟通的本质是双方进行双向交流与互动，彼此理解和认同，从而接纳对方的观点，偏爱对方的产品和服务的过程。沟通是一个信息传递的过程，一个完整的沟通过程包括输出者、接收者、信息、沟通渠道 4 个要素。

2）沟通的形式

1. 语言沟通和非语言沟通。

按照沟通符号的种类分为语言沟通和非语言沟通。语言沟通是人类特有的非常有效的沟通方式，包括口头沟通和书面沟通；非语言沟通包括声音语气、肢体动作等，最有效的沟通是这两者的结合。

2. 正式沟通和非正式沟通。

按照是否具有系统性和结构性，可以分为正式沟通和非正式沟通。正式沟通指在组织系统内按照规定的原则进行的信息传递与交流，如文件传达、召开会议等。非正式沟通是正式沟通渠道以外的沟通，如私人间谈话寒暄等。

3. 上行沟通、下行沟通和平行沟通。

按照沟通在群体或组织中传递的方向，可分为上行沟通、下行沟通和平行沟通。上行沟通是指下级向上级反映意见、请示、汇报等自下而上的沟通；下行沟通是指由上级向下级发出的沟通，如下达命令、指示、派发任务等；平行沟通是具有相对等同职权地位的部门与人员之间的沟通，双方是平级关系，大多是工作配合协调。

4. 单向沟通和双向沟通。

按照沟通中的互动性及是否反馈，可分为单向沟通和双向沟通。单向沟通指一方只发送信息，另一方只接收信息，如做报告、演讲；双向沟通中信息的发送者和接收者之间的位置不断交换，双方是协商的姿态，如交换、商务谈判等。

（二）促销的含义与作用

1）促销的含义

促销（Promotion），即促进销售，是指企业通过各种促销方式向市场传递有关产品和服务

的信息，以激起顾客的购买欲望，影响和促成顾客购买行为，或者促使顾客对卖方及其产品产生好感和信任度的全部活动的总称。

促销的实质就是传递和沟通信息。在营销活动中，购销双方信息传递和沟通的方式有两种。一种是单向沟通，即一方发出信息另一方接收信息。单向沟通既可以是买方—卖方信息传递，如顾客意见书、消费者评议；也可以是卖方—买方的信息传递，如商业广告、宣传报道、商品包装说明等。另一种是双向沟通，即买卖双方相互交流信息，如推销人员通过上门推销、现场销售等方式把产品直接介绍给消费者，消费者也可把自己的需求情况及时反馈给推销人员。

2）促销的作用

促销作为信息传递与沟通的手段，其作用主要体现在以下方面。

1. 传递信息。

促销工作的核心是沟通信息，企业通过一定的促销宣传，向消费者传递企业产品或服务有关信息，引起消费者注意，激发其购买欲望，以便实现销售。信息的传递与沟通是销售成功的前提条件。

2. 突出特色，创造需求。

随着人们收入水平的提高，消费者需求趋向个性化、差异化，有时产品微小的差异可以给企业带来丰厚的利润。因而，企业应突出宣传产品的特点，诱导和激发消费，创造需求。

3. 强化形象，巩固市场。

企业声誉直接影响其产品销售，通过促销活动，可以树立良好的企业形象和产品形象，提高产品知名度，使更多的消费者或用户了解、熟悉和信任本企业，从而巩固和扩大市场占有率。

二、引导问题：企业可以怎样进行促销以争取竞争优势

（一）促销的步骤

为了成功地把企业及产品的有关信息传递给目标受众，企业需要有步骤、分阶段地进行促销活动。促销包括以下步骤：

1）确定目标受众

企业在促销开始时就要明确目标受众是谁，是潜在购买者还是正在使用者，是老人还是儿童，是男性还是女性，是高收入者还是低收入者。确定目标受众是促销的基础，它决定了企业传播信息应该说什么（信息内容），怎么说（信息结构和形式），什么时间说（信息发布时间），通过什么说（传播媒体）和由谁说（信息来源）。

2）确定沟通目标

确定沟通目标就是确定沟通所希望得到的反应。消费者的购买过程一般包括 6 个阶段：知晓、认识、喜欢、偏好、确信和购买。企业应明确目标受众处于购买过程的哪个阶段，并将促使消费者进入下一个阶段作为沟通的目标。

3）设计促销信息

一个理想的信息应引起被影响者的注意，增加其兴趣，激发其欲望，促使其购买。设计促销信息，需要解决 4 个问题：一是信息内容，如洗衣粉宣传去污力强，空调宣传制冷效果好，冰箱突出保鲜等。二是信息结构，即信息传递的顺序。三是信息形式，信息形式的选择对信息的传播效果具有至关重要的作用。在印刷广告时，传播者必须确定标题、文案、插图和色彩，以及信息的版面位置等。四是信息来源，由谁来传播信息对信息的传播效果具有重要影响。例如高露洁公司请牙科医生推荐牙膏，长岭冰箱厂请中科院院士推荐冰箱等。

4）选择沟通渠道

信息沟通渠道通常分为两类：人员沟通与非人员沟通。人员沟通渠道是指涉及两个或更多的人的相互间的直接沟通，人员沟通是一种双向沟通方式。非人员沟通渠道指不经人员接触和交流而进行的一种信息沟通方式，是一种单向沟通方式，包括大众传播媒体（Mass Media）、气氛（Atmosphere）和事件（Events）等。

5）制定促销预算

促销预算是企业面临的最难做的营销决策之一。不同行业之间、企业之间的促销预算差别相当大。在快消品及化妆品行业，促销费用可能达到销售额的 20%～30%，甚至 30%～50%，而在机械制造行业中仅为 10%～20%。常用的促销预算制定方法有以下几种：

1. 量力支出法。

这是一种量力而行的预算方法，即企业以本身的支付能力为基础确定促销活动的费用。这种方法简单易行，但忽略了促销与销售量的因果关系，而且企业每年财力不一，所以促销预算也经常波动。

2. 销售额百分比法。

销售额百分比法即依照销售额的一定百分比来制定促销预算。

3. 竞争对等法。

竞争对等法主要根据竞争者的促销费用来确定企业自身的促销预算。

4. 目标任务法。

企业首先确定促销目标，然后确定达到目标所要完成的任务，最后估算完成这些任务所需的费用，这种预算方法即为目标任务法。

6）确定促销组合

促销包括 4 种方式：人员推销、广告、营业推广和公共关系。这 4 种促销形式的有机结合、综合运用就是促销组合。由于 4 种促销方式的特点不同，促销费用也不相同，企业在选择促销方式时，应综合考虑促销目标、各种促销方式的适应性和企业的资金状况，进行合理的选择。如可口可乐主要依靠广告促销，而安利则主要通过人员推销。

7）编制促销计划

计划是行动的纲领，要落实促销活动，必须提前编制促销计划。促销计划包括以下 4 类：

（1）与商品相关的促销计划，如商品质量、卫生、安全性及专利等。

（2）与销售方法相关的促销计划，如确定销售点，连锁店、代理店及特约店促销，销售退货制度，销售赠品等。

（3）与销售人员相关的促销计划，如业绩奖赏、销售竞赛及团队合作的销售等。

（4）广告宣传等促销计划着眼于购买点广告、模特儿展示、目录、海报宣传及报纸、杂志广告等。

8）促销方案的撰写与效果预测

一份完整的促销方案应包括如下内容：一是进行市场分析，对市场的环境、背景进行分析，撰写市场调查报告，进行市场预测，提出建议。二是确定促销目标，包括总目标和分解目标。三是具体方案，包括时间、产品、地区、手段、媒体、促销对象、促销人员、实施步骤。四是促销预算，包括预算计划和资金来源。五是效果预测，促进投资回报。

情境再现

利普顿茶叶公司的小猪促销

世界著名的利普顿茶叶公司为了使自己的产品迅速打进市场，在开业伊始别出心裁地举办了一次精彩的表演。他们买来几头小猪，用缎带给它们精心打扮，并插上“我要去利普顿市场”字样的小旗，然后赶着它们穿过闹市，引起众人的注意，达到了让商品家喻户晓的目的。

做广告需要花重金，但若匠心独运，也能四两拨千斤，用最少的钱让广告有声有色。茶叶公司与猪，风马牛不相及。经公关人员策划、牵线搭桥，小猪成了促销功臣，企业也借此腾飞。

在当今的市场竞争中，除了商品质量和销售价格的竞争之外，营销策略也是一种竞争手段。如何以较小的投入获得轰动效果，已成为许多商家参与竞争、吸引顾客的又一热点。聪明的经营者不妨从利普顿茶叶公司促销成功的经验中得到一些启迪，针对不同层次消费需求，搞一些别出心裁的促销妙招，从而迅速达到销售目的。

资料来源：读懂营销案例，这些你就是营销超人[OL]. 搜狐网，https://m.sohu.com/a/257755750_100073202?_trans_=010004_pcwzy.

（二）促销组合策略及影响因素

1）促销组合的内涵

促销组合又称市场营销信息沟通组合，是指企业根据产品的特点和营销目标，在综合分析各种影响因素的基础上，对各种促销方式的选择、编配和运用。其主要内容如图 8-1-1 所示。

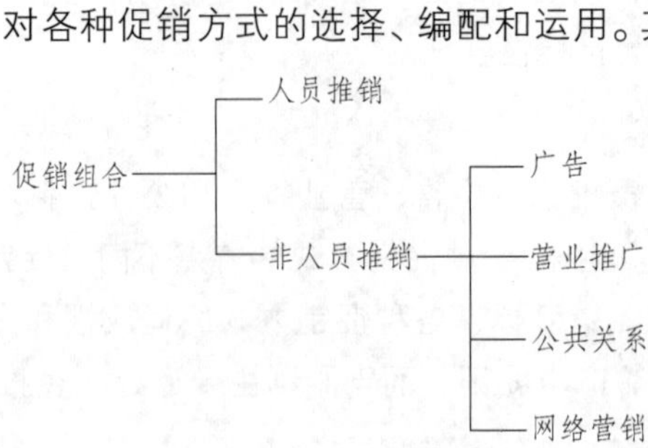

图 8-1-1　促销组合

1. 人员推销。

人员推销指企业通过推销人员直接向顾客推销商品和劳务，以促进和扩大销售的一种促销方式。

2. 广告。

广告指企业通过报纸、杂志、广播、电视、网络等媒体，以促进销售为目的，付出一定的费用，向目标顾客传递有关商品和劳务信息的一种促销方式。

3. 营业推广（销售促进）。

营业推广指企业运用各种短期诱因鼓励消费者和中间商购买、经销或代理企业产品或服务的促销活动。

4. 公共关系。

公共关系指企业在从事市场营销活动中正确处理企业与社会公众的关系，以便树立企业的良好形象，从而促进产品销售的一种活动。

5. 网络营销。

网络营销是指以国际互联网为基础，利用数字化信息和网络媒体的交互性来辅助营销目标实现的一种新型市场营销方式。

促销组合的 5 个因素各有特点，在营销中应结合其各自的特点加以应用（见表 8-1-1）。

表 8-1-1　各促销组合方式的特点

促销方式	特点	简评
广告	告知、公众性、渗透性、表现性	广告对树立企业的长期形象有利
人员推销	直接、沟通	人员推销是双向沟通，推销过程实际上是人际关系的过程
营业推广	吸引、刺激、短期	与日常营业活动紧密结合，在促销活动中最具创造力
公共关系	可信度高、传达力强、戏剧性	公共关系是一种软广告，往往能起到事半功倍的效果
网络营销	范围广、费用低、交互性	被动传播多于主动传播

2）促销组合策略

促销组合策略就是 4 种促销方式的选择、运用与组合搭配所形成的策略。促销策略包含推式策略（Push Strategy）与拉式策略（Pull Strategy）。

1. 推式策略。

推式策略，又叫推动策略，是指利用推销人员与中间商促销，将产品推进分渠道，推向最终市场的策略。这一策略需利用大量的推销人员，适用于生产者和中间商对产品前景看法一致的产品。推式策略风险小、周期短、资金回收快，但其前提条件是须有中间商的共识和配合（见图 8-1-2）。

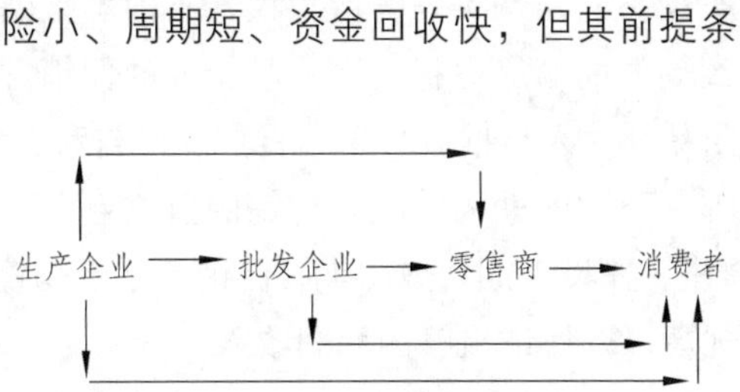

图 8-1-2　推式策略

2. 拉式策略。

拉式策略，又称拉引策略，是指企业以最终消费者为对象，对其展开广告攻势，把产品信息介绍给目标顾客，使其产生强烈的购买欲望，形成急切的市场需求，然后拉引中间商纷纷要求经销这种产品（见图 8-1-3）。

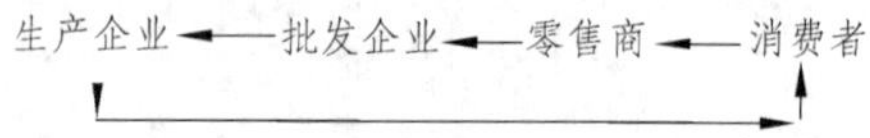

图 8-1-3　拉式策略

拉式策略常用的方式有：价格促销、广告、展览促销、代销、试销等。

3. 推拉结合策略。

在通常情况下，企业也可以把上述两种策略配合起来运用，在向中间商进行大力促销的同时，通过广告刺激市场需求。

在推式促销的同时进行拉式促销，用双向的促销结合努力把商品推向市场，这比单纯地利用推式策略或拉式策略更有效。

3）促销组合的影响因素

企业在制定促销组合和促销策略时，主要应考虑以下几个因素。

1. 确定促销目标。

良好的促销目标能够激励促销人员积极工作，引导其工作方向；能够争取中间商对销售工作积极配合；能够激发消费者的潜在需求或者实现现实销售量的增加。所以促销目标的优劣会影响促销组合策略的效果。

2. 了解各种促销方式的特点。

了解各种促销方式的特点是选择促销方式的前提和基础。各种促销方式都有其优势和不足。广告的传播面广，形象生动，节省资源，但针对性不足。人员推销能直接与顾客沟通信息，建立感情，及时反馈，并可当面促成交易，但占用人员多、费用高，而且接触面窄。营业推广的吸引力大，易激发消费者的购买欲望，并能促成立即购买，但它的接触面窄，效果短暂，不利于树立品牌。公共关系的影响面广、信任度高，易提高企业的知名度，但花费大，效果难控制。

3. 充分考虑产品因素。

主要应考虑产品的类型和产品生命周期。

（1）产品类型。产品类型不同，购买差异就很大，不同类型的产品应采用相应的促销策略。一般按照促销效果由高到低的顺序进行，消费品企业的促销方式为广告、营业推广、人员推销和公共关系；产业用品则为人员推销、营业推广、广告和公共关系。

（2）产品生命周期。处在不同时期的产品，促销的重点目标不同，采用的促销方式也有所区别。从表 8-1-2 可以看出，在投入期和成熟期，促销活动十分重要；而在衰退期则可降低促销费用支出，缩小促销规模，以保证足够的利润收入。

表 8-1-2　产品生命周期不同阶段的促销组合

产品生命周期	促销目标	促销组合
投入期	建立产品的知名度	介绍性广告和公共关系
成长期	提高产品的知名度	说服性广告和公共关系
成熟期	巩固产品的忠诚度	增加营业推广，削减广告
衰退期	维持信任和偏爱	营业推广为主，公共关系、人员推销为辅

4）及时把握市场状况

市场需求情况不同，企业采取的促销策略也不同。一般来说，市场范围小、潜在顾客较少以及产品专用程度较高的市场，应以人员推销为主；而对于无差异市场，因其用户分散、范围广，则应以广告宣传为主。

5）考虑促销预算

4 种促销方式的费用各不相同。总的来说，广告宣传的费用较大，人员推销次之，营业推广花费较少，公共关系的费用最少。企业在选择促销方式时，要考虑促销费用总预算，达到最佳促销效果。

情境再现

日本蛇目公司是日本乃至在世界上都占有重要地位的缝纫机生产厂家，而其发家之道却有非同寻常之处。1951 年，日本发生大水灾，许多家庭的缝纫机都被浸泡得面目全非。于是，日本最畅销的“蛇目”牌缝纫机公司决策机构当即下令，命令各地生产及经商部门，积极加班，替全日本各家庭做免费维护修理；如果人手不足，可以破例雇用临时工作人员加以支援。结果花了一个月的时间，总共修护了 840 余万台，而其中“蛇目”牌产品仅为 35%。

表面上看，蛇目公司是做了一件亏本的生意，其实这是一个增加消费者认识的大好时机，很容易在消费者心目中建立高层次的形象。所以，许多同行竞争者在蛇目公司“趁水打劫”的行动中，丧失了许多既有市场，也形成了今日蛇目公司独步日本乃至世界缝纫机行业的基础。

思考：

蛇目公司采用了哪些促销组合策略？促销组合的影响因素有哪些？

案例分析实例

阅读以下资料，利用本任务所学知识分析。

美国波音公司促销策略

美国波音公司可谓是当今世界最有财力的大企业之一，它不仅以制造质地精良的飞机赢得了世界各国用户的欢迎，而且对用户竭诚周到的服务也博得了人们交口称赞。

一次，阿拉斯加航空公司急需特殊降落装置，以便飞机因故障降落在泥泞的临时跑道上，波音公司知道后毫不迟疑地把这种装置送到阿拉斯航空公司，为该公司解决了急迫的困难。这不但感动了这家航空公司，还感动了众多的乘客。还有一次，加拿大航空公司的飞机因排气管结冰阻塞发生故障，波音公司立即派出工程师乘飞机到温哥华，不分昼夜地维修，最后排除了故障，缩短了航空班机的误点时间，这也成为众人传颂的事例。

1978 年 12 月，意大利航空公司 DCX 型客机在地中海坠毁，航空公司急需一架替代客机，意航总裁向波音公司董事长提出一项特殊要求："波音公司能不能迅速送来一架波音 727 客机？"当时订购这种型号飞机的单子较多，至少要等两年，但波音公司考虑到意航的特殊情况，在发货表上稍微做了一下调整，并要求公司把生产排紧一点。这样，意大利航空公司在一个月内就得到了这个型号的飞机，解了燃眉之急。为了感谢波音公司的优良服务，意航决定取消购买道格拉斯公司 DC-O 飞机的计划，转向波音公司，一下子订购了 9 架波音 747 超大型客机。可见，周到的服务是扩大销售和赢得客户的极佳通道。

资料来源：四个经典促销策略案例分析[OL]. 瞧这网，http://www.795.com.cn/wz/94198.html.

思考：

为了成功把企业及产品的有关信息传递给目标受众，促销包括哪些步骤？

《美国波音公司促销策略》案例分析视频

思政园地

市场监管总局部署规范"6·18"网络集中促销经营活动

2022 年"6·18"网络集中促销活动，对促进消费恢复、帮助企业纾困、保主体稳就业，具有重要意义。6 月 8 日，市场监管总局向全国互联网平台企业和各地市场监管部门发出《关于规范"6·18"网络促销经营活动的工作提示》（以下简称《工作提示》），进一步规范做好"6·18"网络集中促销活动。

《工作提示》包含十二方面内容：一是落实平台主体责任。加大审核和抽查力度，确保经营者主体信息真实有效，引导平台内经营者"亮照、亮证、亮规则"。二是加强商品和服务审核。加大对借党的二十大等重要活动和疫情防控等名义进行违法违规营销行为的监管和处置力度，严格商品信息发布审核，开展实时巡查，及时下架或删除违法违规产品链接。三是规范集中促销行为。加强对平台内经营者的管理，引导平台内经营者诚信守法经营，规范有序开展促销活动。四是防范经营假冒伪劣商品行为。对假冒伪劣商品及其经营者及时采取禁限措施，进一步加强知识产权保护。五是规范广告发布行为。提升广告审核水平，严禁虚假宣传、低俗内容，有效拦截虚假违法广告。六是禁止不正当竞争行为。不得通过排除、限制竞争及妨碍、破坏其他经营者合法提供的网络产品或者服务等开展促销。七是及时妥善化解网络消费纠纷。及时受理、高效处理投诉举报，积极协助消费者维护合法权益。八是做好基本消费品保供稳价。保障疫情期间重要生活物资、粮油肉蛋奶果蔬等基本生活物资供应和价格稳定。九是严格落实防疫管理措施。加强各环节全链条的防疫管理，做到促销期间不放松、不懈怠。十是助力中小微商户纾困。加大对中小微商户的支持力度，助力中小微商户减负增收。十一是切实维护灵活用工人员合法权益。保障外卖送餐人员劳动安全，优化考核方案，完善收入分配机制，及时合理解决问题。十二是强化政企沟通协作。平台企业应积极配合监管部门依法查处相关违法违规行为，共同引导平台内经营者提高守法经营意识。

《工作提示》要求，各级市场监管部门要切实落实属地监管责任，督促指导平台企业严格落实主体责任，履行法定义务；强化监测监管，严格查处“6·18”网络集中促销活动期间的违法违规行为；畅通 12315 投诉举报渠道，全力做好消费者权益保护工作。

市场监管部门同时提示，倡导理性消费，注意防疫安全，消费者如发现自身权益受到侵害，及时向平台企业或市场监管部门投诉举报，运用法律武器维护自身合法权益。

资料来源：市场监管总局部署规范“6·18”网络集中促销经营活动[OL]. 部门政务_中国政府网，http://www.gov.cn.

思考：

1. 你认为市场监管总局为何对网络集中促销经营活动进行规范？
2. 你是否在促销活动中购买过产品？购物感受如何？

任务考核

表 8-1-3 任务评价单

<table>
<tr><th colspan="7">项目八 促销策略实施</th></tr>
<tr><td colspan="2" rowspan="2">任务一 促销组合认知</td><td>姓名</td><td></td><td>组别</td><td colspan="2"></td></tr>
<tr><td>专业</td><td></td><td>学号</td><td colspan="2"></td></tr>
<tr><td>内容</td><td colspan="5">评分标准</td><td>得分</td></tr>
<tr><td>概念问题（20 分）</td><td colspan="5">共 5 题，每题 4 分</td><td></td></tr>
<tr><td rowspan="2">案例分析（60 分）</td><td colspan="5">广药集团——“广告鬼才”：
1. 有自己的见解，能说出在葫芦上做文章对广药集团有哪些好处（20 分）；
2. 能够举例说出广药集团从哪些方面进行了促销，促销方式有哪些（20 分）</td><td></td></tr>
<tr><td colspan="5">“双十一”的由来：
用自己的感受和见解分析淘宝商城取得的成功（20 分）</td><td></td></tr>
<tr><td>思政园地（20 分）</td><td colspan="5">1. 能认识到规范网络促销活动的重要性（10 分）；
2. 能积极主动地发表自己的感受与看法（10 分）</td><td></td></tr>
</table>

任务二　促销策略制定

<table>
<tr><th colspan="6">项目八　促销策略实施</th></tr>
<tr><td colspan="2" rowspan="2">任务二
促销策略制定</td><td>姓名</td><td></td><td>组别</td><td></td></tr>
<tr><td>专业</td><td></td><td>学号</td><td></td></tr>
<tr><td colspan="2">知识目标</td><td colspan="2">技能目标</td><td colspan="2">思政目标</td></tr>
<tr><td colspan="2">1. 理解人员推销的概念及特点；
2. 掌握人员推销的形式与策略；
3. 掌握广告策略制定的概念与种类</td><td colspan="2">1. 能用推销的原理分析企业发展；
2. 通过职业技术能力训练，提高学生的语言沟通及交往能力</td><td colspan="2">1. 严格遵守国家相关法律，增强责任担当意识；
2. 培养社会责任感、民族自豪感，激发强烈的爱国情怀，塑造大国公民形象</td></tr>
<tr><td>学习重点</td><td colspan="5">1. 推销的特点和基本形式；
2. 企业广告的内容和目的</td></tr>
<tr><td>学习难点</td><td colspan="5">运用所学知识掌握企业推销的特点和基本形式</td></tr>
</table>

任务清单

一、概念问题

（一）判断题

1. 人员推销是一种双向性的促销方式。（　）

2. 人员推销的形式包括人员推销基本形式和人员推销组织形式两种。（　）

（二）不定项选择题

1. 相对于广告所面对的广泛范围，人员推销无效劳动较（　　）。

A. 少　　B. 多　　C. 高　　D. 低

2. 人员推销具有很强的（　　）。

A. 灵活性　　B. 刺激性　　C. 稳定性　　D. 策略性

二、案例分析

案例 8-2-1　“盒马鲜生”2019 年翻车事件

阿里旗下新零售平台“盒马鲜生”于 2019 年 4 月策划了一项名为“一夜梦回老集市”的营销活动。为仿报纸头版样式，该活动海报主体位置写有醒目的“民国集市”“穿越历史老集市让物价回归 1948”等字样。

不过，这立即引发争议，要知道 1948 年是我国近代史上通货膨胀最严重的年份之一。

据人民日报社主管主办的原《文史参考》（现已更名为《国家人文历史》）刊载的《抗战胜利后国统区通货膨胀奇观》一文介绍，民国后期由于战场失利、政府信用破产等原因，通货膨胀严重。比如同样的 100 元钞票，1937 年可以买一头牛，到了 1947 年只能买 1/3 盒火柴。

“1948 年下半年，国民党军队在战场上已然是处处被动，战场的失利，使政府的信用濒临破产。法币的发行如脱缰野马，一发不可收拾。法币的发行量由抗战胜利时的 5 万亿元快速上升至 1948 年 8 月的 604 万亿元，造成了民间的恶性通货膨胀。有的造纸厂干脆以低面额的法币作为造纸的原料，比用其他纸成本还低。1948 年 5 月，一石大米竟要 4 亿多金圆券。当时流行着这样的笑谈：在中国唯一仍然在全力开动的工业是印刷钞票。”

盒马随后表示：“海报全线撤掉了，正在和设计一起补高中历史课……无知真的很可怕，周末给大家添堵了。”

紧接着，盒马再发布微博称，“高一历史《中国近代现代史》下册（必修）第三章第二节，罚抄 100 遍并背诵全文……在抄书了……”同时晒出高一历史《中国近代现代史》下册（必修）第三章第二节电子版和手抄版，证明真的在抄书。

思考：

1. 盒马鲜生此次“翻车”事件的主因是什么?
2. 你认为盒马鲜生面对公众质疑时的危机公关处理是否妥当?

知识获取

一、引导问题：你知道企业人员推销的特点和基本形式吗

（一）人员推销的概念及特点

人员推销是指企业通过推销人员直接向顾客推销商品和劳务，以促进和扩大销售的一种促销方式。在人员推销活动中，推销人员、推销对象和推销品是 3 个基本要素。其中，前两者是推销活动的主体，后者是推销活动的客体。人员推销与非人员推销相比，有以下特点。

1）信息传递双向性

人员推销是一种双向性的促销方式。一方面，推销人员通过向顾客介绍产品的有关信息，达到招徕顾客、促进销售的目的；另一方面，推销人员在与顾客接触过程中，及时收集、反馈顾客对本企业产品的需求、评价等情况，为企业制定合理的营销策略提供依据。

2）推销手段针对性

人员推销针对性强。推销人员总是带有一定的倾向性访问顾客，目标明确，往往可以直达顾客。相对于广告所面对广泛的范围，人员推销无效劳动较少。

3）推销过程灵活性

人员推销是一种面对面的推销，推销人员可以根据不同的推销环境，对不同的顾客采取不同的推销技巧，通过与顾客面对面交流，回答顾客问题，可立即获知顾客的反应，适时调整自己的策略，灵活性强，容易使顾客信服。

4）友谊协作长期性

推销人员与顾客直接见面，长期接触，可以促使双方建立友谊，密切企业与顾客之间的关系，使顾客对企业产品产生偏爱。

（二）人员推销的形式及策略

1）人员推销的形式

人员推销的形式包括人员推销基本形式和人员推销组织形式两种。

1. 人员推销基本形式。

一般来说，人员推销的基本形式有 3 种。

（1）上门推销。上门推销是最常见的人员推销形式，是指由推销人员携带产品样品、说明书和订单等走访顾客，推销产品。这是一种主动出击式的"蜜蜂经营法"。这种最为古老、最为熟悉的推销方式，被企业和公众广泛认可、接受。上门推销有 2 个主要特点：一是推销员积极主动地向顾客靠拢；二是增进了推销员和顾客之间的情感联系。

（2）柜台推销。柜台推销又称门市，是指企业在适当地点设置固定门市，由营业员向光顾商店的顾客销售商品。这是一种非常普遍的"等客上门"式的推销方式。柜台推销也有 2 个主要特点：一是顾客寻求所购商品，主动向推销员靠拢；二是柜台的商品种类繁多，花色、式样丰富齐全，便于顾客挑选和比较，故顾客比较乐于接受这种方式。

（3）会议推销。会议推销是指通过各种会议向与会人员宣传和介绍产品，开展推销活动，如在展销会、订货会、交易会、物资交流会等会议上推销产品。这种推销形式接触面广、推销集中，可以同时向多个推销对象推销产品，成交额较大，推销效果较好。

2. 人员推销组织形式。

将推销人员按特定的市场区域、产品、顾客以及这 3 个因素的结合进行调整分配，会形成人员推销组织结构，即人员推销组织形式。

（1）按地区设计的组织形式。这是指按地理区域配置推销人员，通常一个销售人员负责一个地区所有的销售工作。这是最简单的人员推销组织结构。这种组织结构的好处是：结构清晰，便于整体部署；销售人员责任明确，有利于管理与调整销售力量，能鼓励推销员努力工作；有利于推销员与客户建立良好关系；相对节省往返旅途费用（见图 8-2-1）。

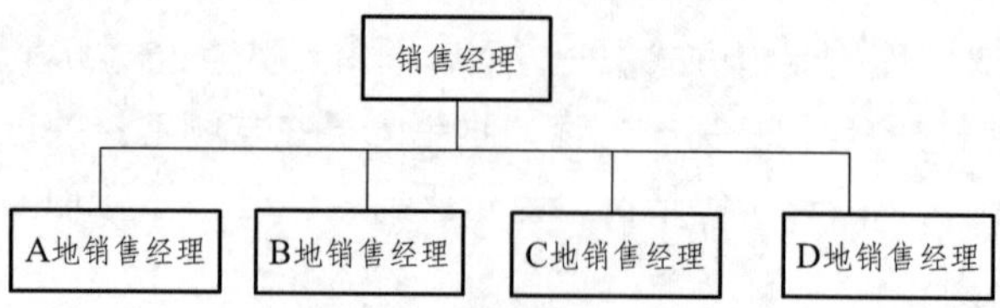

图 8-2-1　地区销售组织

企业在规划地理区域时，要充分考虑地理区域的某些特征：各区域是否易于管理，各区域销售潜力是否易于估计，他们用于推销的全部时间能否缩短等。

（2）按产品设计的组织形式。这是按产品线来设计的推销组织形式，一般一个推销员负责一种或一类产品的推销工作（见图 8-2-2）。

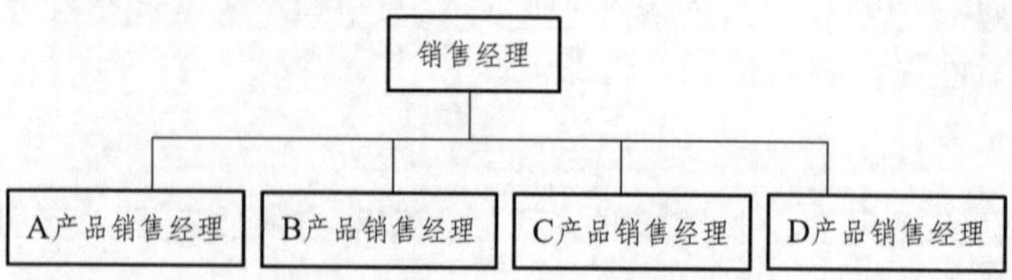

图 8-2-2　产品销售组织

这种形式的优点是：销售工作专门化，产品经理能够实现产品的最佳营销组合，对市场变化能做出快速反应，适合产品种类繁多、产品技术性强、生产工艺复杂的企业。推销人员若没有专门知识，很难有效地推销。

（3）按客户设计的组织形式。按客户设计的组织形式指企业按客户类别来分派推销人员。企业对不同行业安排不同的推销人员，一般来说，分类方法有：行业类别、用户规模、分销途径等（见图 8-2-3）。

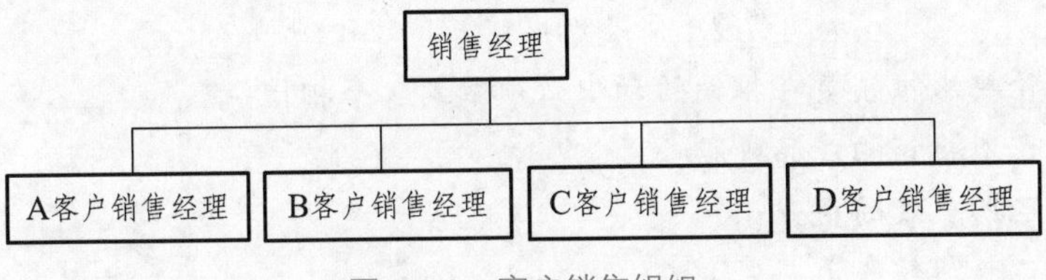

图 8-2-3　客户销售组织

这种形式的优点是：能针对不同客户采取不同的推销策略。如果客户分布在不同地区，会增加销售费用。

情境再现

乔·吉拉德的 250 定律

乔·吉拉德是美国著名的推销员，是吉尼斯世界纪录大全认可的“世界上最成功的推销员”，从 1963 年至 1978 年他共推销出 13 001 辆雪佛兰汽车，连续 12 年荣登吉尼斯世界纪录大全世界销售第一的宝座，他所保持的世界汽车销售纪录“连续 12 年平均每天销售 6 辆汽车”至今无人能破。他提出了著名的“250 定律”。乔·吉拉德提出，每一名顾客身后，大约有 250 名亲朋好友。如果赢得了一位顾客的好感，就意味着赢得了 250 个人的好感；反之，亦然。

思考：

1. 人员推销的基本形式有哪些？
2. 人员推销的组织形式有哪些？

2）人员推销的策略

人员推销具有很强的灵活性。在推销过程中，推销人员要善于审时度势，巧妙运用推销策略，以促成交易。人员推销的策略主要有以下 3 种：

1. 试探性策略。

试探性策略即“刺激—反应”策略，是推销人员利用刺激性的手段引发顾客产生购买行为的策略。推销人员通过事先设计好的能够引起顾客兴趣、刺激顾客购买欲望的推销语言，投石问路地对顾客进行试探，观察其反应，然后采取相应的措施。运用试探性策略的关键是要引起顾客的积极反应，激发顾客的购买欲望。

2. 针对性策略。

针对性策略即“配方—成交”策略，是推销人员通过利用针对性较强的说服方法，促成顾客购买行为发生的策略。针对性的前提是推销人员事先已基本掌握了顾客的需求状况和消费心理，这样才能够有效地设计好推销措施和语言，做到有目的地宣传、展示和介绍商品，说服顾客购买。运用针对性策略的关键是促使顾客产生强烈的信任感。

3. 诱导性策略。

诱导性策略即“诱发—满足”策略，是推销人员通过运用能激起顾客某种需求的说服方法，引导顾客采取购买行为。这是一种创造性的推销策略，要求推销人员要有较高的推销技巧和艺术，能引发顾客产生某方面的需求，然后抓住时机宣传介绍并推销产品，以满足顾客对产品的需求。

情境再现

GEM 公式（推销三角理论）

推销三角理论要求推销员在推销活动中必须做到 3 个相信：

（1）相信自己所推销的产品或服务；

（2）相信自己所代表的企业；

（3）相信自己的推销能力。

该理论认为推销员只有同时具备了这 3 个条件，才能充分发挥自己的推销才能，运用各种推销策略和技巧，取得较好的推销业绩。这就好比三角形的 3 条边，合起来就构成了稳定的三角形结构。其中，企业的产品用英文表示为 Good（产品），推销员所代表的企业用英文表示为 Enterprise（企业），推销员用英文表示为 Myself，这 3 个英文单词的第一字母合起来便构成了 GEM，故西方国家又将推销三角理论称为 GEM 公式，汉语译为“吉姆公式”。

资料来源：推销三角理论（GEM 公式，吉姆公式）[OL]. 牛蚁网，https://www.6180.cn/theory/180.html.

思考：

人员推销的策略主要有哪些？

（三）推销队伍的建设与管理

1）推销人员的素质

推销人员的素质，决定了人员推销活动的成败。推销人员一般应具备以下素质。

1. 态度热忱，勇于进取。

推销人员是企业的代表，有为企业推销产品的职责，同时又是顾客的顾问，有为顾客的购买活动当好参谋的义务。企业促销和顾客购买都离不开推销人员。因此，推销人员必须掌握推销产品的性能、规格、特点等，熟悉同本产品类似产品的情况，运用自己娴熟的谈话技巧，把它介绍给对方，使对方对推销员的介绍产生兴趣，从而使推销工作获得成功。

2. 知识广博，作风严谨。

现代销售市场有一个显著特征就是：先推销知识，再推销产品。可见，广博的知识是推销人员做好推销工作的前提条件。推销人员必须具备以下几方面知识：

（1）企业及产品知识。要熟悉企业的历史及现状，企业的经营特点及发展方向，熟悉产品的性能、用途、价格、使用与保养方法等。

（2）科学文化和推广技术知识。随着新技术应用、产品更新速度越来越快，掌握科学文化知识和推销技术知识，可以更好地了解自己的推销对象和推销环境，更有效地接近和说服顾客，提高推销效率。

（3）市场学及心理学知识。要了解目标市场的供求状况及竞争者的有关情况，熟悉目标市场的环境，包括国家的有关政策、条例等，并适时运用心理学知识，来研究顾客心理变化和要求，以便采取相应的方法和技巧。

拥有了广博的知识后，推销人员还应勤奋工作，优秀的推销员依靠的是勤奋的工作，而不是靠运气或雕虫小技。

3. 诚实守信，善于表达。

在人员推销活动中，推销人员既要做到恪守职业道德，实事求是地介绍产品，不欺瞒哄骗顾客；又要注意推销礼仪，讲究文明礼貌，谈吐文雅，热情大方，给顾客留下良好的印象，为推销获得成功创造条件。

4. 善于应变，技巧娴熟。

推销人员应该具有敏锐的市场嗅觉和娴熟的推销技巧。面对变幻万千的市场环境，推销人员要把握市场行情，重视搜集、整理经济信息，分析经济动态和产品淡、旺季周期，从而有针对性地进行采购和推销。

2）推销人员的选拔与培训

1. 推销人员的选拔。

推销人员的素质关系到企业能否完成销售任务，所以企业应选拔那些品质良好、责任心强、能胜任推销工作的人员进入推销人员行列。推销人员的来源有两个：一是来自企业内部，即把本企业内部适合营销工作的人选拔到营销部门；二是从企业外部招聘。推销人员的招聘工作一般分为初步面试、填写申请表、笔试、再次面谈、学历及经历检查、体检、决定录用与否、安排工作等程序。

2. 推销人员的培训。

一流的推销员绝非天生的，而是后天培养训练出来的。对当选的推销人员，还需进行培训才能上岗。培训的目的是使推销员了解商品知识和掌握推销技巧。

（1）确定训练方式。训练方式有集体训练和个别训练。集体训练包括课堂讲授培训、模拟培训和角色扮演培训；个别训练方式就是采用单独的训练方式，此种方式常用于问题推销员（指业绩很差或桀骜不驯的推销员）。

（2）确定培训内容。要求销售人员了解企业各方面的情况；介绍企业的产品情况；讲述企业目标市场各类顾客和竞争对手的特点；演示有效推销的方法；明确销售人员实际工作的程序和责任。

3）推销人员的激励与考核

1. 推销人员的激励方式。

企业可以通过环境激励、目标激励、物质激励和精神激励等方式来提高推销人员的工作积极性。

（1）环境激励。环境激励是指企业创造一种良好的工作氛围，使推销人员能心情愉快地开展工作。如果对销售人员不重视，其离职率就高，工作绩效就差；如果重视，其离职率就低，工作绩效就高。

（2）目标激励。目标激励是指为推销人员确定一个较高的目标，以目标来激励推销人员上进，主要目标有销售定额、毛利额、访问户数、新客户数、访问费用和货款回收等。其中，用销售定额将推销人员报酬与销售额完成情况相挂钩，这是企业的普遍做法。对推销人员个人确定销售定额时还应考虑推销人员以往的销售业绩、对所辖地区潜力的估计、对推销人员工作抱负的判断及对压力与奖励的反应等多种因素。

（3）物质激励。物质激励是指对取得优异成绩的推销人员给予晋级、奖金、奖品和额外报酬、佣金等实际利益，以此来调动推销人员的积极性。最常用的是佣金。佣金制度是指企业根据销售额或利润额的大小给予推销人员固定的或根据情况可调整比率的报酬。物质激励对推销人员的激励作用最大。

（4）精神激励。精神激励是指对取得优异成绩的推销人员给予表扬，颁发奖状、奖旗；授予荣誉称号等，以此来激励推销人员上进。精神激励是一种较高层次的激励，通常对那些受过正规教育较多的年轻推销人员更为有效。企业负责人应深入了解推销人员的实际需要，他们不仅有物质生活上的需要，而且有诸如理想、成就、荣誉、尊敬、安全等方面的精神需要。

2. 推销人员的考核。

推销人员的考核是企业对推销人员工作业绩考核与评估的反馈过程。它既是激励的依据，又是企业调整市场营销战略，促使推销人员更好地工作的基础。对推销人员的考核主要包括以下几个方面。

（1）考评资料的收集。全面、准确地收集考评所需资料是做好考评工作的客观要求。考评资料主要从推销人员销售工作报告、企业销售记录、顾客及社会公众的评价以及企业内部员工的意见等 4 个来源途径获得。

（2）建立考评标准。考核推销人员的绩效，一定要有科学合理的考核标准。绩效考评标准的确定，既要遵循基本标准的一致性，又要坚持推销人员在工作环境、区域市场拓展潜力等方面的差异性，不能一概而论。常用的推销人员绩效考核指标主要有：销售量；毛利；每天平均访问次数及每次访问的平均时间；每次访问的平均费用；每百次访问收到订单的百分比；一定时期内新顾客的增加数及失去的顾客数；销售费用占总成本的百分比。其中销售量是最常用的指标，毛利用于衡量利润的潜在量，访问率用于衡量推销人员的努力程度，销售费用及费用率用于衡量每次访问的成本及直接销售费用占销售额的比重。

（3）实施正式考评。考评有两种方式：一种方式是将各推销人员的绩效进行比较和排列；另一方式是把推销人员目前的绩效同过去的绩效相比较。

二、引导问题：企业广告的内容和目的如何划分

广告作为一种促销方式，是一门带有浓郁商业性的综合艺术。广告并不一定能使产品成为世界品牌，但若没有广告，产品肯定不会成为世界品牌。成功的广告能使默默无闻的企业和产品名声大振，家喻户晓，广为传播。

（一）广告的概念与种类

广告（Advertising）有“注意”“诱导”“大喊大叫”和“广而告之”之意。广告作为一种传递信息的活动，是企业在促销中普遍重视且应用得最广的一种促销方式。广告有广义和狭义之分。广义的广告，即借用一切传导媒体形式，向公众传播信息的活动，它包括的范围非常广泛，主要有经济广告和非经济广告。经济广告又称商业广告。非经济广告是为了达到某

种宣传目的而做的广告，不获取盈利，如公益性广告、政治广告、个人广告等。狭义的广告是一种经济广告，指广告主以促进销售为目的用付费方式，借助一切传导媒体形式，向公众传递商品或劳务信息，并说服其购买的公开宣传活动。市场营销学中探讨的广告是一种经济广告。

广告由广告主、广告费用、广告媒介、广告信息 4 个要素构成。广告的四要素及其关系如图 8-2-4 所示。

图 8-2-4 广告四要素之间的关系

根据不同的划分标准，广告有不同的分类。

1）根据广告的内容和目的划分

根据广告的内容和目的划分，可分为以下几类，如图 8-2-5 所示。

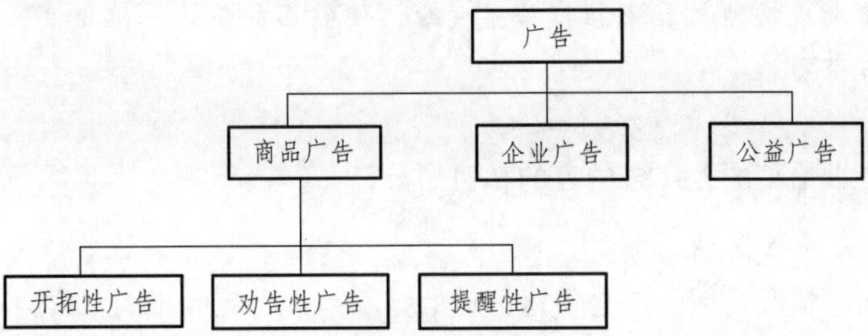

图 8-2-5 按广告的内容和目的分类

1. 商品广告。

它是针对商品销售开展的大众传播活动。商品广告按其目的不同可分为 3 种类型：一是开拓性广告，亦称报道性广告。它是以激发顾客对产品的初始需求为目标，主要介绍刚刚进入投入期的产品的用途、性能、质量、价格等有关情况，以促使新产品进入目标市场。二是劝告性广告，即竞争性广告，是以激发顾客对产品产生兴趣，增进“选择性需求”为目标，对进入成长期和成熟前期的产品所做的各种传播活动。三是提醒性广告，也叫备忘性广告或提示性广告，是指商品的后期宣传，目的是在于提醒顾客，产生惯性需求。

2. 企业广告。

企业广告又称商誉广告，是直接为树立企业形象服务的。这类广告着重宣传、介绍企业名称、企业精神、企业概况等有关信息，其目的是提高企业的声望、名誉和形象。

3. 公益广告。

公益广告是用来宣传公益事业或公共道德的广告。它的出现是广告观念的一次革命。公益广告能够实现企业自身目标与社会目标的融合，有利于树立并强化企业形象。公益广告有广阔的发展前景。

情境再现

是谁抬高了钻石的价格？

钻石最早是欧洲皇家贵族们用来炫耀财富和地位的装饰，当时产量极低，只能用作皇家特供。

但 19 世纪末，南非发现了一座巨大无比的钻石矿，其储量是全球原储量的 10 倍之多。

当时英国戴比尔斯公司买下了这个巨大的钻石矿，巅峰时戴比尔斯公司控制了全球 90%的钻石出货量。

但是大规模的开采导致钻石价格崩盘，人们发现被认为极度稀缺的钻石原来并不是那么稀缺；再加上钻石的唯一元素就是碳，可以说是这个世界上最不缺的元素之一了，所以当时大众市场对于钻石的消费一直不高，人们不需要。

那如何把不值钱的钻石高价卖给别人，还必须做到让购买钻石的客户心甘情愿不再转手。

这个时候，戴比尔斯放大招了，他们紧紧控制钻石的出口量，同时为了打动世界钻石需求，打出“A Diamond is Forever（钻石恒久远，一颗永流传）”的经典口号。

利用钻石代表美好、永恒、爱情，将钻石同美好的爱情联系起来，建立了“钻石=美好+永恒，而爱情=美好+永恒，所以钻石=爱情”的认知，让人们对钻石从此有了疯狂需求。

这句广告语更是被《广告时代》杂志评选为 20 世纪最伟大的广告语之一。

最终，戴比尔斯成功地把钻石推广给了大众，使钻石的价格一路走高，并最终形成了如今高度垄断的钻石市场。

思考：

钻石的价格是谁抬高的？广告的目的如何划分？

2）根据广告传播的区域来划分

根据广告市场的情况，以及广告传播区域的范围、大小等的不同，广告可分为 3 类。

1. 国际性广告。

国际性广告是指面对国际地域的广告。国际性广告多由跨国型的企业作为广告主，传播范围针对某国家或地区。

2. 全国性广告。

全国性广告是指广告面对全国范围进行传播，以此激发全国消费者对所广告的产品产生需求。在全国发行的报纸、杂志以及广播、电视等媒体上所做的广告，均属全国性广告。这种广告适用于销售和服务遍及全国的企业，产品一般通用性强、销售量大、使用范围广。因其费用较高，也只适合生产规模较大、服务范围较广的大企业。

3. 地区性广告。

地区性广告指广告以特定地区为传播目标，借以刺激某些特定地区消费者对产品的需求。如华北地区、西南地区，或者在省、市报纸、杂志、广播、电视上所做的广告，路牌、霓虹灯上的广告也属地区性广告。此类广告传播范围小，多适合于生产规模小、产品通用性差的企业和产品进行广告宣传。

此外，还有其他分类形式。如按广告传播的媒体分，可分为印刷广告、视听广告、邮政广告、户外广告、交通工具广告和网络广告几类；按广告的形式划分，可分为文字广告和图画广告；按广告表现效果分，可分为感性广告和说明性广告。

（二）广告媒体及其选择

广告媒体，又称广告媒介，是广告主与广告接收者之间的连接物质。它是广告宣传必不可少的物质条件。广告媒体并非一成不变，而是随着科学技术的发展而发展的。科技的进步，必然使广告媒体的种类越来越多。

1）广告媒体的种类及其特性

广告媒体的种类很多，不同类型的媒体有不同的特性。常用的广告媒体有报纸、杂志、电视、广播、户外广告和网络等。

1. 报纸。

报纸是一种历史悠久的广告媒体。与其他的广告媒体相比，报纸是种类最多、普及性最广和影响力最大的媒体。

2. 杂志。

杂志以登载各种专门知识为主，是各类专门产品的良好的广告媒体。杂志可分综合性和专业性两类。杂志的专业性较强，一般有固定的读者群。杂志可以传播到全国，其生命周期比较长，一本杂志可以被多人广泛传阅。杂志一般印刷精美，具有光彩夺目的视觉效果，深受特定受众的喜爱。

3. 电视。

电视作为广告媒体虽然在 20 世纪 40 年代才出现，但由于其集声音、形象、音乐于一体，表现形式丰富多彩，信息传递效果好，感染力强，发展速度快，已成为现代最重要的广告媒体之一。

4. 广播。

与电视相比，广播仅可以传递声音。随着科技的发展，新媒体不断出现，广播媒体面临着越来越多的挑战和冲击。

5. 户外广告。

户外广告一般用在露天或公共场合。户外广告可分为平面和立体两大类。平面广告有路牌广告、招贴广告、墙壁广告、海报、条幅等。立体广告有霓虹灯、广告柱、广告塔、灯箱广告等。

6. 网络。

随着互联网的发展，网络广告得到越来越广泛的运用。网络将成为继报纸、杂志、广播、电视之后的第五大媒体。在当今欧美国家网络是最为热门的广告宣传形式。随着网络用户的增多，电子商务的迅猛发展，网络广告也将高速度阔步向前。

以上 6 种广告媒体中，报纸、杂志、电视和广播是最常用的，被称为传统 4 大广告媒体。网络和所有传统媒体相比，具有速度快、容量大、范围广、可检索、可复制，以及交互性、导航性、丰富性等优点，其发展极为迅速，因而被称为“第五种媒体”。以上 6 种媒体各具特色，其优缺点如表 8-2-1 所示。

表 8-2-1　6 种广告媒体的优缺点比较

媒体形式	优点	缺点
报纸	发行量大、读者广泛、覆盖面广；传播迅速，制作灵活；地理选择性好	时效短，不易保存；内容庞杂，易分散注意力；印刷不精美
杂志	宣传对象明确，针对性强；保存期长，可反复阅读；印刷精美，吸引力大	发行周期长，灵活性差；读者少，传播不广泛
电视	传播范围广，影响面大；形象具体，感染力强；传播迅速灵活，不受时空限制	费用高；电视转瞬即逝，不易存储；播放不当，易引起反感

续表

媒体形式	优点	缺点
广播	传播迅速及时；制作简单，费用低；灵活性强，传播范围广	有声无形，形式单调；不便记忆；不便存储
户外广告	展示时间长；手法灵活；竞争对手干扰少，费用低	很难有独特的创意；难修改，受地点限制
网络	速度快，制作成本低，修改方便；跨时空限制，动态及时；易统计；与消费者互动性强	有网速要求，点击受限；技术要求高；主动性差

2）广告媒体的选择

广告媒体的选择是指根据广告目标的要求，以最低的成本选择合适的传播媒体，把产品的信息有效地传递到目标市场。企业选用的广告媒体不同，广告费用、广告设计、广告策略、广告效果等内容都会不同。因此，在广告活动中企业应认真选择广告媒体。

1. 进行媒体调查。

媒体调查是为了掌握各个广告媒体单位的经营状况和工作效能，以便根据广告目标来选择媒体。

（1）报刊媒体调查。报刊媒体调查的内容有：第一，发行量调查。第二，发行区域分布调查，包括报刊发行区内各细分区域内的报刊发行比例。第三，读者层构成调查。读者层构成包括年龄、性别、职业、收入和文化程度等的不同构成情况。第四，发行周期调查。发行周期指报刊发行日期的间隔期，如日报、双日报、周刊、旬刊、月刊等。第五，信誉调查。了解报刊在当地所享有的权威性以及社会大众对其信任程度。

（2）广播电视媒体调查。广播电视媒体调查主要有：第一，传播区域调查。了解广播电视播送所达到的地区范围及其覆盖范围。第二，视听率调查，指在覆盖范围内收听收视的人数或户数，一般用社会所拥有的电视机和收音机量来匡算。第三，视听者层调查。根据人口统计情况和电视机、收音机拥有情况，匡算出有关视听者层的分布和构成。

（3）其他媒介调查。如交通广告、路牌、霓虹灯广告等，主要通过调查交通人流量、乘客人员来匡算测定；邮寄广告则通过发信名单进行抽查即可。

2. 确定媒体选择。

不同的广告媒体有不同的特性，这决定了企业从事广告活动必须对广告媒体进行正确的选择，否则将影响广告效果。企业在选择媒体时除了考虑不同媒体的特点外，还要考虑如下因素。

（1）消费者接触媒体的习惯。一般认为，能使广告信息传到目标市场的媒体是最有效的媒体。青少年喜欢电视和网络广告，老年人有更多的闲暇时间用于看电视和听广播，教育程度高的人偏重网络和印刷媒体。分析消费者的媒体习惯，能更有针对性地选择广告媒体，提高广告效果。

（2）产品的特性。不同的产品有不同的使用价值、使用范围和宣传要求。产品特性不同对媒体要求就不同，广告媒体只有适应产品的性质，才能取得较好的广告效果。对高技术产品的宣传，要面向专业人员，多选用专业性杂志；对一般生活用品，则适合选用能直接传播给大众的广告媒体，如广播、电视等。

（3）媒体的费用。媒体不同所需成本费用不同，即使同一种媒体，因传播范围和影响力不同费用也有区别。考虑媒体费用既要分析绝对费用，更要注重相对费用，考虑广告促销效果。最基本的指标是千人成本标准，即计算某一特定广告媒体触及 1 000 人的平均成本。

（4）媒体的传播范围。媒体传播范围的大小直接影响广告信息传播区域的宽窄，适合全国各地使用的产品，应以全国性发放的报纸、杂志、广播、电视等作为广告媒体；属地方性销售的产品，可通过地方性报刊、电台、电视台、霓虹灯等传播信息。

总之，要根据广告目标的要求，结合各广告媒体的优缺点，综合考虑上述各影响因素，尽可能选择使用效果好、费用低的广告媒体。

情境再现

铂爵旅拍、新氧医美

若论 2019 年最具争议的广告，铂爵旅拍、新氧医美是绝对不能忽视的。一个是“想去哪儿拍，就去哪儿拍”，一个是“女人美了才完整”。这两大洗脑广告的横空出世，迅速席卷了全国各大电梯，让不少人在电梯里“痛不欲生”。对于这两则广告的争议，社会上也不绝于耳。

尽管这类广告令一部分人十分反感，在社交媒体上骂声一片，但是品牌主对这类广告却是喜爱有加。因为不得不承认，此类广告确实为品牌带来了巨大的曝光量，也让品牌广告词魔性地植入公众的大脑中。

作为厦门的一个地方品牌，铂爵旅拍因为该广告成为全国知名的婚纱旅拍品牌，而最初在小圈子知名的新氧医美，也因为洗脑广告，迅速打开了全国市场。

电梯广告众多，为什么这两则广告出了圈，在社会走红？我们可以尝试分析一下其背后的原因。

在电梯这样的封闭空间，消费者在里面停留的时间只有几秒到十几秒不等，如果投放过长的广告，消费者肯定没有时间观看，所以电梯广告需要完成的任务，就是在极短的时间内，让消费者记住广告里的品牌。

但是在短时间内让大众记住并不是一件容易的事。铂爵旅拍和新氧医美的广告，就是在 15 秒内，通过一群人呐喊，然后不断地重复，不停地轰炸用户的感官，让人印象深刻。

这类广告对于在前期亟须打开知名度的企业来说，是有效果的，但如果想要在后期提升美誉度，可能并不合适。所以如果想使用这类洗脑广告，企业还需仔细考虑。

此外，洗脑广告的走红，也带火了此前一直不被品牌方重视的传播媒介——分众传媒。在当下媒体环境中，很难找到一个像电梯一样高效精准的广告场景，通过对生活场景的独占，以及广告终端的大量覆盖，直接输出品牌认知，对目标用户进行强制性的广告触达。

从近几年的现象及刷屏品牌案例来看，很多营销都是通过线下带动线上，推动全渠道的社交化话题扩散的。

在这种背景下，作为占据线下流量的入口，分众电梯广告其实已经成为营销的必选项。所以品牌方也应该重新认识分众的营销价值。

思考：

通过铂爵旅拍、新氧医美案例，分析应如何选择广告媒体？

（三）广告设计原则

在进行广告设计时必须遵循以下原则：

1）真实性

广告的生命在于真实。在进行广告宣传时，要以客观事实为依据，介绍的信息应真实、科学、准确、具体。虚伪、欺骗性的广告，必然会丧失企业的信誉。企业依据真实性原则设计广告，是一种商业道德和社会责任。

2）合法性

广告设计时，要注意不仅宣传的内容必须合法，而且在项目、形式上也要合法。广告要遵守国家有关法律法规，严禁出现带有中国国旗、国徽、国歌音响的广告内容和形式，杜绝损害我国民族尊严，甚至有反动、淫秽、迷信内容的广告。

3）思想性

广告设计必须符合社会文化、思想道德的客观要求。因为广告在传播经济信息的同时，也传播了一定的思想意识，必然会潜移默化地影响社会文化和社会风气。

4）针对性

广告设计的内容和形式要有针对性。由于各个消费者群体都有自己的喜好、厌恶和风俗习惯，为适应不同消费者群的不同特点和要求，广告要根据不同的广告对象来决定广告的内容，采用与之相适应的形式。

5）艺术性

广告是一门科学，也是一门艺术。在广告设计时，要善于利用科学技术、文学、戏剧、音乐、美术等各学科的艺术特点，把广告的真实性、思想性、针对性生动形象、艺术地展现给消费者，引发消费者联想，刺激消费的需求欲望，实现消费者购买。

（四）广告效果的测定

1）广告传播效果测定

广告传播效果是指广告信息对受众心理、态度和行为的影响，即广告传播活动在多大程度上实现了广告目标；同时也包括广告信息带来的积极影响和消极影响。广告传播效果是以广告的收看、收听、认知、记忆等间接促进销售的因素为依据的，而不是以销售情况好坏为标准来衡量评价广告效果的。衡量广告传播效果的指标如下：

1. 接收率。

接收率指接收某种媒体广告信息的人数占该媒体总人数的比率。

接收率=（接收广告信息的人数/接触媒体的人数）×100%

2. 认知率。

认知率是指接收到广告信息的人数中，真正理解广告内容的人所占的比率，这一指标真正反映广告传播效果的深度。

认知率=（理解广告内容的人数/注意到此广告的人数）×100%

2）广告促销效果测定

广告促销效果，又称广告直接经济效果，它反映广告费用与商品销售量（额）之间的比例关系。广告的促销效果比传播效果更难测量，主要以销售量（额）的增减来衡量是不全面的。实践中有以下几种方法可供选择：

1. 广告费用增销率法。

广告费用增销率是一定时期内广告费的增长幅度与相应时期销售额的增长幅度之比。这种方法可以测定一定时期内广告费用增减对广告商品销售量（额）的影响。广告费用增销率越大，表明广告促销效果越好；反之，则越差。

2. 广告费占销率法。

广告费占销率指一定时期内企业广告费的支出占该企业同期销售额的比例。通过这种方法可以测定出计划期内广告费用对产品销售量（额）的影响。广告费用占销率越小，表明广告促销效果越好；反之，则越差。

3. 弹性系数测定法。

弹性系数测定法即通过销售量（额）变动率与广告费用投入量变动率之比值来测定广告促销效果。

3）广告本身效果测定

广告本身效果不是以销售数量的大小为衡量标准的，主要以广告对目标市场消费者所引起心理效应的大小为标准来测定的。广告本身效果应主要测定知名度、注意度、理解度、记忆度、视听率、购买动机等指标。

案例分析实例

阅读以下资料，利用本任务所学知识分析。

让世界瞧瞧中国的颜色

看到这句话，大家有何联想？这是立邦漆的一则新广告语。立邦漆，一个油漆涂料的知名品牌，其公司是1962年由新加坡立时集团成立，先后建立制造工厂25家，员工超过6 000多名。立邦漆在近几年的全球涂料厂家排名统计中显示，其产量及销售额在亚太地区稳居首位，在全球名列前茅。自1992年进入中国以来，立邦的足迹遍及大江南北。在全国各地都建立有自己的办事机构，成为中国家庭装饰的首选品牌。

就是这样一家外资公司，在策划广告时，一语双关，既突出立邦漆遍布世界，又寓意让世界瞧瞧中国的颜色，表明了中国人的不屈服，中国人的爱国心，巧妙地为国人争了口气，无形中在国人心中树立了立邦漆良好的形象，为其产品在中国热销再助一臂之力。此创意可谓妙哉，可谓匠心独具！这句广告展示了中国综合国力强大的气概！

资料来源：让世界瞧瞧中国的颜色[OL]. 立邦漆新广告语评析—广告语广告词—优文网，https://www.unjs.com/fanwen/Shiyongfanwen/guanggaoyuguanggaoci/Shiyongfanwen_1810.html.

思考：

进行广告设计时必须遵循哪些原则？

《让世界瞧瞧中国的颜色》案例分析视频

思政园地

国有企业弘扬企业家精神 要重在培育家国情怀

企业家精神是一种创新意识。我国正处于转变发展方式、优化经济结构、转换增长动力的攻关期，需要企业家勇于创新。企业家精神是一种责任担当：企业改革进入深水区，必须解决深层次矛盾，需要企业家勇于担当。企业家精神是一种执着品格：高质量发展对企业提出了更高的要求，需要企业家果断执着。企业家精神是一种价值观念：发展企业，回报社会，需要企业家奉献爱心。企业家精神是一种文化修养：建设世界一流企业，必须有先进的企业文化引领，需要企业家深厚的文化积淀和国际视野。新时代注定是创新创造的时代，企业家群体当与新时代同频共振。

企业家爱国有多种实现形式，但首先要办好一流企业，带领企业奋力拼搏、力争一流，实现质量更好、效益更高、竞争力更强、影响力更大的发展。企业家一是要胸怀祖国，培育以天下为己任的使命感。国有企业领导干部要带头弘扬企业家精神，把个人的前途命运同国家民族前途命运紧紧联系在一起，始终听党话、永远跟党走，努力服务支撑国家重大战略，将家国情怀贯穿于实际工作中，肩负起高质量发展责任。

其次要心系企业，培育“企兴我荣、企衰我耻”的责任感。“增强爱国情怀”“勇于创新”“做诚信守法的表率”“承担社会责任”“拓展国际视野”是企业家家国情怀的精髓所在。当前，国有企业发展的机遇和挑战都前所未有，我们唯有带领企业实现高质量发展，才能无愧于伟大的时代。这就是最具体而现实的家国情怀。

资料来源：国有企业弘扬企业家精神 要重在培育家国情怀[OL]. https://finance.sina.com.cn/jjxw/2023-02-16/doc-imyfvwvy8970386.shtml.

思考：

1. 你认为企业家精神的核心是什么？
2. 为什么要大力弘扬企业家精神？

任务考核

表 8-2-2 任务评价单

<table>
<tr><th colspan="5">项目八 促销策略实施</th></tr>
<tr><td rowspan="2">任务二 促销策略制定</td><td>姓名</td><td></td><td>组别</td><td></td></tr>
<tr><td>专业</td><td></td><td>学号</td><td></td></tr>
<tr><td>内容</td><td colspan="3">评分标准</td><td>得分</td></tr>
<tr><td>概念问题（20 分）</td><td colspan="3">共 4 题，每题 5 分</td><td></td></tr>
<tr><td>案例分析（60 分）</td><td colspan="3">“盒马鲜生”2019 年翻车事件：
1. 从促销策略和过程方面进行分析（30 分）；
2. 有正确的判断，并能说出原因（30 分）</td><td></td></tr>
<tr><td>思政园地（20 分）</td><td colspan="3">1. 能从爱国的角度正向抒发情感（10 分）；
2. 能够认真观察体验生活，说出 1～2 句（10 分）</td><td></td></tr>
</table>

09 项目九

互联网思维下的新媒体营销

任务一 认识新媒体营销

<table>
<tr><td colspan="6">项目九 互联网思维下的新媒体营销</td></tr>
<tr><td rowspan="2">任务一
认识新媒体营销</td><td>姓名</td><td colspan="2"></td><td>组别</td><td></td></tr>
<tr><td>专业</td><td colspan="2"></td><td>学号</td><td></td></tr>
<tr><td colspan="2">知识目标</td><td colspan="2">技能目标</td><td colspan="2">思政目标</td></tr>
<tr><td colspan="2">1. 了解新媒体的概念、特征和分类；
2. 了解新媒体营销的概念和特征</td><td colspan="2">1. 能够理解新媒体营销的原则和方式；
2. 增强与提升运用新媒体进行营销活动的意识与能力</td><td colspan="2">1. 培养勇于担当，拼搏向上的不服输精神；
2. 树立正确的价值观和人生观</td></tr>
<tr><td>学习重点</td><td colspan="5">1. 新媒体营销的内涵；
2. 新媒体营销的原则和方式</td></tr>
<tr><td>学习难点</td><td colspan="5">运用所学知识发现新媒体时代企业的发展机遇</td></tr>
</table>

任务清单

一、概念问题

（一）判断题

数字技术是新媒体发展的原动力，现阶段的新媒体无不以数字技术为基础，所以也有人将新媒体称为数字媒体。 （ ）

（二）不定项选择题

1. 下列哪些选项属于新媒体营销的特征？（ ）

A. 成本低廉　　B. 精准定位

C. 个性化营销成为可能　　　　　　　　D. 更易形成病毒式传播

2. 下列哪种营销环境的变化是新媒体技术所推动的？（　　）

A. 沟通由单项变为双向　　　　　　　　B. 消费品走向分众市场

C. 廉价商品的销量暴涨

3. 你认为如今新媒体营销的主要技术媒介是什么？（　　）

A. 电视　　　　B. 广播　　　　C. 电脑　　　　D. 手机

4. 企业构建新媒体营销体系的基础是（　　）。

A. 产品的质量　　　　　　　　B. 海量数据库

C. 共创共享性的传播平台　　　D. 完整的价格体系

二、案例分析

案例 9-1-1　百年“京万红”玩转新媒体营销

新媒体时代，“老字号”玩“互联网+”已经成为传统企业的潮流趋势。2017 年的七夕，京万红软膏采用全新的新媒体思维和营销方式，在叮当快药举办的 B2B 健康集市活动上，玩起了网红直播、互动游戏和拍照文案等新媒体营销方法来吸引众多年轻人的参与，抓住新媒体营销“内容为王，传播制胜”的核心，搅动了传统企业平静已久的市场。

随着消费方式的重构，线上下单、线下体验的方式已经成为现代企业营销的主流。传统企业面临着品牌如何年轻化、营销如何年轻化等问题，谁先适应环境转身，谁就在新媒体战场上率先赢得一局，这既是挑战也是机遇。

资料来源：肖凭．新媒体营销实务[M]．北京：中国人民大学出版社，2018.

思考：

1. 你觉得什么是新媒体营销？
2. 你认为有没有什么企业或行业不适合新媒体营销？

案例 9-1-2　联想“小新”的线上品牌社区构建

联想“小新”诞生于 2014 年，是联想在互联网方向上的一次新挑战。它有着“多彩靓丽”“性能强劲”“情报便携”的特征，被视为专为年轻人打造的专属产品。“小新”电脑的家族成员主要包括“小新 Air”“小新 AirPro”“小新出色版 510s”“小新电竞版 700”“小新经典版 310”，并且在以后的日子里将会研发出更多具有差异特征的不同型号的机器以满足不同需求。同时，作为互联网时代的“新生儿”，“小新”电脑一直都主推线上销售路线。具体的线上渠道主要包括淘宝联想旗舰店、京东联想电脑旗舰店、苏宁联想官方旗舰店以及官方商城“小新铺子”。目前，联想“小新”的线上销售贡献主要集中在京东与淘宝的旗舰店。

为了给互联网时代“新生儿”联想“小新”的“粉丝”用户们全方位的线上社区支持，“小新”幕后运营团队分别针对用户的不同需求（品牌归属感、使用交流、问题咨询）搭建起功能差异化的社区（小新专属微博、小新官方论坛、小新电脑贴吧），而其中联想“小新”笔记本官方微博号主要承担起“小新”笔记本的线上社区品牌构建工作。该微博为“小新”系列产品的专属微博号，其日常的运营内容为定期高频的话题活动、不定期高频的代言明星动态关注、不定期的品牌/产品介绍文案或视频。2016 年 2 月以来的 15 个月中（其实际运营时间），一共发出微博 950+条，累计关注人数为 40 万+，最新 50 条微博中平均点赞量 1 200+、平均评论量 500+、平均点赞量 1 800+。

资料来源：肖凭. 新媒体营销实务[M]. 北京：中国人民大学出版社，2018.

思考：

1. 联想“小新”品牌的销售渠道和营销推广渠道有什么区别?

2. 联想选择在微博上投入巨大营销资源的目的是什么?

知识获取

一、引导问题：你知道什么是新媒体吗

（一）新媒体的概念

新媒体（New Media）的概念最早见于 1967 年美国哥伦比亚广播公司技术研究所所长 P. 戈尔德马克（P. Goldmark）的一份商品开始计划。那个时候，还没有博客，也没有微博、微信……对于新媒体，业界和学界给出了多种定义。本书总结出以下几类概念。

（1）新媒体是一个相对的概念。相对于传统媒体而言，新媒体是指在报刊、广播、电视等传统媒体以后发展起来的各种新型的媒体形态，包括网络媒体、手机媒体、数字电视等。

（2）新媒体也是一个时间概念。在不同的时间段，新媒体有着不同的内涵。在互联网普及的初期，新媒体主要以互联网为媒介，网络新媒体为主流。而现在，随着大数据、云计算、人工智能、VR/AR、物联网、移动终端等新技术、新手段的不断更新和演变，我们处于“万物皆媒”的新环境阶段，新媒体涵盖了所有数字化的媒体形式，包括所有数字化的传统媒体、网络媒体、移动端媒体等。

（3）新媒体还是一个发展的概念。科学技术在不断进步，人们的需求也在不断更新，新媒体不会停留在任何一个现存的平台上。当前，新媒体主要是指利用数字技术、网络技术，通过互联网、宽带局域网、无线通信网、卫星等渠道，以及电脑、手机、数字电视机等终端，向用户提供信息和娱乐服务的传播形态。

综上所述，就现阶段而言，新媒体是指建立在数字技术和互联网基础之上的媒体形式，较以往的媒体具有全新的传受关系性质和全新的技术手段。

（二）新媒体的特征

数字技术是新媒体发展的原动力。现阶段的新媒体无不以数字技术为基础，所以也有人将新媒体称为数字媒体。正是由于数字技术是新媒体的核心技术，所以新媒体表现出与传统媒体不同的特征。

1）互动性

从数字技术特性来看，互动性是新媒体的根本性特征。数字技术实现了信息的多样化传播，整合了媒体资源。任何新媒体的信息，包括网络信息、手机信息、数字电视等都可以通过编码，进入信息系统之中，从而为各种基于数字技术的媒体所共享。因此，任何时间、任何地点、任何媒体、任何人的信息传播和接收都成为可能。可以说，在新媒体传播中，“处处是边缘，无处是中心”，互动性是新媒体区别于传统媒体的重要特征之一。

2）共享性

互联网将全世界的网络连接起来，形成一个巨大的数据库，其超链接技术又将这些海量信息融合在一起，其开放、共享的程度超过了以往的所有媒体。受众能够将所看到的信息第一时间发布出去，并将信息与其他用户共享。比如，百度文库是给网友提供在线分享文档的开放平台，用户可以在百度文库在线阅读或自由下载论文、专业资料、课件、试题、各类公文模板等，而这些文档也是网友上传提供的。2015 年尼泊尔大地震，数以百万计的人利用 Facebook（脸书）和 Google（谷歌）等社交媒体寻找亲人、通知当局和表达支持，成功地将关注尼泊尔地震的全球民众汇聚在一起，展开多元化救助。

3）即时性

新媒体技术打破了传统媒体在时间上的限制，使信息能在瞬间到达地球上的任何地方，真正实现了麦克卢汉的“地球村”预言。一般而言，传统媒体有出版周期，且版面、时长都有严格的规定，所以信息传播受到时间和空间的限制。但是新媒体可以随时更新新闻信息，可以 24 小时不间断发稿，可以对突发事件进行直播，如 2019 年四川凉山木里县森林火灾，受众通过新媒体在第一时间就获取了第一手信息。

4）个性化

从信息传播行为上来看，传统的报纸杂志、广播节目、电视频道等媒体，主要针对的是一群用户的需求。而新媒体的传播方式是针对精准化用户的需求，使每一个用户都可以定制自己喜欢的节目、文章等信息，充分地满足了不同用户千差万别的喜好。通过新媒体平台，每一个人不管是作为信息的传播者还是接收者，都可以自由地发布观点、传播信息等，可见新媒体可以满足不同人的不同需求，给新媒体使用者提供个性化展示平台。个性化的传播方式一方面让受众体会发布信息、影响他人的成就感；另一方面也带来了个人隐私曝光。内容良莠不齐的弊端，为信息管理和监控带来困难，也给受众的信息选择能力提出了更高的要求。

5）超文本

新媒体改变了信息组合方式，因为它可以将分布于全世界的图文并茂的多媒体信息，以超链接的方式组织在一起，用户只要连接到一个网页，点击链接就可以访问其他相关网页。因此，用户可以按照自己所需所好进行信息的编排与传播。新媒体的超文本特点，大大增强和提高了信息传播的可读性与传播速度。

（三）新媒体的分类

当前的媒体形式可分为 5 类：报纸、杂志、书籍等纸质平面媒体为第一类媒体，广播为第二类媒体，电视为第三类媒体，互联网为第四类媒体，移动网络为第五类媒体。在 5 类媒体中，新媒体主要是指宽带互联网和移动网络两类媒体，重点是指两者的增值服务。但这并不是说，第一类媒体到第三类媒体就被排除在新媒体之外，它们经过改良与发展，也衍生出很多具有新媒体特性的新媒体形式。因此，当前的新媒体可以划分为以下 3 种类别。

1）数字新媒体

数字新媒体不是真正发展出来的媒体的新类别，而是指第一类媒体、第二类媒体、第三类媒体应用数字技术以后的新形式。随着信息技术的不断发展，传统的 3 类媒体：纸质平面媒体、广播、电视已无法再坚守传统的、固有的传播方式，而是加快了数字化进程，走上与第四类媒体、第五类媒体融合发展的道路，经过融合创新后升级换代成数字新媒体。

2）网络新媒体

第四类媒体发展到宽带互联网阶段成为网络新媒体。它为人类信息交流创造了全新的模式，使信息瞬间便可传播到全世界。因特网在全球的迅速扩展，标志着网络环境的形成。网络环境的形成正式宣告信息社会来临。在以因特网为标志的网络环境下，传统的信息提供与获取方式彻底改变。信息的传递与交流消除了时间与空间的限制，使信息在更大的程度上实现全社会的共享。在网络新媒体环境下，信息内容的产出主要来自用户。每一个用户都可以生成自己的内容并将这些内容进行传播、交流与共享。用户主导、用户参与、用户分享、用户创造是网络新媒体的重要特点。

3）移动新媒体

移动新媒体是指第五类媒体，即移动网络的无线增值服务。它是基于无线通信技术，通过以手机为代表的各种移动视听终端，传播和展示即时信息内容的个性化媒体。它首先继承了第四类媒体即网络新媒体所具有的不受时间、空间限制的特点；其次移动新媒体覆盖人群广，使用手机和无线网络的移动终端用户全部是其受众。据 CNNIC 最新的《中国互联网络发展状况统计报告》显示，截至 2020 年 12 月，我国活跃手机网民数量达 10.17 亿，网民数量不断攀升。这使移动新媒体具有传播范围广、传播效果及时、传播方向可定向、传播成本低、影响力大的特点。这些特点促使移动新媒体成为当前社会最普及、最快捷、最方便并可实现强制性信息推送的主流媒体之一，成为流行文化的代表符号，具有广阔的应用前景。智能手机是移动新媒体终端的典型代表。

二、引导问题：你知道什么是新媒体营销吗

（一）新媒体营销的概念

从字面上来看，新媒体营销是在新媒体发展的基础上，通过新媒体这种渠道开展的营销活动。

从本质上来说，新媒体营销是企业软性渗透的商业策略在新媒体形式上的实现，通常借助媒体表达与舆论传播使消费者认同某种概念、观点和分析思路，从而达到企业品牌宣传、产品销售等目的。

从企业的角度来看，新媒体营销是指企业借助各种新媒体平台，将产品或服务信息，以潜移默化的方式发布出去，在目标受众中形成广泛且深入的信息传播，让目标受众卷入具体的营销活动中，最终实现企业品牌形象树立、产品销售等目标。

从消费者的角度来看，新媒体营销可以帮助消费者迅速找到其想要的产品或服务，通过新媒体平台，消费者不仅可以享受企业提供的各种优质产品和服务，满足自己的个性化需求，还可以及时与他人分享自己的感受，与企业形成良好的互动合作关系。

总体来说，新媒体营销是指企业或个人在新媒体思维的指导下，充分利用新媒体平台的功能、特性，通过对目标受众的精准定位，针对目标受众的需求，研发个性化的产品和服务，采取新媒体营销方法，开展新媒体营销活动的全过程。

（二）新媒体营销的特征

1）成本低廉

新媒体营销是数字技术发展的产物。按照吉尔德定律，随着通信能力的提高，每比特传输价格朝着免费的方向下跃，无限接近于零。相对于传统媒体的购买成本，新媒体的成本要低廉很多。比如微博，企业只需要完成微博的注册、认证、信息发布和回复等功能，就可以进行营销信息的传播。并且营销信息的传播无须严格审批，大大简化了工作程序，不仅节约了经济成本，也节约了时间成本。再者，新媒体打破了传统的物理空间概念，实现了“地球村”的预言，相比过去，最大限度地实现了信息传播的畅通无阻。因此，只要信息满足消费者的兴奋点，消费者就会自动加入信息传播中去，从而带来信息的免费传播和共享。

情境再现

美图手机的微博推广

2017 年下半年，美图手机据其新品手机的上市节点，在微博上不间断地曝光推广“美图 T8s 上线”“新款美图 M8s · 四大动漫联名限量版正式登场”“美图 V6 发布会”“带着美图手机去旅行话题”等营销事件，让更新迭代的每一款皆成爆款，最终年销量超百万台。而带来如此营销成果的微博营销方式，无论是在时间上还是经济上，都只付出了很低的成本。

2）精准定位

数字技术和通信技术的发展，为营销的精准定位提供了很好的技术支持。不管是门户网站的按钮广告、搜索引擎的关键词广告，还是 SNS 网站推广等，基于大数据分析，都可以进行更精准的定位，满足客户的个性化需求。譬如，网友在网上谈论购买化妆品的事情，那么系统就会认定网友有购买化妆品的需求。基于这种判断，系统会向网友推送化妆品的宣传。新媒体营销之所以可以做到这一点，是因为它有全新的技术手段，一切基于消费者、网络账户的个人及关系网，消费需求及网络行为都可以被记录和分析。依托新媒体的强大数据库成为这些记录和分析工作的基础。大数据的营销价值被充分肯定，被认为是精准营销的根基所在。

3）个性化营销成为可能

在传统媒体时代，大众媒体有着不可抗拒的力量。人们接收信息的渠道比较固定，更没有平台可以发出自己的声音。但在新媒体时代，随着信息技术的不断发展，消费者可以任意选择自己需要接收的信息，并且可以随时传递自己想要表达的意愿。因此，信息接收者如何选择自己接收的信息，通过何种途径来完成，又选择如何拒绝不需要的信息，在最大限度上决定着信息传播者的传递意愿是否可以实现。

情境再现

亚马逊与苹果的个性化营销

美国出名的电子商务网站——亚马逊网络在线书店，改变了以前面向大众群体的商业经营模式，采用个性化营销服务。每个消费者都有自己的个性偏好，有自己的个性化需求，亚马逊则针对用户的偏好不同，向每个用户推荐不同的商品，并且根据用户的特点做到个性化服务。苹果的应用程序商店也已经采取了类似的营销模式。App 应用商店提供的不再是没有任何特色的大众化软件，而是个性化特点鲜明的定制产品。在互联网时代，消费者可以参与开发适合自己的个性化产品，也可以及时地完成信息接收、信息反馈。同时在生产消费相结合的新媒体时代背景下，企业做到满足客户个性化需求的成本也在不断下降。

4）更易形成病毒式传播

新媒体传播由传统的单向传播演变为双向甚至多向传播，使每一个信息接收者都可能变为信息源。同时，新媒体的多元、便利，以及传播渠道和平台的开放性、易得性，都使发散效应颇为显著的病毒式传播在新媒体条件下有更大范围出现的可能。为此，企业需要真正了解、懂得消费者，了解消费者真正感兴趣的是什么，了解网民最喜欢参与的话题和事件又是什么，通过与消费者的讨论和分享，推动信息的大范围自发传播，形成“病毒式传播”。

情境再现

喜力啤酒的“造谣运动”

喜力啤酒曾开展过一场别开生面的“造谣运动”——“朋友之间的造谣运动”，利用用户与朋友之间的照片，为用户提供“媒体环境”，让他们创作一些造谣的图片，然后通过网络发给圈子内的人。很多人收到这样的图片后，马上会转发给更多的朋友，或者参与到“造谣运动”之中，成功地完成病毒式营销。

资料来源：肖凭．新媒体营销实务[M]．北京：中国人民大学出版社，2018.

（三）新媒体对营销的影响

1）新媒体促进市场营销发展

对于企业的市场拓展而言，新媒体是一个十分重要的手段。市场营销是企业拓展市场的必经步骤，当企业发展到一定层次之后，需要将目光转向更广阔的市场平台；对于国际化市场中的企业，为了获得更多的市场份额，需要对企业进行宣传和营销。新媒体就是企业提升市场知名度以及拓展市场的重要途径。新媒体包括很多手段，如微博、微信，都是可以提高交易效率的重要途径，也可以为企业创造更多的商业机会。这些机会可以让那些成本比较高或者执行起来有一定难度的交易变得更加简单可行，促进企业的市场竞争水平不断提升。新媒体是传统交易手段的一种重要补充形式，尤其是在互联网迅速发展的过程中，加强营销过程中对互联网平台和信息技术的应用，可以有效地提高企业的市场竞争力，从而提高市场营销的成功率。

2）新媒体的发展使市场营销的管理方式发生了改变

新媒体的出现，对于市场营销的发展有十分重要的意义。由于新媒体为市场营销提供了十分完善的交易基础，所以在新媒体的交易过程中，很多信息都可以进行优化，很多跨国企业之间的生产要素也可以得到相应的配置，以促进企业经济的快速发展。因此，新媒体对于企业在市场经济发展过程中地位的提升有巨大作用。现代化的市场营销要建立起以资金流为形式、信息流为核心、商品流为主体的体系，对市场营销的经营管理而言，可以使企业不断提高竞争实力，为市场份额的累积奠定坚实的基础，对市场营销的经营管理方式的改变是一种有效的促进。

3）新媒体生态环境变化

新媒体技术引发了传播格局的重新洗牌，多元化的传播格局正在形成，媒介生态发生了很大变化。新媒体生态环境的特点可以概括为以下两个方面。

1. 媒介融合趋势凸显，不同形态的媒介之间竞争加剧。

新媒体消解了传统媒体的时空界限，也消解了传播者和接收者之间的职能界限。由于新媒体是复合型媒体，所以在新媒体环境中，以网络为代表的主要传播载体，既可以进行文字传播，又可以进行音频、视频传播，同时还能把文字、音频、视频等传播内容存储下来，以便受众随时取阅。传播手段的数字化使传统媒体开始在互联网上投入精力，原本不相干的不同形态的传统媒体直面新媒体的冲击，不同形态的媒体变成了直接的竞争对手。

2. 媒体碎片化，受众分众化，大众传播市场效果减弱。

人类传播的发展首先经历了从人际传播到大众传播的革命，而新媒体的出现则是人类传播由大众传播到分众传播的革命。手机媒体、户外媒体、触摸媒体等媒体形式的出现，一方面代表了媒体的碎片化趋势，另一方面也显示出媒体对受众碎片化注意力的抢夺。当今社会，信息处于过剩状态，而受众的注意力却是有限的稀缺资源，受众的信息接收方式、媒介接触习惯等发生了变化。由于本身教育、经济条件的不同，受众的区隔越来越脱离简单的人口统计学特征，相应地也产生了碎片化，受众更可能因某些方面的相似而形成小群体，表现出分众化趋势，在媒体选择方面表现出人际媒体、小众媒体、大众媒体之间的同步性。

4）新媒体营销环境变化

新媒体技术带动了媒介融合和媒体碎片化、目标受众分众化的趋势，Werner J. Severin（沃纳·赛佛林）在《传播理论——起源、方法与应用》中预言，传统上针对广大不知姓名的大众媒介广告是一种即将消失的传播形式。这句话反映出了新媒体时代营销环境的变化——营销传播由传统的单向传播变为双向传播，消费品市场由大众市场走向分众市场。

1. 沟通由单向变为双向。

Web2.0 创造的互动沟通的空间，不再是生产和营销者一家独大的世界，消费者有了自由发布信息、修改信息、进行事件和活动讨论的条件，原先那种“点对面”的“独白式”传播形式已经一去不复返，取而代之的是“点对点”与“点”的互动式传播形式。受众从大众传播的“面”中走出来，立话语权的“点”。这个“点”既可以“点对点”，也可以成为一个个“独点”对“面”。这种互动式传播形式继承了两种传播形式的特点和优势，但又不是两者的简单叠加，而是一种全新的创造。

传统的营销传播是以大众媒体为基础的，所有的传播活动都依赖于大众媒体，生产者和销售者首先选好媒体，再通过大众媒体将产品信息传递给消费者。消费者被认定为“毫无反抗之力的病人”，无法控制自己的信息获取渠道、获取哪些信息、怎样获取信息，销售者也很难验证广告效果。新媒体营销颠覆了传统营销传播中的信息单向流动状态，消费者既是信息的受众，也是信息的创作者，同时更是信息的传播者。消费者的注意力被无数的新媒体瓜分，传统媒体的受众数量下降，受众的媒体接触时间也越来越碎片化。在双向沟通的营销环境中，每个消费者都对产品的品牌塑造和营销传播具有价值，新媒体将传统意义上的营销行为进行延展。消费者通过网站、微博、博客、论坛等形式，参与消费者之间的讨论和互动，交流产品使用心得、发表意见，还可以与生产者和销售者直接面对面，从而使信息得到及时反馈，传播效果得到加深巩固。

新媒体营销需要重新审视营销者与消费者之间的关系。传统营销传播受到了严重的挑战，如果营销者仅仅依靠传统媒介进行广告等单一形式的信息传播还远远不够，必须使用多个信息接触点，进行系统的新媒体营销传播。

2. 消费品市场由大众市场走向分众市场。

第二次世界大战之后，生产技术不断进步，社会化大生产日渐成熟，在 20 世纪五六十年代，制造业表现出强劲的上升势头，但生产越发展，产品的同质化程度也越来越高，快速消费品市场中的产品，无论是质量、功能，还是价格、包装等各方面的差异都在缩小。一方面，消费者在选择快速消费品时，不再仅仅将产品质量等硬件条件作为唯一的选择因素，消费者不再只满足于快速消费品能够满足基本的生活需求，更多地想要追求个性化、差异化的产品，对快速消费品的需求越来越多；另一方面，社会化大生产的产品同质化趋势，迫使消费品生产者不断改进生产，考察消费者的不同需求，根据消费者的需求来进一步细分产品市场，以期在市场竞争中获得更多的市场份额。快速消费品的大众市场正在解体，走向分众市场。

亚马逊网络在线书店改变了过去大众化的商业经营模式，经营个性化的“非热点流行服务”。消费者是有个性偏好的个体，亚马逊针对用户的不同喜好推荐不同的产品，同时还提供丰富的个性化服务。苹果的 App 应用商店也采用了类似的营销模式，App 应用商店提供的不是被工业时代标准化的毫无区分度的大众产品，而是独具个性的定制产品。在传统的营销传播中，想要通过满足某一具体消费者的特殊需求来进行生产和营销传播，是不具备可行性的。但在 Web2.0 的条件下却是完全可以实现的，消费者可以参与到个性化产品的研发中，可以及时地完成信息接收和信息反馈。基于生产和消费一体化的新媒体时代，满足分众化需求的成本降低了，开拓分众市场将是快速消费品生产者的极大机遇。

5）新媒体时代消费者变化

1. 消费者媒体使用习惯。

新媒体时代，消费者的消费行为呈现出 3 大趋势：

（1）数字技术助推经济社会转型，网络消费行为增长迅速。以互联网为代表的数字技术正在加速与经济社会各领域深度融合，成为促进我国消费升级、经济社会转型、构建国家竞争新优势的重要推动力。网络购物市场消费升级特征进一步显现。一是品质消费，网民愿意为更高品质的商品支付更多溢价，如乐于购买有机生鲜、全球优质商品等；二是智能消费，如智能冰箱、体感单车等商品的网络消费规模大幅度增长；三是新商品消费，如扫地机器人、洗碗机等新商品消费增长迅猛。除国民人均收入提升、年轻群体成为网络消费主力等因素外，电商企业渠道下沉和海外扩张带动了农村电商和跨境电商的快速发展，使农村网购消费潜力和网民对全球优质商品的消费需求进一步得到释放，进一步推动了消费升级。

（2）移动互联网主导地位强化，移动消费行为成为未来发展主流。

（3）线下支付拓展仍是热点，共享消费成为经济增长新方向。

线下支付领域依旧是市场热点，网民在超市、便利店等线下实体店使用手机网上支付结算的习惯进一步加深。在深耕国内市场的同时，我国网络支付企业纷纷拓展市场潜力巨大的海外市场。在线教育市场迅速发展，人工智能技术驱动产业升级；网约车市场经历资本驱动的急速扩张阶段，进入规范化发展之路；共享单车丰富市民出行方式，技术与资本推动行业蓬勃发展。

情境再现

天猫国际——肩负中国消费者与全球货架的连接

天猫国际（TmallGlobal）是阿里巴巴旗下的进口零售平台，致力于为中国消费者提供全球的进口好物、直达海外生活方式，同时也是帮助海外品牌直接触达中国消费者、建立品牌认知和消费者洞察的首选平台。

如今共有全球 87 个国家和地区的 29 000 多个海外品牌入驻天猫国际，覆盖了 5 800 多个品类，其中 8 成以上品牌首次入华。作为阿里巴巴全球化战略之一，天猫国际将和海外品牌一起，让中国消费更便利、更高品质地“买全球”，发现更多全球新趋势。

此次上线国际频道，对于国内市场而言，海淘就如同一处正露出海平面的富饶岛屿，亟待开发。不过，国内消费者“海淘”操作流程相当复杂，需要懂英语、持有外币信用卡，购买商品后必须通过转运公司寄回国内，且往往要等上 30～45 天。天猫上线国际频道大大降低了购买海外商品的操作难度。

中国电子商务研究中心监测数据显示，中国海外代购市场 2013 年的交易规模超过 700 亿元。

2015 年 6 月 24 日，继 5 月宣布启动首个国家馆韩国馆之后，阿里巴巴集团旗下聚划算平台和天猫国际联合开启“地球村”模式。美国、英国、法国、西班牙、瑞士、澳大利亚、新西兰、新加坡、泰国、马来西亚、土耳其等 11 个国家馆在天猫国际亮相。同日，阿里巴巴聚划算平台宣布全面启动与 20 个国家大使馆合作进程，更多海外特色商品有望在聚划算实现首发。

2019 年 3 月，天猫国际联合杭州钱江海关共同启动进口商品“仓内留样检”项目。

2019 年，跨境电商迎来大爆发。为响应国家大进口战略，满足不断增长的用户需求，天猫国际宣布将持续加大投入，在 5 年内实现超过 120 个国家与地区的进口覆盖，商品从 4 000 个品类扩充到 8 000 个品类以上。

2019 年 12 月 21 日，天猫国际在全球商家大会上发布了 2019 年 3 大重点战略：升级直营业务，与平台业务一起组建“双轮驱动”模式赋能全球品牌；打造海外仓直购新模式，为海外“小而美”品牌构建全球供应链网；与淘宝直播、微博、小红书等多渠道联合，扩宽内容触达渠道，与多机构建立达人机制，为全球品牌打造内容化营销阵地。

资料来源：未来网，http://news.k618.cn/finance/money/202304/t20230415_19671831.html.

2. 消费者购买行为模式的改变。

媒介发展历程中，每一种大众媒介的兴起，都会对消费者的信息接收和处理方式产生巨大的影响。电视媒介出现后，图像信息成为信息的主要传播方式，受众开始习惯于浅层次的、感性的图像接收方式。图像信息会使受众的理性思考能力降低，主观认知加强。消费者做出购买决定时，不再依赖于客观事实，而是越来越依靠自身的主观认知。传统营销传播中，营销者认为，消费者购买行为的主要依据是来自各种传播渠道中所接触到的大量消费信息，经过选择性注意、选择性记忆和理性思考的过程，做出购买决定。

进入新媒体时代，消费者接触到越来越多的媒体和信息，同时因为新媒体的互动性特点，消费者对信息传播的过程也有了较强的参与能力和较高的参与要求。媒体市场的主动权，正在从信息生产者向信息接收者转变，这种转变让消费者对电视等传统媒体的融入度降低，技术的变革让消费者可以摆脱传统媒体的固定模式，在任何时候都可以从广播、电视、网络，以及正在茁壮发展的手机等移动新媒体中去选择自己想要接收的信息。传统的打断式营销下，信息接触的时机完全由营销者一手掌控。现在信息接触的时机由消费者来掌控，消费者在自己需要的时候可以主动向提供产品或者服务的企业索要广告信息或者进行营销咨询。

三、引导问题：你知道新媒体营销的体系与方式吗

（一）新媒体营销的体系

随着数字技术和通信技术的不断发展，新媒体不仅打破了传媒业和通信业、信息技术的界限，也打破了有线网、无线网、通信网、电视网的界限，所以新媒体兼容、融合各种媒体形态，改变了整个媒体产业结构，也改变了受众的信息接收和传播方式，带来终端革命。作为营销者，必须重新建构其营销体系海量数据库和共创共享性的传播平台。海量数据库和传播平台是构建新媒体营销体系的两大基石。依据这两大基石，企业应该根据消费者的兴趣与需求建立消费者数据库，依据新媒体属性构建信息平台，结合消费者、新媒体特性及企业发展目标制定营销战略，利用大数据进行效果评估，以提升营销的精准性和营销效率。

1）建立以消费者为核心的数据体系

新媒体的数字化，使通过新媒体所开展的营销能轻而易举地获取消费者的大量信息，这些信息对于企业来说正是决定其营销成功的关键性数据信息。在交互性的新媒体世界里，品牌不是被企业单独塑造出来的，品牌地位和能量是被广大网友联合塑造出来的。随着社会化媒体的兴起，互动成为营销关键，企业迫切希望与消费者产生良性互动。互动的过程既包括企业与消费者的互动，也包括消费者与消费者的互动。在信息互动的过程中，企业不仅可以事半功倍地树立正面品牌形象，还可以根据互动数据信息，了解消费者真正的喜好与内在需求，准确理解消费者，进而洞察消费者，有效引导消费者。因此，在新媒体营销内容体系中，企业要根据营销目标和市场定位，建立以消费者为核心的数据体系。该数据体系以消费者数据库为核心，还包括各级经销商数据库和企业员工数据库，后两者是以服务前者为目的的。因为对用户的洞察是新媒体营销制胜的关键，谁最了解用户，谁就能赢得用户。

情境再现

诺基亚的陨落与小米的崛起

诺基亚从 1996 年开始，在长达 14 年的时间占据着世界手机市场份额第一的位置，在其巅峰的 2000 年，市值达 3 030 亿欧元。然而 2013 年 9 月 3 日，诺基亚市值跌至 71.7 亿美元，其手机业务部门被微软收购。诺基亚的失败与其创新不足、固守传统、错失智能机发展良机密不可分。在新媒体时代，不创新就不可能提升消费者体验满意度，体验差是留不住消费者的。反观小米的崛起，就在于小米懂得用户，并借助新的营销方式建立起消费者数据库。他们有一套自己洞悉用户的特殊方式和手段，通过社交媒体与用户沟通，让用户参与产品的设计，为中国的手机使用者量身定做，形成一批忠诚的“米粉”，发挥用户的力量进行品牌传播与营销。

资料来源：诺基亚启示录（三）：为何会跌下神坛？[OL]. https://baijiahao.baidu.com/s?id=1772471044336619560&wfr=spider&for=pc&searchword=%E8%AF%BA%E5%9F%BA%E4%BA%9A%E7%9A%84%E9%99%A8%E8%90%BD.

2）构建信息传播生态系统

新媒体的融媒性，决定了数字化信息承载与表达媒体的多样性。新媒体的社交化，造就了“人人都是自媒体、人人都是麦克风”的时代。每个人都是一个营销传播渠道，消费者互相分享信息，传播信息，像“病毒”般扩散。在这种环境下，企业应该关注影响信息传播效果的每一类主体，积极构建全方位的新媒体信息平台，打造企业独有的信息传播生态系统。这一系统除了囊括企业的目标消费者和企业自身的营销人员外，还包含了媒体达人、意见“领袖”、“草根”网民、社交平台等其他环境因素。作为系统的建构者，企业需随时关注本品牌及竞争对手和整个行业的发展动向，关注网上的舆论走向和消费需求趋势，使这一系统能真正实现及时搜集相关信息、快速做出反应、保持与消费者和网民的沟通渠道畅通、维系客户关系等营销目的。前面提到的小米，有自己的专属社区。在小米社区里，小米用户不仅可以看到产品的最新信息，发表自己对产品的看法，分享消费体验，更为重要的是使用户有种归属感。人是群体性动物，一旦形成归属感，就会与品牌建立信任关系，成为品牌的忠实用户和拥护者。

3）打造全平台内容营销生态闭环

新媒体为营销者提供了完全不同于传统媒体时代的各种营销平台和营销方式。门户网站、搜索引擎、网络游戏、微博、微信、App，均蕴藏着巨大的营销机会；手机、PC、平板电脑，都是营销者可以利用的营销平台；文字、图片、视频、地图、语音，均成为营销信息传递的工具和介质；网络“大咖”、“草根”网民、企业官网官微，都是营销的重要参与者和影响者。在新媒体时代，企业想成就自己的品牌，就应充分利用各种传播媒体和营销工具，打造全平台内容营销生态闭环。具体来讲，就是以多种手段真正提升消费者的积极性，不断激励消费者，做好内容营销，形成口碑效应，实现企业资源利用的最优化和企业效益的最大化。

4）利用大数据进行效果评估

新媒体时代，企业较以前更容易掌握大量的消费者数据，但同时也面临庞大数据如何运用的困惑以及一些核心数据难以获取等问题。因此，在营销的过程中，企业需要不断收集相关数据，构建基于大数据的效果评价新体系，帮助企业客观评估营销效果，改进营销方法和策略。

具体来讲，企业可以从以下两个方面着手：第一，充分发挥数字媒体的特点，利用搜索引擎、口碑营销与舆情监控评估工具，评估品牌广告和营销的效果；第二，合理构建效果评估体系，综合评估，判断绩效。通过基于大数据的效果评估数据，更好地指导企业开展新媒体营销活动，提高企业营销活动的效果与效率。

利用大数据技术进行店铺评级的方式在电商领域得到了广泛运用。用户和店铺之间发生的各种行为，如购物、网页点击、售后服务等数据，都被用作反映店铺管理和营销效果的重要指标。以京东为例，在店铺评级体系上线后，京东在前台页面及后台系统中都展示了店铺评级的体系内容和各项结果，用户和店铺人员能够方便快捷地找到其需要的内容，让双方信息变得更为透明。从消费者角度看，消费者可以清晰地了解各个店铺在服务、商品和时效各方面的表现和水平高低，丰富明确的量化信息为其进店和购物决策提供高效客观的数据。从商家角度看，评级结果可使运营人员找出自身的优势和不足，从而改善运营现状，不断提升运营水平以获得用户更好的评级，而更好的评级成绩又可以用来吸引更多的用户，形成良性循环。

（二）新媒体营销的方式

1）“饥饿”式营销

“饥饿”式营销是指商品提供者利用买卖双方的信息不对称，有意调低产量，以期达到调控供求关系、制造供不应求“假象”、维护产品形象并维持商品较高售价和利润率的营销策略。

网络环境下，买卖双方的信息虽然有很大程度的透明化，但买卖双方仍处于信息不对称的状态，这就为企业利用新媒体平台，开展“饥饿”式营销活动奠定了基础。

2）“病毒”式营销

“病毒”式营销是指利用公众的积极性和人际关系网，把信息像病毒一样传递给数以百计群众的一种营销方式。快速复制、广泛传播的信息能在很短的时间内深入人心，造成“滚雪球效应”，进而使产品和品牌得到极大的推广。在进行“病毒”式营销时，要选择用户比较集中、社交能力比较强、传播范围比较广的平台来发布消息，如微博、微信、QQ 等。

3）口碑营销

口碑营销是指企业在调查市场需求的情况下，为消费者提供他们所需要的产品和服务，同时制订口碑推广计划，让消费者自动传播公司的产品和服务的良好评价，让人们通过口碑了解产品、树立品牌，最终达到企业销售产品和提供服务的目的。

新媒体平台自身所具备的双向互动的属性，决定了新媒体营销活动可以让目标受众主动分享和展示使用产品的感受，从而促使更多的目标受众了解产品服务，最终形成良好的口碑，实现销售产品和树立企业形象的基本目标。

4）情感营销

情感营销是指从消费者的情感需要出发，唤起或激起消费者的情感需求，诱导消费者心灵上的共鸣，寓情感于营销之中，让有情的营销赢得无情的竞争。在情感消费时代，消费者购买商品所看重的已不是商品数量多少、质量好坏以及价钱高低，而是一种感情上的满足，一种心理上的认同。

在微博、微信朋友圈、微信公众号等新媒体平台上发表情感类软文，引起目标受众的共鸣，在满足目标受众情感需求的同时，也为企业带来了利益。

5）知识营销

知识营销是指通过有效的知识传播方法和途径，将企业所拥有的对用户有价值的知识传递给潜在用户，并逐渐形成对企业品牌和产品的认知，将潜在用户最终转化为用户的过程和各种营销行为。

通过新媒体平台，企业可以迅速发现目标受众最需要的知识内容，并及时提供给目标受众，从而使其对企业产生信任感，并以此为基础，拓展忠实受众。

6）软文营销

软文营销，就是指通过特定的概念诉求、以摆事实讲道理的方式使消费者走进企业设定的“思维圈”，以强有力的针对性心理攻击迅速实现产品销售的文字模式和口头传播。

软文是基于特定产品的概念诉求与问题分析，对消费者进行针对性心理引导的一种文字模式。从本质上来说，它是企业软性渗透的商业策略在广告形式上的实现，通常借助文字表述与舆论传播使消费者认同某种概念、观点和分析思路，从而达到品牌宣传、产品销售的目的。

7）互动营销

在互动营销中，互动的双方一方是消费者，一方是企业。只有抓住共同利益点，找到巧妙的沟通时机和方法才能将双方紧密地结合起来。互动营销尤其强调，双方都采取一种共同的行为。

互动的方式有两种：一种方式是由于企业的公关事件或由此引发的话题，得到了广大目标受众的共鸣，于是目标群体积极响应，推波助澜，与企业共同把公关事件造成轰动效应。这一方式是公关事件成功的主要方式。另一种方式是通过一个与人们传统价值观念或习惯对立的活动或话题，引起人们的批判与讨论，从而将公关事件效果扩大。

8）事件营销

事件营销是指企业通过策划、组织和利用具有新闻价值、社会影响以及名人效应的人物或事件，吸引媒体、社会团体和消费者的兴趣与关注，以求提高企业或产品的知名度、美誉度，树立良好品牌形象，并最终促成产品或服务的销售手段和方式。

简单地说，事件营销就是通过把握新闻的规律，制造具有新闻价值的事件，并通过具体的操作，让这一新闻事件得以传播，从而达到广告的效果。

事件营销是国内外十分流行的一种公关传播与市场推广手段，集新闻效应、广告效应、公共关系、形象传播、客户关系于一体，并为新产品推介、品牌展示创造机会，建立品牌识别和品牌定位，形成一种快速提升品牌知名度与美誉度的营销手段。

9）会员营销

会员营销是一种基于会员管理的营销方法，商家通过将普通顾客变为会员，分析会员消费信息，挖掘顾客的后续消费力，汲取终身消费价值，并通过顾客转介绍等方式，实现顾客价值最大化。

随着信息技术的发展，尤其是互联网的普及，会员制营销正在成为企业的必然选择。谁先建立会员制营销体系，谁就先在激烈的竞争中处于优势。

案例分析实例

阅读以下资料，利用本任务所学知识分析伊利品牌的奶粉成功营销的奥秘。

伊利“金领冠”的新媒体营销

2010 年，随着“85 后”“90 后”加入婚育大军，“85 后”妈妈逐渐成为主流，她们享受着互联网带来的快捷与便利，称为“新生代妈妈”。伊利“金领冠”的受众群体越来越多地趋向于“85 后”，甚至“90 后”的新生代妈妈。因此，“金领冠”也顺应新生代妈妈喜爱并依赖互联网的特性，在传播上更加向社会化媒体靠拢，将社会化媒体作为品牌传播及消费者服务的重要阵地。

在具体做法上，伊利“金领冠”利用母婴人群关注度较高的时间节点，挖掘与品牌主张所贴合的感性话题，触发目标受众的共鸣，引发关注及讨论，全面提升品牌的影响力，增强品牌的话题性，树立亲和的品牌形象，增加目标受众的黏性。

父亲节时，举办专题活动，并安排在百度贴吧首页活动推广位推送，累计获得 14 264 人次参与。在六一儿童节期间，以“父母的陪伴是孩子最好的礼物”制作专项素材，通过官方微信呼吁父母六一儿童节时陪伴在孩子身边。活动曝光量超过 526 万，阅读信息人数超过 203 万，分享人数超过 50 万人。母亲节时，以“你是喝母乳长大的吗？”为话题，在宣传母乳喂养的同时，呼吁网友感恩母爱。这一话题获得 1 673 万次阅读，比当日社会话题“全国母乳喂养宣传日”多了 2 倍。同时配以有奖转发活动，共获得 114 万网友参与转发，获得讨论帖 34 万条。

伊利“金领冠”还以“云博士说”“代言人说”“专家说”“达人妈妈说”4 个角色的“话题引导”方式，指引用户撰写“选择金领冠的理由”＋上传宝宝照片，让用户在参与活动的同时加深对产品的认知，并巧妙渗透产品利益点，从而树立品牌形象，提高产品美誉度。此外，还在官方微信制作微网站页面选择金领冠的十万个为什么。

微信渠道共计曝光 65 849 200 人次。“寻找金领冠宝宝”及“为什么选金领冠”2 个活动上线至今，逾千人参与，活动效果良好。

《伊利“金领冠”的新媒体营销》案例分析视频

思政园地

短视频传播的利与弊

短视频作为一种新型传播方式，在迅速发展的同时也逐渐暴露出存在的问题。人工技术审核跟不上内容发布的速度，部分低俗、虚假的视频内容层出不穷，影响网络生态，个性化的推荐算法也容易造成用户沉迷和信息茧房，青少年盲目模仿短视频内容造成的“抖音伤”，成年用户沉迷于短视频低俗内容耽误工作的报道也频频见诸报端。针对短视频发展中存在的问题和出现的负效应，行业管理部门应加大对短视频行业的监管力度；加强传播主体的守规意识，提高受众的审美能力和审美要求；平台要担起维护网络空间的社会责任，内容生产者和用户也应成为把关的重要环节，从而营造风清正的网络空间。

思考：

1. 短视频传播有哪些利与弊？
2. 所有短视频是否都可信？怎样判断其真假？
3. 抖音等短视频对你生活的影响大吗？怎样协调好两者之间的关系？

任务考核

表 9-1-1 任务评价单

<table>
<tr><td colspan="6">项目九　互联网思维下的新媒体营销</td></tr>
<tr><td colspan="2" rowspan="2">任务一　认识新媒体营销</td><td>姓名</td><td></td><td>组别</td><td></td></tr>
<tr><td>专业</td><td></td><td>学号</td><td></td></tr>
<tr><td>内容</td><td colspan="4">评分标准</td><td>得分</td></tr>
<tr><td>概念问题（20 分）</td><td colspan="4">共 5 题，每题 4 分</td><td></td></tr>
<tr><td rowspan="2">案例分析（60 分）</td><td colspan="4">百年“京万红”玩转新媒体营销：
1. 能判断什么是新媒体营销（15 分）;
2. 能判断有没有企业或行业不适合新媒体营销（15 分）</td><td></td></tr>
<tr><td colspan="4">联想“小新”的线上品牌社区构建：
1. 分析联想“小新”品牌的销售渠道与营销推广渠道的区别（15 分）;
2. 正确分析联想选择在微博上投入巨大营销资源的目的（15 分）</td><td></td></tr>
<tr><td>思政园地（20 分）</td><td colspan="4">1. 能正确认识短视频（5 分）;
2. 能正确判断（2 分），学会辨别（3 分）;
3. 能认识到应合理利用短视频，减少对手机的依赖（10 分）</td><td></td></tr>
</table>

任务二　新媒体营销策略

<table>
<tr><th colspan="6">项目九　互联网思维下的新媒体营销</th></tr>
<tr><td rowspan="2" colspan="2">任务二
新媒体营销策略</td><td>姓名</td><td></td><td>组别</td><td></td></tr>
<tr><td>专业</td><td></td><td>学号</td><td></td></tr>
<tr><td colspan="2">知识目标</td><td colspan="2">技能目标</td><td colspan="2">思政目标</td></tr>
<tr><td colspan="2">1. 了解微信、微博和各类视频平台的营销模式；
2. 掌握各类新媒体平台的营销活动规则</td><td colspan="2">1. 能帮助企业制定各类新媒体平台的营销方案；
2. 运用新媒体理论论证各类产品的营销推广案例</td><td colspan="2">1. 培养对人对事真诚的态度；
2. 培养有责任有担当的良好品德；
3. 学会塑造自己的良好气质</td></tr>
<tr><td>学习重点</td><td colspan="5">掌握微信、微博和各类视频平台的营销活动</td></tr>
<tr><td>学习难点</td><td colspan="5">会运用各个新媒体平台的规则，有针对性地设计产品营销方案</td></tr>
</table>

任务清单

一、概念问题

（一）判断题

1. 与传统视频媒体平台（电视、电影）相比，新媒体直播的参与门槛大大降低。 （　）
2. 企业通过直播的形式销售推广自己的产品，可以快速得到有效的营销反馈。 （　）

（二）不定项选择题

1. 下列选项中，哪些是微信营销的特点？（　　）

   A. 形式灵活多样　　B. 传播精准

   C. 互动及时　　D. 形成强有力的关系网

2. 相对于其他新媒体平台，通过微信营销最大的优势是（　　）。

   A. 稳定的人际关系　　B. 丰富的宣传手段

   C. 强大的商家管理后台　　D. 尽职的客服团队

3. 下列选项中，哪些不是微博营销的特点？（　　）

   A. 裂变传播速度快　　B. 产品展示手段丰富

   C. 客户读取接收信息方便　　D. 使用收费高昂

二、案例分析

案例 9-2-1　一家开在微博上的花店

“野兽派花店”是一家很特殊的花店。说其特殊，是因为它既没有实体店铺，也没有淘宝店铺，而是一家开在微博上的花店。但是，它凭借微博上的几张花卉照片和一段段文字介绍，竟然在不到一年的时间里，从无到有，吸引了近 20 万粉丝的关注。那么，野兽派花店能够成功的最大原因是什么呢？那就是引发顾客共鸣的故事。它在具体的经营过程中，认真倾听每一位顾客的故事，并将故事转化为充满意境的花束，以此来满足不同顾客的需求。例如，祝福自己结婚周年快乐的，祝福父母身体健康的，想念心爱的人又不好意思表白的。这些不同的情绪，都被野兽派花店转化为相应的故事，并巧妙地融入不同的花束之中。

此外，野兽派花店所选花卉大多为进口的高级品种，经过精心修饰雕琢后，添加上具有文艺气息的名字和包装，通过微博私信下单的方式，出售给具有不同心境的人。这种经营方式不但提升了花卉的品位和层次，而且充满了创意性，引发了众多顾客的追捧，进而取得了出色的售卖效果。

资料来源：杜一凡. 新媒体营销完全攻略[M]. 北京：人民邮电出版社，2017.

思考：

在移动互联网深度发展的当下，如何在微博营销阵地脱颖而出？

案例 9-2-2　金龙鱼的直播营销

2017 年春节前夕，金龙鱼公司邀请沈腾、马丽，策划了一档年夜饭直播。整个活动以“沈腾、马丽升级年夜 FUN”为线索。沈腾、马丽小品话剧的功底扎实，大段毫无违和感的广告植入，不仅没有被网友嫌弃，而且在赢得网友哈哈大笑的同时，也让金龙鱼品牌显得更可靠更亲切。

这场年夜 FUN 直播在取得视频累计播放量 3 221 万成绩的同时，也同步成为社交热门话题。在这场直播活动中，金龙鱼天猫店 15 分钟内售罄 3 万瓶产品，推广前后一周对比 2016 年同期销量有明显增长。视频播放量累计 3 221 万，视频点赞 5 739 万，在线峰值 276 万，微博“沈腾马丽给你买单”话题量 1 866 万，分众传媒播放曝光量 5 000 万 +。

电视演员直播带来的商业效果显而易见，但也出现了质疑的声音。例如，有人质疑电商直播，将其评价为“网络版的电视购物”；也有人认为，直播的转化率有限，所以不会成为主流；还有人提出，内容的产出和传播是一种比较有效的营销手段，但并不能彻底改变电商的销售模式。

资料来源：戴鑫. 新媒体营销：网络营销新视角[M]. 北京：机械工业出版社，2018.

思考：

你如何看待直播营销？

知识获取

一、引导问题：你知道微信营销的特点和价值吗

微信营销是网络经济时代企业对营销模式的创新，是伴随着微信的迅猛发展而产生的一种网络营销方式，是社会化媒体营销中运用非常广泛的手段之一。具体来说，微信营销是基于微信进行的营销，包括销售、公共关系维护、品牌形象塑造、客户服务等一系列营销形式。只要注册有微信账号的用户都可以进行微信营销，因为一旦成为微信用户，就意味着与所有已经注册的人形成了某种联系。这种联系就犹如一张大网，一方面可以在他人的平台上订阅自己所需的信息、享用自己所需的服务；另一方面也可以为对方提供相关的信息和服务，从

而实现互动式的双向营销。

（一）微信营销的特点

微信营销作为一种新型的营销方式，有很多自身的特点，是以往纸媒、传统网络营销方式所不具备的。这些特点集中体现在以下 4 个方面。

1）营销形式灵活多样

微信是一个可以实现多功能营销的平台，且不同的功能各具特色，能达到不同的营销效果。通过朋友圈发布文字、图片；通过微信群实现一对一或一对多的互动；通过二维码添加朋友；通过公众号发布文章等。

2）传播更精准

微信沟通模式是点对点的沟通，从社会学角度看，代表着一对一的强关系，具有私密性，可使每一条信息都能一对一推送，让每个参与者都有机会接收到所推送的信息。这对营销而言就意味着可以获得大批的精准客户。

微信营销的精准性还表现在：作为连接一切的入口，可使相关产品和服务能直接与客户需求对接，直接或间接地带动多行业的升级。

3）互动更及时

互动的双方可进行文字、图片、音频等多种形式的沟通，有利于信息的高效传递。之前的微博、博客其实也具有较强的互动性，但缺点是无法即时送达。大多数时候只是一方向另一方的延时传递，如果不天天守在计算机面前很难做到及时反馈。而微信就不一样了，无论对方在哪里，只要带着手机就能够轻松地收到信息，完成整个沟通过程。

4）强有力的关系网

微信点对点的产品形态注定了其能够通过多层面的互动将人与人之间的关系拉得更近，与用户建立起牢固的联系，形成强有力的关系网，从而带动产品更大范围、更快速度地传播、推广与销售，为用户答疑解惑，提供信息和服务，甚至娱乐。微信让企业和更多的消费者逐渐形成了一种强关系。企业用一切形式与消费者形成朋友关系，因为谁都可以不相信陌生人，但不会不信任自己的朋友。当朋友越来越多，越来越稳固时，传播面就会越来越广。

随着微信的普及，微信用户的增多，微信用户之间的关系越来越紧密，这也为微信营销奠定了坚实的用户基础。

（二）微信营销的价值

不少企业和个人都从微信营销中尝到了甜头，微信营销的发展前景也非常广阔。相对于一些传统的网络营销，微信营销具有下列优势。

1）微信营销具有庞大的腾讯用户基数

据 2018 年年度微信数据报告，截止到 2018 年 9 月，2018 年的每个月都有 10.825 亿的用户为在线活跃用户，而其中 55 岁以上的用户就多达 6 300 万。此外，每日都会有 450 亿次的信息被发送，有 4.1 亿次的音频呼叫成功，而视频通话用户则比 3 年前多了 570%，通讯录的朋友人均比 3 年前多了 110%。此外，每个月的微信零售消费的用户也比 2017 年增加了 1.5

倍。毫无疑问，微信已经成为当下最火热的互联网聊天工具之一。

2）信息交流的互动性更加突出

虽然前些年火热的博客营销也有和粉丝的互动，但是并不及时，除非你能天天守在电脑面前，而微信就不一样了，微信具有很强的互动及时性，无论你在哪里，只要你带着手机，就能够很轻松地同潜在客户进行很好的互动。

3）稳定的人际关系

有这样一种说法："微信 1 万个听众相当于新浪微博的 100 万粉丝。"这种说法虽然有点夸张，但仍然有一定的代表性。在微博中，僵尸粉丝和无关粉丝很多，而微信的用户却一定是真实的、私密的、有价值的，微信关注的是人，人与人之间的交流才是这个平台的价值所在。微信是基于朋友圈的营销，能够使营销的转化率更高。

4）方便的信息推送

微信公众账号可以经过后台的用户分组和地域操控，完成精准的音讯推送。一般公众号可以群发文字、图片、语音 3 类内容。认证的账号则有更高的权限，不仅能推送单条图文信息，还能推送专题信息。

情境再现

星巴克《自然醒》音乐

星巴克在微信营销上也同样值得借鉴。曾经为了推广冰摇沁爽系列创新饮品，星巴克想到了音乐和微信互动。因为音乐是大多数人都喜欢的事物，而每个人听音乐时的品位和心情也存在诸多差异，从这些差异入手进行针对性的营销，兼具私密性和互动性，同时拥有绝佳传播手段和环境的微信也就成为最好的推广工具。

以音乐为主题，以互动、个性和人性化为亮点，星巴克在微信公众号上推出了《自然醒》音乐专辑。添加星巴克微信好友，向其发送消息或者表情来表达自己的心情，星巴克就会根据用户所发的消息来判断其心情，并据此在《自然醒》的音乐专辑中选一首与用户心情相符的音乐来作为回应。要做到理解用户的心情，需要进行准确的揣摩，而选取调制对应的音乐，更体现出星巴克音乐曲库的丰富和音乐品位状况。在这些方面上，星巴克表现得非常专业和细致。

这种一对一的互动方式，分享心情和专属音乐的创意，不仅让用户感受到了特殊对待和人情味，也在互动交流中体验了星巴克的人性化服务和品牌特色。一直以来，星巴克都以周到的服务和舒适的氛围赢得了用户的赞赏，其品牌特点也非常明显，《自然醒》音乐微信活动承袭了这些特点，并以打造"第三空间"为核心，意在营造体贴用心的线上服务，以此建立、巩固与消费者之间的联系。

音乐分享创意、一对一互动、针对性的聊天服务，这些利用微信平台得到了很好的结合和实践也成功为星巴克微信带来了近 20 万的好友，分享心情也超过了 32 万，微博也因此获得了 15%的涨粉，创造了可观的媒体价值。

资料来源：瞧这网，http://www.795.com.cn/wz/117833.html.

（三）微信营销的模式

1）微信朋友圈营销

在微信朋友圈经常会看到朋友分享的内容，所以有的人就通过加好友在朋友圈发软性文章做推广。目前微信限制好友数量的上限是 5 000 人，假如你拥有 5 000 个好友，就相当于拥有了一个活跃度很高的微信账户。朋友圈营销倾向个人，用来向朋友卖货，通过“熟人”关系的购买率十分高，也被称为“熟人经济”。可以将手机应用、PC 客户端和网站中的精彩内容快速分享到朋友圈，支持网页链接方式打开。微信朋友圈营销的优点在于交流比较封闭，口碑营销会更加有效果；缺点是开展营销活动比较困难，因为圈子的人数不够。这种方式适合于口碑类产品或者私密性小产品。

2）微信群营销

当前，很多企业都会将老客户按照一定的属性组建微信群，然后在群里发送营销活动海报、链接等相关信息，开展定期或不定期的营销活动推广；同时回答客户的咨询和疑问，处理售后相关事宜，增强老客户体验感和满意度。

3）微信公众号营销

不管是企业还是个人都可以开通微信公众账户，通过微信公众号推送文章和提供用户需要的服务。微信公众号营销模式更倾向企业，用来做品牌和推广，维护老客户，吸引粉丝发掘新客户。对于大众化媒体以及企业而言，如果微信开放平台 + 朋友圈的社交分享功能的开放，已经使微信成为一种移动互联网上不可忽视的营销渠道，那么微信公众平台的上线，则使这种营销渠道更加细化和直接。

企业通过微信公众平台，可以实现大量微信群发，有利于扩展品牌的影响力。微信公众平台的主要功能主要体现为：消息群发、自动回复、一对一交流、运营数据采集分析和用户管理。可以通过后台对用户进行分组和地域控制，实现精准的消息推送。普通的公众账号，可以群发文字、图片、语音 3 个类别的内容；可以通过后台页面根据“被添加”“消息”“关键字”3 种情景设置自动回复内容；在推送信息内容时可以进行引导式的信息回复，通过设定好的信息内容回复给用户，实现针对性地解决顾客需求；也可以通过电子用户姓名，跳到与这个用户一对一沟通的页面，从而实时地与用户互动。微信公众平台还可以实现对数据的采集分析，通过首页显示的过去 7 天平台的曲线图概况，包括订阅人数的变化、接收信息的数量，实现对用户的管理，根据客户的不同，将客户分为“默认组”“屏蔽组”和“星标组”3 个固定分组，不能删改，但可以按照个人需要创建不同的组别，在推送信息的时候，可以根据不同的分组进行消息群发；在运营公众平台的时候，建议进行微信认证，因为经过认证的微信公众账号优先排名。

企业通过在微信公众平台上建设企业的网站进行互动和品牌推广，微网站可以将企业信息、产品服务、促销信息、市场活动等通过微信直接展示给用户。微网站完全打通微信个人账号、公众平台（开发模式）的互动交流/客户管理，能够实现“病毒”式增加精准粉丝，甚至可以实现自动成交系统。作为标准的手机网站，微网站能优先被百度收录，优化在手机搜索引擎的排位，从而引来更多的精准客户，这些客户又可以通过加微信实现微信交流。可以与客户零距离接触，随时随地抓住用户眼球。微网站符合手机操作浏览习惯，实现一键拨打、一键关注微信、一键分享、一键地图、一键询价、一键留言等功能。通过一些能给用户带来优惠或者利益的互动活动，引导用户到线下实体店进行消费，从而达到营销的最终目的。

4）微信广告营销

微信针对中小企业主推出了广点通业务，也就是开通账户后，可以在微信公众号文章底部插入用户的产品广告链接。对于更有实力的企业来说还可以尝试投放朋友圈广告、微信群广告等。

情境再现

故宫趣味 H5 页面

让传统文化和文物更加为年轻一代所熟知和喜欢，一度是一件令人头痛的事情，但随着文物相关的纪录片、综艺等走红，文物有了更多新的阐述方式，利用微信来进行传统文化文物的推广，起到了非常好的效果。

故宫作为文物推广的领头羊和佼佼者，其文物品牌在近年可谓是炙手可热，而微信营销对于故宫来说并不陌生，曾经也在微信上推出过趣味 H5 页面活动。当时故宫和腾讯合作，其主要借助文物推广腾讯的创意竞赛 TheNextIdea，为此，专门打造了用紫禁城历史文物设计表情包的比赛主题，并且推出了 H5 页面来增添活动的趣味性。故宫的这个 H5 页面采用了明朝皇帝的形象，根据其形象来进行二次内容创作，运用文字和图片后期加工让这些严肃的皇帝有了更多现代、有趣的故事和行为，比如皇帝说唱、皇帝秀朋友圈等搞笑有趣的内容，让这些活在历史画卷上的皇帝有了接地气、反差萌的一面，受到了网友们的喜爱。

这个有趣的 H5 页面在互联网上迅速传播开来，不仅受到了网友的欢迎，也激发了很多人参与活动制作表情包的热情，从而使创意竞赛活动也得到有效的推广传播，让越来越多的人知晓这一活动并加入进来。

情境再现

招商银行微信查余额

当我们想要查询银行账户余额时，可以有多种方式，而当下最为方便省事的就是直接关注银行公众号登录账号进行查询。招商银行信用卡微信公众号率先落实这一功能，成为金融、电信行业广泛使用这一营销方式的典型案例。

招商银行微信信用卡中心利用技术在微信公众号上开发出了支持查询信用卡余额的功能，这一功能只需要用户绑定微信号和信用卡信息就能实现，非常方便实用。而为了推广这一功能，招行首先利用微信的漂流瓶功能发起了一项“爱心漂流瓶”的公益活动，用户捡到漂流瓶便可以在公众号兑换积分，为自闭症儿童提供帮助。这样简单有用的公益活动吸引了很多用户的参与，很快就获得了很多粉丝，借此推广了招行微信信用卡中心公众号，并且借助公益善行提高了招行的品牌影响力和美誉度。更重要的是，通过公众号的互动让用户和粉丝们有机会直接体验招行微信银行的便利功能。

此外，招行还借助二维码扫描的方式来宣传这一新产品，打出“国内首家微信银行”的旗号，引起用户的好奇和尝试，在线上的一些场所进行二维码推广，任何持有招行信用卡的用户都有可能注意到并出于好奇和方便扫码尝试，这也为其公众号带来了许多精准客户粉丝。

招行的确是国内首家推出“微信银行”服务的金融企业，这一概念及其借助微信进行营销的策略，成为很多金融电信企业效仿的样本。从其产品本身的便利性就足以吸引到很多用户，而借助公益活动和二维码的低成本推广，利用微信的泛用性和传播上的方便快捷，成功获得了粉丝，提高了招行微信信用卡中心的知名度。

二、引导问题：你知道做好微博营销，都需要掌握哪些内容吗

（一）微博营销的价值及常用策略

1）微博营销的价值

（1）客户服务。微博可以为企业提供用户追踪服务，在追踪模式中，可以开展对产品、品牌的信息传播，并与顾客进行对话，缩短企业对客户需求的响应时间。

（2）互动形式。与传统的互动营销相比，微博互动形式可以搭配地域人数的限制，全国乃至全球的受众都可能成为互动营销的参与者，更重要的是来自不同地区的志趣相投者可以实时沟通，进行更加深入的交流，品牌的烙印会在体验与关系互动中更加深刻。

（3）硬广形式。刺激用户热情，以许可式、自主式进行广告，根据爱好人群，定位精确，营销效果更好。

（4）公关服务。营销团队可通过微博客平台，实时监测受众对于品牌或产品的评论及疑问，如遇到企业危机事件，可以通过微博对负面口碑进行及时的正面引导，使搜索引擎中有关的负面消息尽快淹没，使企业的损失降至最低。

（5）客户管理。微博作为一个营销平台，拉近了人与人的距离，自然也可以拉近企业与客户的距离。在微博上，企业可以时时刻刻掌握客户的状态和需求，根据客户的需求将客户进行分类，然后有针对性地分类精确管理，能够更有效地维护和管理客户关系，这是传统营销方式无法做到的。

2）微博营销常用策略

（1）活动营销。微博最善于使用免费、促销模式。免费的东西和促销活动，无疑对萌动的消费者来说有着重量级的杀伤力，而微博比博客迷你且灵活，而且很大的一个特点就是可以迅速传播。

（2）意见领袖。网络无权威，但是有意见领袖。他们在女性、互联网、美食、体育、旅游等领域掌握着强大的话语权，时刻在潜意识里影响着数以万计的围观群众。如果想让品牌、产品传播得快，那么一定要锁定重要的意见领袖，并引导意见领袖去讨论、传播产品。

（3）内容营销。微博的迅速发展模式是迄今为止传播最为便利的一种工具。基于用户喜欢你的内容从而产生值得一看、值得一读的需求，真正与用户达成情感上的共鸣。

（4）情感营销。品牌的塑造不仅包括产品、符号、个性，还有很重要的一点就是企业本身，空洞刻板的企业文化很难与消费者沟通，而在互联网上的微博有着无可比拟的亲和力，少了一些教条，多了一些人性化。企业选择微博这种轻松的互动方式，可以调动用户参与其中，深入用户的内心，用情感链条连接起品牌的营销力。

情境再现

新加坡旅游局的微博营销

@新加坡旅游局官方微博，在内容体系化和关注精准用户的情况下，以活泼、亲切的形

象和网友互动。官方微博的活动都与促进旅游转化有比较直接的关系。8月，@新加坡旅游局官方微博联合众信旅游官方微博利用品牌和资源优势发起“我的朋友是旅游达人”的有奖活动。活动上线4天，转发及评论量突破4 000条，活动覆盖率达到416万人次，为旅游局官方微博带来了可观的关注人气。晒出创意奖品，由此形成二次传播，为旅游局官方微博赢得了良好口碑和网友信赖。

（二）微博营销的步骤与技巧

1）方向确定

进行微博营销时，首先需要确定整体方向，即商业目标、营销传播目标和目标受众。商业目标或经营目标，是指在一定时期企业生产经营活动预期要达到的成果。营销传播目标是指市场营销及传播活动希望实现的目标。目标受众是业务及营销传播所针对的群体。

2）微博营销现状分析

微博营销至少需要分析 4 个方面：一是微博平台；二是企业希望与其进行沟通的目标用户；三是企业直接或潜在的竞争对手；四是企业自身，如现有企业微博。

1. 微博平台分析。

以新浪微博企业版为例，相比于新浪微博个人版，新浪微博企业版提供了更丰富的个性化页面展示功能、更精准的数据分析服务，以及更高效的沟通管理后台，特有的蓝色“V”字认证，更能使粉丝和消费者产生信赖。在微博中的企业能够更便捷地与目标用户进行互动沟通，提升营销效果转化，挖掘更多商业机会。对这些功能的了解，必然有助于发现对企业有价值的机遇和营销方式。同时，量化公开的业界报告对于给公司提供重要数据和信息也非常有效。

2. 目标用户分析。

对目标用户在微博上的心理及行为特点进行全面分析，了解其喜好，从而投其所好，满足其需求，实现精准营销传播。通过微博用户发微博、评论和转发，按周和24小时的具体时间分布，有助于了解企业应该在什么时间发布微博或与用户进行互动。

建立用户的兴趣图谱可以帮助微博营销快速识别目标用户并开展适当的宣传活动。所谓兴趣图谱，就是粉丝的性别、年龄、地域和主要关注对象等一系列信息的集合，建立用户兴趣图谱最简单的方式就是对具有同样目标客户群的企业微博粉丝进行分析。

3. 竞争对手分析。

了解竞争对手的微博运营情况也是非常重要的，可以按照行业情况，对竞争对手的粉丝数、关注数、微博总数、首次发博时间、话题分布等基本指标进行考察。企业也可以据此制定活动相关指标的度量。

4. 企业自身分析。

如果企业自身已经拥有官方微博，那么对企业自身的微博现状进行分析必然是一个重要环节。例如，通过本企业最近 1 个月内发布微博的 24 小时分布情况和目标用户 24 小时的转发及评论情况做一个对比，就可以判断出企业发布微博时间是否合理、是否是在用户最活跃的时间段发布微博等。

3）目标设定

1. 微博营销目标。

微博营销传播的目标设定与企业的商业及整体营销传播目标是保持一致的，而且应该遵循 SMART 原则，即 S（Specific，明确性）、M（Measurable，可衡量性）、A（Atainable，可实现性）、R（Relevant，相关性）、T（Time-based，时限性）。

2. 关键绩效指标。

在关键绩效指标的设定中，有一个误区需要引起注意，即盲目重视粉丝数量，不重视粉丝质量，这也是造成“僵尸粉”横行的原因之一。

4）战略战术

微博营销传播的具体目标和关键绩效指标确定后，相当于“目的地”已经非常明确了，下一步就是要确定“如何抵达目的地”，即战略和战术的制定。

1. 架构策略。

（1）账号定位。微博账号定位从 3 个方面来考虑：服务人群、企业自身形象和微博运营目的。

服务人群定位需要根据目标用户的喜好、性别、地域等特点进行，用于指导该账号的发布内容。

企业自身形象定位需明确企业的优势，做出差异化，需要考虑希望给受众的印象、能够提供的价值、微博语言风格和运营者自己的特色等。

微博运营目的是指设定微博账号的目标是用于品牌宣传、客户管理、销售，还是公关关系。

（2）微博矩阵。微博矩阵表面上是根据产品、品牌、功能等不同定位需求建立的各个子微博，实质上是通过不同账号精准、有效地覆盖企业的各个用户群体。在战略上通过布点、连线、成面、引爆、监测来实现营销效果的最大化，在微博的世界里让企业的用户各取所需。

（3）微博装修。

在微博装修的时候，一定要注重细节上的完善，微博标签、昵称及简介都是直接影响微博内部搜索和是否能迅速转化为粉丝必不可少的条件。

微博装修内容包括微博昵称、微博头像、认证信息、微博简介、背景模板、微博标签、公告栏目、个性域名、友情链接和封面图片等。

2. 关注策略。

关注策略有两层含义：一是如何吸引粉丝的关注；二是企业品牌微博如何通过主动地关注别人来实现自己的目标。

（1）吸引粉丝关注，做法大致有以下几种：

① 自有媒体推广：在企业自主拥有的媒体上进行推广。

② 付费媒体推广：传统意义上的媒体购买和推广。

③ 赢得免费的媒体报道推广：通过社交媒体转发推广，如通过高质量的内容吸引微博粉丝主动转发和关注。

制定巧妙的微博用户主动关注策略是增加粉丝数量的重要手段。

（2）作为一个企业账号和媒体账号，一般会关注以下几类账号：

① 同行业的优秀企业账号（合作或竞争关系）。关注行业动态，学习微博运营经验。

② 行业媒体和大众传媒。获取资讯，并尝试互动。

③ 微博上的热点人物和意见领袖。微博的热点往往出现在这两类账号上，做到及时互动或者借势营销；关注大 V 们在谈什么话题，适当地@、评论、私信互动，有时就会博得他们的关注。

④ 热心（常常评论、转发和提建议）和幸运用户（如第 1 万个粉丝），还有经常投稿的有才用户、经常提意见和建议的问题用户，这些用户都会帮企业产生优质有趣的内容，但也会带来投诉。对于投诉，一定要处理得当，处理好了是口碑，处理不好就成了危机。

⑤ 媒体账号（记者）应该关注经常提供线索的爆料用户，对品牌忠实度高的热心读者。

⑥ 关注企业领导、骨干员工和认证员工。媒体账号要关注记者、编辑，让他们有归属感，同时监测员工的言论，防止他们犯错，与他们互动，通过私信等方式引导他们的舆论。

3. 内容策略。

一个优秀的内容策略对微博活动的成功具有显著推动效果，其中有 3 点非常重要：内容主题、内容来源和内容发布规划。

根据企业微博运营的目的，进行品牌推广、产品介绍、增加粉丝、活跃粉丝等一系列的内容规划。

（1）品牌推广类。利用品牌故事、企业活动、企业新闻、经营理念，以及其他形式的品牌语调来宣传公司品牌，树立形象。

（2）产品介绍类。产品归类、产品盘点、产品功能、产品上线等一切以产品为中心的内容，以及引导和教育市场的内容，还有店面环境、顾客反馈、良好体验等以宣传产品为主的内容。

（3）活动类。微博话题、转发有奖等与产品、增粉、活跃粉有关的内容。这一类一般都会规定话题规则、转发规则，用奖品刺激用户参与，不断产生内容，增加互动量，进而提高活动的影响，达到目的。

（4）鸡汤类。鸡汤就像八卦一样，是用户最喜欢转发的内容之一，而运营者所需要做的就是将鸡汤和产品联系起来。例如，图片配上产品信息或产品图或产品 Logo，潜移默化地树立产品的品牌个性，争取用户共鸣。

内容来源则主要包括 3 大类型：原创、转发、互动（与网友评论交流等）。发布时间取决于业务需要，可以制定年度、季度、月度、一周内容日程，并根据上面提到的内容主题提前准备好相关内容，从而指导日常的内容发布和更新。准备并保持一个发布时间规划（类似于媒体刊登计划），并且提前准备好相关内容用于指导每日发布与更新。

规划好每个类别栏目的比例，发送的时间、内容展现的形式、内容的来源和维护更新方式。

4. 互动策略。

微博是社交媒体，更多的也是企业与粉丝互动的平台，相信没有一个粉丝会永远守着不会说话的报纸。所以，必要的互动，不仅可以提高品牌知名度，同时也是了解粉丝动向的法宝。

（1）和谁互动。要互动，首先需要找到要互动的人，即要与哪些人进行互动。微博营销的目标是扩大传播范围，增强影响力，因此互动群体可定位为名人、行业达人等在某些领域具有强影响力的一类人，他们往往拥有大量的忠实粉丝。粉丝会积极转发他们的互动。

（2）互动什么内容。互动内容直接影响互动群体能否跟自己形成互动，并且对之后的传播也产生重要的影响，因此在设计互动内容时要特别注意。

可以通过以下几种方式寻找互动内容：一是职业方向。例如，很多有影响力的人都会在微博上进行认证，可以准确了解他们的职业背景；另外，还可以通过观察他们的微博标签和所关注的人大致了解他们的关注点在哪里。二是微博内容。观察他们在微博中经常发哪些内容，也能大概了解他们的爱好和对某些事情的观点。三是相关博客或专栏。一般的名人或专家都有自己的博客或专栏。阅读他们写的内容，可以从中看出他们的关注点和研究方向。

（3）怎样互动。确立了互动内容，就要确定互动的形式。一般情况下，可以通过以下几种方式进行互动：① 引用原话，并@他；② 转发他的微博并加入自己的观点以期形成互动讨论；③ 发布相关微博，并@他，这对内容要求比较高，需要和他的核心价值观保持高度一致；④ 转发他人微博，加入自己的观点，并@他。这对内容要求也比较高，并且转发的微博最好也是出自有影响力的人群。

5. 优化策略。

（1）选取热门关键词。做微博关键词搜索优化的时候，要尽可能地以关键字或者关键词组来开头，尽量利用热门的关键词和容易被搜索引擎搜索到的词条，以增加搜索引擎的抓取速率。

（2）关键词的选取要适当。微博关键词搜索优化，微博的信息是非常重要的。搜索引擎会把微博的信息纳入搜索结果中，它们的索引算法也会根据微博的内容，选取信息作为标题。因而选择关键词就很重要。

（3）微博用户名称相关度。用户名和搜索关键词相关度越高，排名越靠前。如果搜索的关键词就是微博的用户名，排名会加分，但是不是完全排在第一，还要根据其他数据综合排名。所以在设置微博名称时应该考虑目标用户群可能搜索的关键词。

（4）已关注用户排名最靠前。对于已经关注的用户，会排在最前面，而在已关注用户中的再次排名，规则和总的排名是一样的。

（5）微博粉丝、关注数和微博数。粉丝关注度越多越靠前，这个指标对于排名的影响越大；关注数越少，排名越靠前，影响越小。微博越多，说明微博用户比较活跃，排名就会靠前。在相同粉丝数量的情况下，就会通过关注数和微博数排名。所以，为了提高排名要增加粉丝数量，减少一些关注，多活跃发微博。

（6）微博简介及标签。如果微博简介和标签中也有关键词，排名会加分。如果微博质量高，即使名称中没有关键词，也可以获得较好的排名，同时也方便别人通过标签搜索。所以标签和简介的设置也很重要。

（7）认证微博。认证后的微博在同等情况下排名会靠前。

（8）微博内容质量、转发评论数等。

内容质量越高排名越靠前，转发评论数越高排名越靠前。但是目前这两个因素对排名的影响不大。

5）运营规划

在宏观的战略和具体的战术作为方向指导下，运营规划也非常重要。

1. 粉丝管理规划。

针对不同微博行为特点的用户，应该针对其行为和偏好等，采用不同方式进行沟通与交互，从而进行有效的粉丝管理。

2. 意见领袖管理规划。

意见领袖关系管理是一个长期的、动态的过程，需要方法和工具的支持。要从相关度、影响力和合作机会 3 个维度对意见领袖进行综合评估。

相关度是指该意见领袖与企业传播目标和内容的相关程度大小。影响力是指该意见领袖的影响力大小。合作机会是指与该意见领袖达成合作的可能性大小。根据这 3 个维度，可以制定出一套意见领袖管理模型，针对不同的意见领袖，采取不同的管理措施。

3. 微博活动规划。

从是否涉及其他平台的角度，微博活动可以进行以下几种规划。

（1）微博活动：仅使用微博平台。

（2）整合线上活动：微博+其他网络营销渠道。

（3）整合活动：微博+其他网络营销渠道+线下渠道。

4. 整合营销规划。

微博营销只是众多营销形式中的一种，是为了实现总体目标的众多手段之一。因此，微博营销不能孤立地考虑微博平台的情况，必须要与其他营销形式相结合，优势互补，共同为总体目标服务。

5. 资源规划。

这里的资源包括人力、财力、物力等多个方面，如规划好需要的年度或季度预算，建立相关团队或者与外部代理商进行合作等。

6. 舆情监测与微博危机管理规划。

很少有人会质疑市场营销的潜力，然而网络舆论就像一把双刃剑。客户可能投诉，人群可能传播负面信息，而企业机构在危机发生之时，可能并无防备，难以回应与处理。所以，为了应对危机，对微博的实时监控必不可少。

国内的社交媒体平台与国际环境有很大不同，如新浪微博，很多国外工具是无法监测的。这里可以考虑针对国内网络平台和环境而量身定制的国内相关工具。

6）运营行动

各司其职，分工协作。在制订运营计划的过程中，不同类型的工作，需要不同的团队和人员。例如，全年的微博营销战略规划，需要策划方面的人才；日常微博的内容来源搜集、内容撰写、微博日程的规划等，需要内容和文案方面的人才；而微博的图片处理和企业版微博首页的设计，需要美术设计和用户体验方面的人才等。

7）监测控制

在采取行动的过程中，为了保证绩效不断优化，持续的监测和控制是必不可少的。为了保证绩效的不断优化，需要工具的支持来收集必要的数据。

1. 数据监测——微博的主要数据。

（1）关注数。当前博主关注其他微博账号的总量，反映博主的主动参与度，一般在开始阶段迅速增长，之后可能不增长或负增长。

（2）粉丝数。当前博主被多少微博账号关注的数量，反映博主的言论影响范围和覆盖范围，对微博信息的传播有重要意义。

（3）微博数。当前博主在一段时间内所发布的微博的数量，反映博主的在线率和活跃程度。总微博数是指自博主开通微博以来发布的微博的总数。

（4）转发量。某条微博被转发的次数总和，反映微博信息的传播力度和效率。

（5）评论数。某条微博被评论的次数总和。

（6）总话题量。针对某一感兴趣的话题，在微博搜索栏中输入关键字后，搜索出关于该话题的结果数。

2. 数据收集。

企业可以通过微博管理中心收集数据。数据中心有 4 个模块：粉丝分析、内容分析、互动分析和行业趋势，其中粉丝分析是免费的，其他的要付费。如果数据中心功能还不能满足需求，也可以使用商业数据分析及获得微博官方数据或者其他的数据功能。

3. 数据分析。

（1）粉丝数量和活跃度。目标粉丝的数量和活跃度是第一类指标，它比单纯的粉丝数量要有意义得多。因为目标粉丝是企业的客户，是真正会消费企业产品的人。此外，活跃的目标粉丝才是最有价值的粉丝。活跃度可以由目标粉丝的日均发微博数量、企业微博平均每条微博的转发和评论人数占总的目标粉丝人数的比例等指标组成，通常在一个时间段内进行分析，以反映目标粉丝活跃度的变化趋势。

（2）传播力。传播力是第二类指标，它反映了企业微博的内容与用户兴趣的匹配程度。用户对企业微博的转发、评论和收藏等活动都说明用户对于微博的内容有兴趣，将这些活动进行量化可以组成传播力的基本模型。另外，企业微博被非粉丝用户转发也是传播力的重要体现，它表明企业微博借助粉丝的影响力传播给了更多的用户。

（3）好感度。好感度是第三类指标，它反映了用户对于企业微博内容的情绪反应。目前，成熟的数据分析工具可以通过对用户评论的分词和语义分析，大致量化用户的情绪，如通过计算“好”“恶”类词语的比例来反映用户的态度。

（4）粉丝特质。粉丝特质分析包括该粉丝的粉丝数、关注数、发微博次数、转发次数等基本内容，这些特质只能分析得到最基本的粉丝信息。

4. 优化控制。

当发现企业所做的营销内容未达到预期效果时，可从以下几方面考虑并对内容做出评估优化：

（1）内容没有和用户的状态挂钩，引不起兴趣；

（2）内容展现的形式平铺冰冷，无创意、无人情味；

（3）内容附图排版和色彩太差，无美感、无贴合感；

（4）活动内容发布后，没有进行渠道的传播；

（5）内容发布的时间不恰当，未根据粉丝群刷微博的习惯时间来发布内容。

情境再现

海尔官微的“5·20”表白事件

2017年5月19日，在“5·20”这个意味着“我爱你”的日子到来的前一天，海尔官方微博发布了一条表白粉丝的微博：“520要来了，想想能送你的最好的东西就是爱，那就从转发里抽一个人，让100家官微关注你并在一起发私信向你表白，让你感受一下这前所未有的爱吧，明天早晨8点抽，记得醒得晚一点。”

这条微博发出后并未立即获得大量转发，当天18:00，@极路由与@旺仔俱乐部先后带着奖品参与活动。活动微博迅速被转发破万，并出现联动效应，多家蓝V[①]主动提供奖品并转发微博。2017年5月20日凌晨1:15，微博名人@来去之间转发活动微博“#看评论#，你会转发参与的”。截至20号下午，单条微博转发量突破45万，阅读量1 481万，评论5万+，曝光量过亿次。2017年5月20日13:32，@海尔通过@微博抽奖平台抽取一名幸运粉丝。14:11，@海尔公布中奖粉丝获得的礼品清单，共计63家企业为这名幸运粉丝送出“5·20”礼物。如此丰厚的奖品，让未中奖的粉丝既羡慕又嫉妒。

海尔官微的“5·20”表白事件，之所以成为2017年一个较为成功的微博营销案例，除了微博风格保持了以往的卖萌风，首先在于它利用网络热点结合热门事件，巧设创意进入公众视线；整合蓝V资源，抱团营销，与粉丝实时互动，用轻松幽默的方式吸引用户。

资料来源：戴鑫．新媒体营销：网络营销新视角[M]．北京：机械工业出版社，2018.

三、引导问题：你知道如何通过视频直播达到营销目的吗

（一）直播营销的优势

在传统的市场营销活动中，企业呈现产品价值主要依靠户外广告、新闻报道、线下活动等形式，企业实现价值交换则是借助推销员销售、自动售货机贩卖、电话下单与发货等方式。而互联网直播的出现，给企业带来了新的营销机会。借助直播，企业可以在上述呈现产品价值环节支付更低的营销成本，收获更快捷的营销覆盖；在上述实现价值交换环节实现更直接的营销效果，收到更有效的营销反馈。

1）更低的营销成本

传统广告营销方式的成本越来越高，楼宇广告、车体广告、电视广告的费用从几十万元到上百万元不等。网络营销刚兴起时，企业可以用较低的成本获取用户、销售产品；但随着淘宝、百度等平台用户增加，无论搜索引擎广告还是电商首页广告的营销成本都开始增加，部分自媒体“大号”的软文广告费甚至超过50万元。而直播营销对场地、物料等需求较少，是目前成本较低的营销形式之一。

2）更快捷的营销覆盖

用户在网站浏览产品图文或在网店翻看产品参数时，需要在大脑中自行构建场景。而直播营销完全可以将主播试吃、试玩、试用等过程直观地展示在观众面前，更快捷地将用户带入营销所需场景之中。

① 蓝V其实就是企业认证的账号。

3）更直接的销售效果

消费者在购买商品时往往会受环境影响，由于“看到很多人都下单了”“感觉主播使用这款产品效果不错”等原因而直接下单。因此在设计直播营销时，企业可以重点策划主播台词、优惠政策、促销活动，同时反复测试与优化在线下单页面，以收获更好的销售效果。

4）更有效的营销反馈

在产品已经成型的前提条件下，企业营销的重点是呈现产品价值、实现价值交换，但为了持续优化产品及营销过程，企业需要注重营销反馈，了解顾客意见。由于直播互动是双向的，主播将直播内容呈现给观众的同时，观众也可以通过弹幕的形式，分享体验。因此，企业可以借助直播，一方面，收到已经用过产品的消费者的使用反馈；另一方面，收获现场观众的观看反馈，便于下一次直播营销时修正。

（二）直播营销的步骤

一场直播活动，看起来只是几个人对着镜头说说话而已，但背后都有着明确的营销设计——要么通过直播营销提升企业品牌形象，要么利用直播营销促进产品销量。将企业营销目的巧妙地设置在直播中的各个环节，这就是直播营销的整体设计。直播营销的整体设计主要包括 5 大环节，新媒体团队需要对每个环节进行策划，一个环节一个步骤，用“五步法”设计直播营销，确保其完整性和有效性。

1）整体思路

直播营销的第一大环节是整体思路。在做营销方案之前，企业新媒体团队必须先把整体思路理清，然后有目的、有针对性地策划与执行。刚接触直播营销的新手容易进入一个误区，认为“直播营销只不过是一场小活动而已，做好方案然后认真执行就可以了”。实际上，如果没有整体思路的指导，直播营销很有可能只是好看、好玩而已，并没有达到企业的营销目的。

直播营销的整体思路设计，需要包括三部分，即目的分析、方式选择和策略组合。首先是目的分析。对企业而言，直播只是一种营销手段，因此企业直播营销不能只是简单的线上才艺表演或互联网游戏分享，而是需要综合产品特色、目标用户、营销目标，提炼出直播营销的目的。其次是方式选择。在确定直播目的后，企业新媒体团队需要在颜值营销、演员营销、稀有营销、利他营销等方式中，选择其中的一种或多种进行组合。最后是策略组合。方式选择完成后，企业需要对场景、产品、创意等模块进行组合，设计出最优的直播策略。

2）策划筹备

直播营销的第二大环节是策划筹备。好的直播营销需要“兵马未动，粮草先行”。首先，将直播营销方案撰写完善；其次，在直播开始前将直播过程中用到的软硬件测试好，并尽可能降低失误率，防止因为筹备疏忽而引起不良的直播效果。为了确保直播当天的人气，新媒体运营团队还需要提前进行预热宣传，鼓励粉丝提前进入直播间，静候直播开场。

3）直播执行

直播营销的第三大环节是直播执行。前期筹备是为了现场执行更流畅，因为从观众的角度，只能看到直播现场，无法感知前期的筹备。

为了达到已经设定好的直播营销目的，主持人及现场工作人员需要尽量按照直播营销方案，将直播开场、直播互动、直播收尾等环节顺畅地推进，并确保直播的顺利完成。

1. 直播开场形式。

（1）直白介绍。

在直播开场时，直接告诉观众直播相关信息，包括主持人自我介绍、主办公司简介、直播话题介绍、直播大约时长、本次直播流程等。一些吸引人的环节（如抽奖、彩蛋、发红包等）也可以在开场中提前介绍，促进观众留存。

（2）提出问题。

开场提问是在一开始就制造参与感的好方法。一方面，开场提问可以引导观众思考与直播相关的问题；另一方面，开场提问也可以让主播更快地了解观众的基本情况，如观众所处地区、爱好等。

（3）抛出数据。

数据是最有说服力的。直播主持人可以将本次直播要素中的关键数据提前提炼出来，在开场时直接展示给观众，用数据说话。特别是专业性较强的直播活动，可以充分利用数据开场，第一时间让观众信服。

（4）故事开场。

相对于比较枯燥的介绍、分析，故事更容易让不同年龄段、不同教育层次的观众产生兴趣。通过一个开场故事，带着听众进入直播所需场景，能更好地开展接下来的环节。

（5）道具开场。

主持人可以借助道具来辅助开场。开场道具包括企业产品、团队吉祥物、热门卡通人物、旗帜与标语、场景工具等。其中场景工具可根据直播内容而定，如：知识分享直播，可借助书籍作为场景工具；户外运动直播，可以加入足球、篮球等作为道具。

（6）借助热点。

一般来说，网民对于互联网上的热门事件和热门词汇都有所了解。主持人可借助热点拉近与观众之间的心理距离。

2. 直播互动。

常见的直播互动包括弹幕互动、剧情参与、直播红包、发起任务、礼物打赏。

（1）弹幕互动。弹幕，即大量以字幕弹出形式显示的评论，这些评论在屏幕上飘过，所有参与直播的观众都可以看到。目前，直播弹幕主要包括两类：第一类是网友相互之间的评论，如“支持刚才这个朋友说的”“给刚才这条弹幕点赞”等。主播对这类弹幕无须处理。第二类是网友与主播之间的互动，如“能介绍一下台上坐着什么人吗”“一会该抽奖了吧，主播”等。这类弹幕需要主播与其及时互动，幽默地回应网友提出的质疑，或详细地帮助网友解答相关问题。

（2）剧情参与。此类互动多见于户外直播，主播可以通过邀请网友一起参与策划直播下一步的进展方式，增强观众的参与感。邀请观众参与剧情发展，一方面，可以使观众充分发挥创意，令直播更有趣；另一方面，可以让被采纳建议者获得更多的尊荣感。

（3）直播红包。直播间观众可以为主播或主办方赠送“跑车”“游艇”等虚拟礼物，表达对其的认可与喜爱。主播也可以利用第三方平台发红包或等价礼品，与观众互动。

直播红包发放步骤如下：

第一步，约定时间。主播告诉观众“5 分钟后我们会发红包”，通知在场观众抢红包，也暗示观众邀请朋友加入直播等待红包，增加直播人气。

第二步，平台说明。除直播平台本身发红包外，主播还可以选择支付宝、微信、微博等平台抢红包，提前告知观众。这样可以为站外平台引流，便于直播结束后的效果发酵。

第三步，红包发放。到约定时间后，主播或其他工作人员在相应平台发红包。在红包发放前，主播可以倒计时，让“抢”红包更有氛围。

（4）发起任务。在直播中可以发起的任务如下：

第一种，建群快闪。邀请观众共同进入一个 QQ 群，在群内喊出自己不敢说的话，直播结束后此群解散。

第二种，占领留言区。邀请观众共同在某论坛的帖子下方或微信公众号评论区留言。

第三种，晒出同步动作。号召粉丝一起做出相同的动作，随后大家分别晒在社交网站等。

（5）礼物打赏。无论斗鱼直播还是花椒直播、映客直播等平台，“感谢打赏”已经成为默认的规矩。只顾着自己说话或与观众聊天，对打赏无动于衷的主播，会被观众打上“没礼貌”“不懂规矩”的标签。

3. 直播收尾。

直播结束后，需要解决的最核心问题即流量问题，无论现场观众是十万人还是上百万人，一旦直播结束，观众马上散去，流量随之清空。为了利用直播现场的流量，直播结束时的核心思想就是将直播间的流量引向销售平台、自媒体平台和粉丝平台 3 个方向。

（1）销售转化。将流量引导至销售平台，从收尾表现上看即引导进入官方网址或网店，促进购买与转化。通常留在直播间直到结束的观众，对直播都比较感兴趣。对于这部分网友，主播可以充当售前顾问的角色，在结尾时引导观众购买产品。不过需要注意的是，销售转化要有利他性，能够帮观众省钱或帮观众抢到供不应求的产品；否则，在直播结尾植入太生硬的广告，只会引来观众发弹幕。

（2）引导关注。流量引导至自媒体平台，从收尾表现上看即引导关注自媒体账号。在直播结束时，主播可将企业的自媒体账号及关注方式告诉观众，以便直播后继续向本次观众传达企业信息。

（3）邀请报名。流量引导至粉丝平台，从收尾表现上看即告知粉丝平台加入方式，邀请报名。在同一场直播中积极互动的网友，通常比其他网友更“同频”，更容易与主播或主办方“玩”起来，也更容易参加后续的直播。因此，此类观众在直播收尾时邀请入群，通过运营该群，将直播观众转化成忠实粉丝。

4）后期传播

直播营销的第四大环节是后期传播。直播结束并不意味着营销结束，新媒体运营团队需要将直播涉及的图片、文字、视频等，继续通过互联网传播，让其抵达未观看现场直播的粉丝，让直播效果最大化。

5）效果总结

直播营销的第五大环节是效果总结。直播后期传播完成后，新媒体团队需要进行复盘，一方面，进行直播数据统计并与直播前的营销目的做比较，判断直播效果；另一方面，组织团队讨论，提炼出本场直播的经验与教训，做好团队经验备份。

每一次直播营销结束后的总结与复盘，都可以作为新媒体团队的整体经验，为下一次直播营销提供优化依据或策划参考。

需要强调的是，直播营销的第四大环节“后期传播”与第五大环节“效果总结”虽然都是在现场直播结束后进行的，但是作为直播的组织者，必须在直播开始前就做好两方面的准备。

第一，提前设计数据收集路径。如用淘宝店流量来源设置、网站分销链接生成、微信公众号后台问卷设置等。第二，提前安排统计人员。不少直播网站后台的数据分析功能不够细化，因此一部分数据（如不同时间段的人气情况、不同环节下的互动情况等）需要人工统计，便于后续分析。

案例分析实例

阅读以下资料，利用本任务所学知识分析南方航空微信公众号为何会取得成功。

南方航空的微信公众号

中国南方航空公司总信息师曾表明：“对今日的南航而言，微信的重要程度，等同于 15 年前南航做网站!”也正是因为对微信的重视，现在微信已与网站、短信、手机 App、呼叫终端同时变成南航 5 大服务途径。

关于微信的观点，他表明“在南航看来，微信承载着交流的使命，而非推行”。早在 2013 年 1 月 30 日，南航微信发布第一个版本，就在国内首创推出微信值机效力。随着功能的不断开发完善，机票预订、处理登机牌、航班动态查询、旅程查询与兑换、出行攻略、城市气候查询、机票验真等这些经过其他途径可以享受到的服务，用户都可通过与南航的微信互动来完成。

思考：

你的微信平时会接收到哪些大企业的营销信息?

《南方航空的微信公众号》案例分析视频

思政园地

加快建设网络强国

当下，各种新媒体营销离不开网络，中国已经成为互联网强国，网络规模、网民数量、智能手机用户等均处于世界第一位。以习近平同志为核心的党中央，深刻把握网络信息时代新特征、新规律，高度关注网络空间对全球经济、政治、文化、社会、生态等领域产生的深刻影响，站在战略高度和长远角度，重视互联网、发展互联网、治理互联网，统筹协调涉及政治、经济、文化、社会、军事等领域网络安全和信息化重大问题，出台一系列重大举措，力争走出一条中国特色社会主义网络强国之路。

党的二十大报告指出，要加快建设网络强国、数字中国。习近平总书记在首届数字中国建设峰会上指出，加快数字中国建设，就是要适应我国发展新的历史方位，全面贯彻新发展理念，以信息化培育新动能，用新动能推动新发展，以新发展创造新辉煌。近日，中共中央、国务院印发了《数字中国建设整体布局规划》，从党和国家事业发展全局和战略高度，提出了新时代数字中国建设的整体战略，明确了数字中国建设的指导思想、主要目标、重点任务和保障措施。建设数字中国是数字时代推进中国式现代化的重要引擎，是构筑国家竞争新优势的有力支撑。我们要切实把思想和行动统一到以习近平同志为核心的党中央决策部署上来，深入贯彻落实党的二十大精神，在全面建设社会主义现代化国家新征程中奋力谱写数字中国建设新篇章。

思考：

党中央为何会出台一系列重大举措，建设社会主义网络强国及数字中国？

任务考核

表 9-2-1　任务评价单

<table>
<tr><th colspan="6">项目九　互联网思维下的新媒体营销</th></tr>
<tr><td colspan="2" rowspan="2">任务二　新媒体营销策略</td><td>姓名</td><td></td><td>组别</td><td></td></tr>
<tr><td>专业</td><td></td><td>学号</td><td></td></tr>
<tr><td>内容</td><td colspan="4">评分标准</td><td>得分</td></tr>
<tr><td>概念问题（20 分）</td><td colspan="4">共 5 题，每题 4 分</td><td></td></tr>
<tr><td rowspan="2">案例分析（60 分）</td><td colspan="4">一家开在微博上的花店：
通过案例描述，在移动互联网深度发展的当下，分析花店如何在微博营销阵地脱颖而出（30 分）</td><td></td></tr>
<tr><td colspan="4">金龙鱼的直播营销：
正确分析直播营销的优势（30 分）</td><td></td></tr>
<tr><td>思政园地（20 分）</td><td colspan="4">1. 能够积极地观察生活，有自己的观察和见解（10 分）；
2. 能够用语言或文字清楚表达想法（5 分）；
3. 能够正向抒发情感（5 分）</td><td></td></tr>
</table>

参考文献

[1] 余爱云，刘列转. 市场营销理论与实务[M]. 北京：北京理工大学出版社，2021.
[2] 屈冠银. 市场营销理论与实训教程[M]. 北京：机械工业出版社，2022.
[3] 侯铭海. 市场营销基础[M]. 北京：清华大学出版社，2022.
[4] 孙福东. 市场营销[M]. 北京：电子工业出版社，2021.
[5] 高中玖，毕思勇. 市场营销[M]. 北京：北京理工大学出版社，2021.
[6] 杜一凡. 新媒体营销完全攻略[M]. 北京：人民邮电出版社，2017.
[7] 戴鑫. 新媒体营销：网络营销新视角[M]. 北京：机械工业出版社，2018.
[8] 张青辉. 市场营销实务[M]. 北京：北京理工大学出版社，2018.
[9] 胡玲. 营销管理与营销策划[M]. 北京：对外经贸大学出版社，2017.